Syndicats
et partis

Maquette de couverture :
MAXENCE SCHERF

*Ouvrage publié avec le concours
du Centre National des Lettres*

*Le premier tome, qui couvrait la période 1879-1947, est introduit
par une préface d'Edmond Maire, et un avant-propos de l'auteur. La
bibliographie et l'index, placés à la fin de ce volume, concernent
l'ensemble de l'ouvrage de Michel Branciard.*

Michel BRANCIARD

SYNDICATS
ET PARTIS

autonomie ou dépendance

tome 2

1947-1981

Éditions
SYROS

DU MÊME AUTEUR :

Société française et luttes de classes (1789-1977), 3 tomes, Chronique sociale de France (C.S.F.).

Cent cinquante ans de luttes ouvrières, 1974, C.S.F.

L'entreprise publique livrée aux intérêts privés, 1974, C.S.F.

Gestion socialiste des entreprises, éditions Ouvrières, 1975.

Dictionnaire économique et social (Dictionnaire Thomas Suavet), éditions Ouvrières, 1977.

EN COLLABORATION :

Le mouvement ouvrier (1815-1976), C.F.D.T./Réflexion, 1977.

La crise, C.F.D.T./Réflexion, 1976.

Les syndicats dans le monde, C.F.D.T./Information, 1979.

© Editions Syros, 1982 - ISBN 2.901968.69.4
Editions Syros - 6, rue Montmartre, 75001 Paris

CHAPITRE I

Quand la guerre froide fait rage
(1947-1955)

Au lancement du plan Marshall a répondu la création du kominform. Le blocus de Berlin qui débute le 22 juin 1948, le "coup de Prague", la signature du traité de l'Atlantique Nord, la guerre de Corée qui s'engage au cours de l'été 1950, puis les débats sur la Communauté européenne de défense, voilà quelques-uns des événements qui mettent en évidence le fait qu'à partir de l'automne 1947 deux blocs s'affrontent et s'organisent ; la guerre froide s'installe et s'aggrave.

Cette politique n'est pas sans incidence sur les centrales syndicales et leurs rapports avec les partis. En France, face au couple P.C.-C.G.T. qui s'aligne sur le bloc de l'Est, au point que l'autonomie syndicale de la C.G.T. n'est plus qu'une fiction, les deux autres centrales syndicales, F.O. qui s'organise à la suite de la scission cégétiste, et C.F.T.C., sont sollicitées pour rallier la "troisième force" qui, sous la pression américaine, s'intègre de plus en plus au bloc occidental. Pour ces deux dernières centrales, l'affirmation de l'indépendance syndicale n'exclut pas un certain type de rapports avec les partis, qui est parfois dénoncé par les minoritaires. Mais entre F.O. et la C.F.T.C., il y a, de ce point de vue, une différence essentielle ; alors que les minoritaires de F.O. ne constitueront jamais une force, à cause de leurs divisions, et de ce fait n'influeront que fort peu sur les positions de la centrale, à la C.F.T.C. une véritable minorité s'organise et, sur les problèmes des rapports avec les partis et la politique, elle tente une approche originale qui la conduit à affronter à plusieurs reprises la majorité, notamment à la suite des grèves d'août 1953.

C.G.T. : *une marge d'autonomie réduite*

Au lendemain des grèves de novembre-décembre 1947, il apparaît qu'il s'est produit une sorte de "dérapage" : stimulés par le P.C.F., victimes peut-être aussi de certaines provocations, les majoritaires de la C.G.T. qui envisageaient, semble-t-il, un mouvement de longue haleine, se sont lancés sans préparation dans un mouvement généralisé, à caractère parfois insurrectionnel, alors que la combativité était fort inégale dans les divers secteurs de la classe ouvrière ; c'est finalement l'échec. Un échec que l'ambassadeur d'U.R.S.S. pressent rapidement puisque, selon Ch. Tillon, il télégraphie à Moscou pour signaler que « le zèle du P.C. à lancer le gros de ses forces dans un mouvement risque de coûter très cher à la C.G.T. »[1].

Si l'on en croit A. Lecœur, lors de la réunion du comité central du P.C. à Ivry, B. Frachon refuse de "porter le chapeau" après l'échec des grèves et, « menaçant Thorez de la puissance de l'appareil syndical, (il) oblige Jeannette Vermeersch et Léon Mauvais à abandonner leur rêve de soumettre un peu plus la C.G.T. à toutes les volontés du Parti »[2]. Il veut qu'on concède à l'organisation syndicale une autonomie suffisante pour éviter de retomber dans les errements de la période 1924-1934.

En fait, avec l'accentuation de la guerre froide et

---

1. Charles Tillon, *On chantait rouge*, Laffont, 1977, p. 468.
2. S. Courtois, *Le P.C.F. dans la guerre*, Ramsay, 1980, p. 487.

l'engagement sans réticence de la C.G.T. dans le "camp socialiste" tel que Jdanov le définit lors de la première conférence du kominform, la marge d'autonomie laissée à la centrale va se révéler fort réduite. Ses mots d'ordre sont étroitement calqués sur ceux du kominform et en conséquence du P.C.F.

Contre le plan Marshall

Lors des grèves de 1947, on peut lire dans *L'Humanité* [3] des interviews d'ouvriers en grève :

— Chez Renault, devant la chaîne arrêtée, un ouvrier des presses nous dit : « Nous luttons pour vivre mais aussi pour la défense de notre industrie que les Blum, Ramadier, Reynaud et de Gaulle, qui sont tous à mettre dans le même sac, veulent livrer à Truman et à l'impérialisme américain »...

— Au "pays noir", un délégué mineur : « Cette lutte que nous avons poursuivie jusqu'à la Libération, nous la continuons sous la direction de nos mêmes dirigeants contre ceux qui s'opposent à nos revendications et veulent faire de nous un peuple d'esclaves à la solde des trusts américains »...

Au cours des années 1948-49-50, *Le Peuple* revient constamment, à propos de divers problèmes, sur les liens entre la dégradation de la situation et le plan Marshall :

— « Le plan Marshall amène le chômage partiel en Belgique » (septembre 1948).

« Le bureau confédéral dénonce le caractère politique réactionnaire du projet d'union douanière franco-italienne qui constitue une des phases importantes du plan Marshall » (6-13 janvier 1949).

— « La psycho-technique au service du plan Marshall » (3-10 février 1949).

— « Conséquences du plan Marshall : l'Allemagne

---

3. *L'Humanité*, 20 novembre 1947.

exporte des chaussures en France et le chômage s'intensifie dans nos usines » (17-24 février 1949).

Quant au "manifeste aux travailleurs" adressé par la C.G.T., le 1ᵉʳ mai 1948, il déclare : « Le plan Marshall et les accords de Genève... livrent nos industries sans défense à la concurrence américaine... menacent de porter un coup mortel à la production et font peser sur nous le spectre du chômage. »

En 1950, vont être attaqués conjointement le plan Schuman de pool charbon-acier et le plan Marshall ; ainsi, en septembre 1950, A. Croizat, leader de la fédération des métaux, dénonce la livraison de nos industries aux trusts germano-américains et appelle tous les patriotes à s'unir contre la politique de misère et de guerre du gouvernement [4].

La C.G.T., à tous les niveaux, doit être engagée dans cette lutte et, dès le début de l'année 1948, les comités d'entreprise sont mobilisés sur cette question. Le document préparatoire à la conférence des C.E. de février 1948, après avoir dénoncé "la soumission aux trusts américains", déclare : « Ce fait nouveau pose le problème de la participation des C.E. au redressement de la France d'une façon différente d'il y a deux ans. Le problème dominant dans beaucoup d'entreprises, n'est plus celui de l'augmentation de la production. Le patronat réactionnaire qui sabotait hier pour des buts politiques pousse aujourd'hui au rendement pour les mêmes buts... Le problème essentiel devient aujourd'hui la reconquête de notre indépendance économique et politique, la défense de nos industries menacées par le plan Marshall... » [5].

Mais la C.G.T. a-t-elle lancé des mouvements visant à mettre directement en cause le plan Marshall ? La question est posée à propos de la grève des mineurs du 4 octobre au 29 novembre 1948. C'est la thèse défendue au sein du gouvernement, notamment par le socialiste J. Moch qui, comme en 1947, vit dans la hantise d'un com-

---

4. *Le Peuple*, 29.09.1950.
5. *Id.*, 19-26 février 1948.

plot communiste et qui, dès mai 1948, adresse aux préfets des instructions confidentielles [6] à propos des "comités de défense de la République" créés par le P.C.F. et la C.G.T. : « ... Leur dissolution n'est pas actuellement envisagée ; mais j'estime qu'il convient de rendre individuellement responsables les individus qui, par leurs discours ou leurs écrits, poussent systématiquement les diverses branches industrielles ou commerciales à faire échec à l'action gouvernementale. » Les préfets sont invités à « ne pas hésiter à provoquer des poursuites à leur encontre » lorsqu'ils considèreront qu'il y a infraction.

A la C.G.T., on conteste formellement la thèse de la grève politique. Ainsi, alors que la grève des mineurs est engagée depuis quinze jours, paraît une déclaration commune de "militants syndicalistes non-communistes" de la C.G.T., signée notamment par Le Leap, Ehni, Schaeffer, Duhamel... « Le lundi 18 octobre, le ministre de l'Intérieur, J. Moch, a tenté une fois de plus... de dénaturer le mouvement revendicatif en cours en le présentant comme une agitation à caractère politique. M. J. Moch a prétendu que la grève des mineurs ne serait que l'application d'un plan dressé par le kominform pour écarter l'aide américaine à l'Europe et provoquer la chute verticale de notre économie. Profondément indignés par de tels procédés, les militants syndicalistes soussignés... dont aucun n'appartient au P.C.F., flétrissent avec la plus grande énergie l'attitude du ministre de l'Intérieur » [6 bis].

J.-J. Becker [7] considère quant à lui que le mouvement de 1948 est le « second round du grand combat engagé par le parti l'année précédente » et il l'estime « moins grave politiquement », mais « beaucoup plus dangereux sur le plan économique », du fait qu'il est plus long et touche une énergie essentielle, le charbon. Il lui apparaît

6. G. Elgey, *La République des illusions*, Fayard, 1965, p. 405-406.
6 bis. *Le Peuple*, 20-28 octobre 1948.
7. J.-J. Becker, *Le parti communiste veut-il prendre le pouvoir ?*, Seuil, 1981, p. 237-238.

sur le plan tactique comme l'inverse de ce qui avait été fait en 1947 : « Les autres catégories ouvrières ne se lancèrent dans l'action que pour des grèves courtes ou des grèves de solidarité. Ceci permit de mener une guérilla prolongée et de faire durer un mouvement qui s'appuyait sur la solidarité matérielle des autres secteurs. » Mais il ajoute que malgré leur dureté, « ces grèves ne donnèrent pas l'impression d'être une préparation à l'insurrection », et il conclut : « En dernier ressort, la grève des mineurs de 1948, faisait la démonstration que décidément un des principaux pays du monde occidental était bien instable. »

Il apparaît en tout cas, lorsqu'on examine le démarrage de cette grève, que celle-ci n'est nullement politique ; c'est une réponse massive des mineurs des divers syndicats contre des décrets de R. Lacoste pour lutter contre l'absentéisme, comprimer les effectifs, sans satisfaire pour autant les revendications de salaires de la corporation. Ce n'est qu'au cours du mouvement et de son durcissement que le P.C.F. va l'exploiter à des fins politiques. Son comité central d'Ivry en novembre 1948 déclare en effet : « Le développement de ce mouvement porte en lui la solution des problèmes posés devant le pays tout entier... C'est la condition des changements politiques qui peuvent et doivent intervenir, y compris sur le plan parlementaire par la formation d'un gouvernement d'union démocratique qui fera une politique de salut national en s'appuyant sur le peuple »[8].

Les comités de la paix

En novembre 1947, certains anciens F.T.P. dont Ch. Tillon envisagent un rassemblement d'anciens résistants de toutes appartenances pour éviter la division entre

---

8. Cité par B. Badie, *Stratégie de la grève*, F.N. Sciences Politiques, 1972, p. 224.

ceux qui ont combattu ensemble le nazisme. En février 1948 naît "l'Association des Combattants de la Liberté" qui devient en juin le "Mouvement des Combattants de la Paix et de la Liberté" ; Tillon écrit à ce propos : « Une force nouvelle prenait rang. Elle n'était point suscitée au nom d'un camp contre l'autre »[9].

Mais Moscou va en quelque sorte court-circuiter le mouvement. A Wroclaw en Pologne, se trouvent réunis en août 1948, 2.300 intellectuels de tous les pays (à l'exception de la Yougoslavie) pour la formation d'un comité mondial chargé dans tous les pays d'une croisade pour la paix. Et à la réunion du kominform en Hongrie, en novembre 1949, le kominform s'érige en organe directeur du mouvement de la paix, élargissant ainsi sa sphère d'influence dans de larges secteurs de l'opinion publique[10].

A l'heure où le monde est plongé dans une psychose de guerre, le rapport Souslov souligne parmi les indices d'une « consolidation et d'un élargissement sérieux du camp anti-impérialiste et démocratique », « l'ampleur immense du mouvement des partisans de la Paix ».

Lors de cette réunion, sont formulées les caractéristiques que doit avoir le mouvement, tant au plan des structures que des méthodes d'action, tandis que le rapport Togliatti précise que « le front unique à la base, doit se faire par l'intermédiaire du Mouvement de la Paix et des autres associations de masse internationales, tout cela, dans le même but : la sauvegarde de la paix ».

La controverse se développe au sein du P.C.F. entre ceux qui, comme Tillon, veulent conserver les structures du mouvement des "Combattants de la Liberté" et ceux qui entendent s'aligner sur Moscou. Cette controverse cesse lorsque Moscou impose son point de vue : « Les "conseils communaux" élus devraient faire place à des "comités de la paix" choisis par des directions pour être

---

9. *Op. cit.*, p. 474.
10. L. Marcou, *Le Kominform*, F.N. Sciences Politiques, 1977, p. 99.

composés de "personnalités" pour parer les tribunes et pèleriner en France et dans le monde comme "compagnons de route" »[11].

La C.G.T. va s'adapter à ces évolutions. A la veille des "Assises pour la paix et la liberté" lancées par le mouvement de Tillon, Racamond écrit dans *Le Peuple* : « Toutes ces formes d'oppression des masses laborieuses accompagnent une politique de soumission aux trusts impérialistes qui préparent la guerre contre l'U.R.S.S. et les démocraties populaires. Toutes les forces vives de la C.G.T. seront présentes dans les localités, dans les départements pour la constitution des conseils communaux... »[12].

En mars 1949, les organisations de la C.G.T. sont invitées à mettre « tout en œuvre pour assurer le maximum de succès au Congrès mondial des partisans de la Paix » ; et par la suite, les incitations se multiplieront pour que chaque entreprise crée son "comité de la paix".

Mais à la base l'enthousiasme apparaît très insuffisant, si bien que *Le Peuple* du 1er mars 1950 explique qu'il convient de poser plus fermement dans les entreprises le problème de la paix et questionne : « Qu'as-tu fait, camarade, pour bien préparer les assises nationales de la Paix ? » Et il propose de développer l'action dans trois directions : « en luttant activement contre les fabrications de guerre ; en déléguant démocratiquement dans toutes les entreprises des travailleurs aux assises nationales de la Paix ; en profitant de ce courant d'unité pour former dans chaque entreprise un comité de la Paix ».

Au C.C.N. d'avril 1950, A. Le Leap, dans son rapport, s'inquiète : « Nos militants ont trop négligé jusqu'à ce jour cette partie de leur tâche (l'action pour la création des comités de la Paix). Il ne lui ont pas accordé suffisamment d'importance. »

Et il poursuit : le rôle des militants est de « préciser

---

11. Ch. Tillon, *op. cit.*, p. 478.
12. *Le Peuple*, 2 décembre 1948.

d'où viennent les provocations (guerrières). Il faut opposer à ce que dit la presse le calme de l'Union soviétique face à toutes ces provocations... ».

Le 14 février 1950, un appel est lancé de Stockholm par le Conseil mondial de la Paix pour l'interdiction de la bombe atomique. C'est ce que l'on nommera "l'appel de Stockholm". S'engage aussitôt une campagne de signatures pour faire ratifier cet appel et, en juin le bureau confédéral de la C.G.T. s'associe à cette campagne, demandant à tous les travailleurs de signer l'appel [13].

Les comités d'entreprise sont eux-mêmes enrôlés dans cette action ; on peut lire dans une brochure de la C.G.T. : « Les C.E. doivent être un instrument de lutte et de propagande politique. Ainsi, doivent-ils jouer un rôle important dans le vote pour l'interdiction de la bombe atomique et pour l'appel de Stockholm, ils doivent dénoncer publiquement l'application du plan Schuman. »

Ils doivent aussi condamner les fabrications de guerre comme l'a fait le comité central d'entreprise de la S.N.E.C.M.A. en ce qui concerne tous les établissements de la société, en mars 1949, ce que *Le Peuple* commente en ces termes : « Au moment où s'affirme chaque jour un peu plus la volonté déterminée des gouvernants actuels de lancer notre pays dans une guerre d'agression contre l'U.R.S..S et les démocraties populaires, il est réconfortant de constater l'action que mènent les travailleurs de certaines entreprises que l'on cherche actuellement à reconvertir » [14].

Ainsi, au niveau de l'entreprise, se mêlent étroitement action politique et action revendicative, ce qui n'est pas sans poser des problèmes. Parlant des démêlés qu'il a, au sein du P.C.F., à propos de la conception du Mouvement de la paix, Ch. Tillon note que « dans ces affrontements, seul Frachon, qui avait dû accepter que les syndicats désignent des délégués dans les comités de la paix, prit position contre leur politisation par les cellules qui

13. *Le Peuple*, 21 juin 1950.
14. *Le Peuple*, 31 mars 1949.

poussaient ces comités à se mêler des questions revendicatives » [15].

Ces problèmes expliquent sans doute les difficultés rencontrées par la C.G.T. dans la lutte pour la paix. En octobre 1951, G. Monmousseau est amené à constater que, dans ce domaine, « les efforts pour l'application des tâches du Congrès sont très insuffisants, les tâches sont trop souvent négligées par les militants ». Et il propose pour y remédier la constitution d'un jury chargé de déterminer les meilleurs exemples de lutte pour la paix... afin de constituer une délégation qui se rendra en U.R.S.S. pour le 34° anniversaire de la Révolution [16].

Un alignement sur l'U.R.S.S. sans remous internes

Priorité à la lutte contre les plans Marshall et Schuman, à la lutte pour la paix et notamment contre le pacte atlantique signé en avril 1949 et contre les préparatifs de réarmement allemand... Tout ceci met en évidence l'alignement de la C.G.T. sur la politique du P.C.F., dictée par l'U.R.S.S. Mais il est un point encore plus caractéristique, c'est l'attitude cégétiste face aux remous qui agitent à l'époque les pays de l'Est. En février 1948, les communistes tchécoslovaques, risquant de perdre l'une de leurs places-fortes, le ministère de l'Intérieur, réagissent avec vigueur et s'emparent du pouvoir ; c'est le ˮcoup de Pragueˮ.

Au départ, une personnalité démocrate, Jean Masaryk, accepte de collaborer avec eux, mais se suicide quelques jours plus tard. F. Fejtö commente : « Lorsqu'il vit qu'on lui demandait non seulement de servir le peuple, mais aussi de renier son passé, ses sympathies, ses amitiés... d'approuver la violence, la liquidation de toute

---

15. *Op. cit.*, p. 487.
16. *Le Peuple*, 4 octobre 1951.

16

opposition, l'arbitraire des épurations, Masaryk s'effondra [17] ».

Deux articles du *Peuple* sont consacrés au problème tchèque. Dans le premier, on s'appuie justement sur le fait que Jean Masaryk fait partie du gouvernement pour affirmer que tout s'est passé dans les règles : « La tranquille décision du peuple tchécoslovaque de se donner un gouvernement progressiste n'a pas fini de faire hurler de dépit les marshalliens de tout acabit »... [18]. Mais l'on se garde bien ensuite de faire état du suicide de celui qui apparaissait comme le garant d'un processus démocratique.

En revanche, la parole est donnée à un ministre du nouveau gouvernement qui était auparavant au secrétariat de la C.G.T. tchécoslovaque ; il déclare : « ... La défaite de la réaction fut si complète qu'elle ne sera plus jamais en état de s'opposer par ses propres moyens au mouvement du progrès. La voie qui mène d'une allure à la fois calme et rapide au socialisme se trouve débarrassée des pièges et des décombres de l'ancien monde. »

L'attitude vis-à-vis de Tito et de la Yougoslavie est un autre révélateur du suivisme cégétiste. Après la dénonciation par le kominform en 1948 des "éléments nationalistes" au sein de la direction du P.C. yougoslave, et l'appel aux "forces saines" du parti pour "imposer une nouvelle ligne à la direction", la Yougoslavie est mise au ban du "camp socialiste".

En 1949, un article de *La Vie ouvrière* dénonce Tito, mais l'article le plus caractéristique est celui de Monmousseau, lors du procès Rajk à Budapest ; à travers lui, c'est le procès de Tito qu'on instruit. Rappelant sa vieille expérience et "l'action antisoviétique de la réaction internationale", G. Monmousseau écrit : « Il est évident que si le régime de Tito en Yougoslavie avait la moindre teinte socialiste, il ne recueillerait pas les éloges et les

17. F. Fejtö, *L'Histoire des démocraties populaires*, Seuil, 1952, p. 215.
18. *Le Peuple*, 4-11 mars 1948.

secours de la réaction internationale, mais il en recevrait tous les coups... ». Et après avoir énuméré tous les méfaits de Tito, il conclut : « C'est un fait que le régime de Tito est un régime de terreur contre-révolutionnaire : par milliers les militants fidèles au socialisme sont arrêtés, emprisonnés, torturés... »[19].

Au cours de l'année 1950, *Le Peuple* y reviendra à plusieurs reprises pour mettre en garde contre les agissements titistes. C'est ainsi, par exemple, qu'Henri Krasucki se fait procureur dans un article intitulé "Ça sent le roussin" : « Tito, le fasciste, le policier, le traître au socialisme, est le protégé, le valet des milliardaires américains. Il participe à leur politique de préparation à la guerre. Il transforme la Yougoslavie, soumise à la terreur, en plateforme d'agression contre l'U.R.S.S. et les démocraties populaires. Il interdit l'appel de Stockholm... »[20].

Enfin, la C.G.T. est alors incapable de comprendre que des travailleurs d'un pays de l'Est puissent se révolter contre certaines décisions des gouvernements. C'est le cas lors de la grève générale de Berlin-Est en juin 1953. Le caractère ouvrier du mouvement frappe tous les observateurs et même les officiels du régime ne cherchent pas à le nier : « Ces travailleurs qui, selon leur idée erronée, défendent leurs intérêts, agirent en réalité contre eux et aidèrent leurs pires ennemis. Comment cela a-t-il été possible ? » demande le chef du gouvernement[21].

Les commentaires cégétistes sont brefs et sans équivoque : « Le putsch fasciste de Berlin, fomenté par les agents secrets des puissances occidentales et réalisé par la tourbe hitlérienne, entretenue dans l'Allemagne de l'Ouest, et par ses résidus dans l'Allemagne de l'Est, souligne de terrible façon que les fauteurs de guerre veulent à tout prix empêcher la détente internationale

---

19. *Le Peuple*, 15-22 septembre 1949.
20. *Id.*, 7-14 juin 1950.
21. Cité par G. Castellan, *D.D.R.*, *Allemagne de l'Est*, Seuil, 1955, p. 195.

et l'unification d'une Allemagne démocratique et pacifique » [22].

L'alignement du P.C.F. et de la C.G.T. sur l'U.R.S.S. s'explique par deux considérations d'ailleurs étroitement liées :

— L'.U.R.S.S. est le pays du socialisme. Lors du congrès C.G.T. de 1953, Léon Mauvais explique : « Pourquoi aurions-nous honte d'être les amis du pays qui a réalisé le premier point des statuts de la C.G.T. : la disparition du salariat et du patronat ? Pourquoi aurions-nous honte d'être les amis du pays où non seulement les travailleurs sont libres, ne sont plus exploités par une poignée de loups, mais où ils sont au pouvoir ? » [23]

— L'U.R.S.S. est le champion de la paix ; le pays du socialisme ne peut vouloir la guerre, il est "le rempart de la paix". Et parlant devant l'ambassadeur soviétique, lors du 34ᵉ anniversaire de la révolution d'Octobre, A. Le Leap, numéro deux de la C.G.T. déclare : « Pour nous, Français, existe plus que jamais, aujourd'hui, le devoir d'affirmer à nouveau que nous avons choisi entre le camp de la paix et celui de la guerre, entre le camp de la vérité et celui du mensonge, entre le camp de la vie et celui de la mort... Nous tenons plus encore aujourd'hui que jamais à témoigner notre reconnaissance, notre sympathie, notre chaleureuse affection aux peuples de l'U.R.S.S., au gouvernement soviétique et à son chef si ferme, si humain, si clairvoyant : Joseph Staline » [24].

Il n'apparaît pas que de telles positions aient suscité des réactions notables au sein de la centrale ; il est vrai qu'on est en train de digérer la scission et que les opposants potentiels hésitent à se manifester, au risque d'affaiblir l'organisation et d'apparaître comme les alliés objectifs des scissionnistes.

22. *Le Peuple*, 1ᵉʳ juillet 1953.
23. *Id.*, 15 juin 1953.
24. *Id.*, 8 novembre 1951.

L'alignement sur la politique de l'U.R.S.S. et du P.C.F. a-t-elle des conséquences sur la politique d'action revendicative conduite par la C.G.T. ?

Lorsqu'on recense, au cours de ces années, les arrêts de travail déclenchés par la C.G.T., on constate que, jusqu'en 1952, elle tend à mettre en pratique son objectif de lutte pour la paix ; en 1950, on compte plus de 1.500 arrêts de travail visant à désorganiser des transports militaires ou à enrayer des productions directement ou indirectement utilisables pour la guerre. On note ainsi des arrêts de fabrication d'armement dans les arsenaux de Tarbes, Brest, Lorient, Toulon, des refus de chargement de la part des dockers à Marseille, Brest, Dunkerque, Saint-Nazaire...

Le congrès des métallos C.G.T. de 1950 souligne que la défense de la paix est inséparable de la lutte revendicative. Mais, à certaines époques, on peut se demander si la lutte pour la paix ne fait pas passer au second rang la lutte pour les revendications quotidiennes. C'est ce qui semble ressortir d'un certain nombre de déclarations. Ainsi, dans *Le Peuple* du 12 juillet 1950, Jayat commente et approuve une déclaration de Lecœur devant les mineurs du Nord. Traitant de la hausse des prix, de la "sauvage répression des grèves revendicatives", de la division ouvrière, le dirigeant du P.C. concluait : « A tous ces maux, le même remède. Ils sont nés et se sont développés de la politique de préparation à la guerre ; c'est dans la lutte contre la guerre, c'est dans le triomphe d'une politique de paix que la classe ouvrière obtiendra satisfaction à ses justes revendications. »

A l'époque de la guerre de Corée, la résolution de la C.A. de la C.G.T. du 12 juillet 1950 est presque entièrement consacrée aux problèmes de la guerre et de la paix, seules quelques lignes rappellent les revendications des travailleurs.

Quant à Frachon, le 1er mai 1951, il proclame sur la place de la Bastille : « Sans une lutte acharnée pour une politique de paix, aucun de nos succès dans les luttes revendicatives ne pourrait être consolidé. »

Mais la C.G.T. en fait-elle assez pour satisfaire le parti et les dirigeants de l'U.R.S.S. qui considèrent que la guerre est inévitable si les masses laissent faire. Apparemment non, puisqu'en février 1952, selon l'analyse de P. Robrieux [25], « autour de Jeannette Vermeersch, le groupe thorézien (F. Billoux, R. Guyot et E. Fajon) fait décider le déclenchement d'une "grève antifasciste" pour commémorer le 18ᵉ anniversaire du 12 février 1934. Volens nolens, Benoît Frachon s'exécute et mobilise la C.G.T. L'échec est total ». D'après Pannequin, "le mot d'ordre est très peu suivi" [26]. Dans la "forteresse Renault" on aurait 15 % de grévistes.

Ceci n'empêche pas E. Fajon d'écrire le lendemain dans L'Humanité : « La portée exceptionnelle de la grève d'hier provient du fait qu'elle est, de loin, la grève politique la plus importante déclenchée en France depuis la guerre. Car ce fut effectivement une grève politique, dont les ouvriers eux-mêmes ont souligné consciemment le caractère politique en ajoutant des mots d'ordre politiques aux revendications économiques et même en mettant au premier rang la revendication politique » [27].

Le 28 mai, doit arriver à Paris, venant de Corée, le général Ridgway, accusé d'être responsable de la " guerre bactériologique". Ayant reçu de Thorez alors à Moscou l'ordre de durcir son action et de mobiliser le Mouvement de la paix, le P.C. propose de faire de ce jour-là une journée de "combat dans la rue" [28]. Malgré l'interdiction du préfet de police, les troupes aguerries du P.C.F. manifestent et les affrontements avec la police sont sanglants. Duclos est arrêté dans sa voiture aux abords de la manifestation. Alors le secrétariat du parti, avec Lecœur à sa tête, pousse la C.G.T. à déclencher une grè-

25. P. Robrieux, *Histoire intérieure du parti communiste*, Fayard, 1980, p. 298.
26. *Adieu camarade*, Le Sagittaire, 1977, p. 267.
27. 13 février 1952.
28. Ch. Tillon, *op. cit.*, p. 489.

ve illimitée pour exiger la libération du leader communiste. Commencé dans la région parisienne, ce mouvement ne tarde pas à s'éteindre et, au bureau politique qui suit, le bilan de l'action apparait déplorable : « On en était revenu à vingt ans en arrière » (Tillon).

Le congrès du P.C.F. de juin 1954 condamnera d'ailleurs ce type de mouvement parce qu'il était accompagné d'un « abandon du travail de masse indispensable pour créer les conditions de l'unité d'action ». La résolution notait que l'échec de ces grèves politiques était essentiellement dû au fait qu'elles n'étaient pas appuyées par des mots d'ordre répondant à la volonté des masses et capables d'assurer leur mobilisation. Le texte ajoutait qu'en certains endroits ces grèves étaient organisées selon la conception des minorités agissantes, au lieu de reposer sur une « participation consciente de la masse des travailleurs »[29].

Rectification de tir à la C.G.T.

Pour des raisons diverses, voire contradictoires, il apparaît que des hommes comme Duclos, Tillon et Frachon furent très réservés envers cette "gesticulation" qui marque le premier semestre 1952[30].

Aussi B. Frachon va-t-il s'efforcer de remettre au premier plan les revendications ouvrières et par là de reprendre une certaine autonomie par rapport au parti. La commission administrative de la C.G.T. du 13 août décide notamment une campagne revendicative sur les salaires, mais on prend des précautions en affirmant que la lutte pour la paix sera menée parallèlement à cette campagne.

S'adressant début septembre 1952 aux métallos parisiens, B. Frachon déclare : « Des camarades m'ont posé la question suivante : ceci change-t-il quelque chose à

---

29. B. Badie, *op. cit.*, p. 158.
30. J.-J. Becker, *op. cit.*, p. 255.

notre lutte pour la défense de la paix ? Et pourquoi, camarades, ceci pourrait-il comporter des changements de ce genre ? La paix est-elle moins menacée ? Le rôle de la classe ouvrière dans la sauvegarde de la paix est-il moins décisif ? La C.G.T., ses militants et l'ensemble des organisations confédérées se feront un devoir de participer avec plus de force encore à la préparation, à l'organisation en France du Congrès des peuples pour la paix » [31].

En octobre, *Le Peuple* revient sur cette question. Il faut se rendre à l'évidence, les actions pour la paix n'ont touché qu'un public restreint ; en outre, le mélange de revendications économiques et politiques constitue un frein à l'unité d'action. Il faut donc pour trouver une base plus large, mettre en avant les revendications qui touchent directement les travailleurs.

« L'expérience, est-il écrit, démontre que l'action pour les revendications constitue la base la plus large pour l'unité d'action, que très souvent des questions sont au préalable posées par des syndiqués, ou par les représentants des autres organisations pour la tenue de réunions communes, telles que : "Il ne sera question que de revendications et pas d'autre chose ?" Il faut en tenir compte. Il en est souvent de même dans nos propres réunions. D'ailleurs traiter rapidement et en quelques minutes des problèmes de la paix à la fin d'une réunion, c'est agir d'une manière formelle et sans résultats. »

Il doit donc être bien entendu que le but unique de la campagne, c'est d'imposer au gouvernement une augmentation des salaires, traitements et pensions ; on pourra réaliser sur ce thème unique l'unité d'action. Mais, conclut le rédacteur : « Tous nos camarades doivent en plus, parallèlement à cette campagne, veiller au développement de la préparation du Congrès des peuples sur les bases données par le Mouvement de la paix » [32].

Le congrès C.G.T. de juin 1953 est d'ailleurs l'occasion

---

31. *Le Peuple*, 15 septembre 1952.
32. *Id.*, 1er octobre 1952.

d'une certaine autocritique sur le thème des revendications. Léon Mauvais déclare à ce propos : « C'est vrai que nous avons appris depuis le 28ᵉ congrès, n'est-ce pas, camarades, qu'il fallait être moins schématique, qu'il fallait tenir compte de la volonté des masses, qu'il fallait voir les revendications qui unissent, qui ne sont pas forcément les mêmes pour tous les travailleurs, mais peuvent différer selon le moment et l'endroit donné... ». Cela ne l'empêche pas, dans le même discours, de déplorer l'insuffisante prise en compte du problème de la paix : « Laissez-moi vous dire qu'on a insuffisamment parlé dans ce congrès de la question de la paix »[33].

C'est dans ces conditions que surviennent les grandes grèves d'août 1953 qui, par leur ampleur, surprennent le monde syndical, comme le monde politique. Le parti communiste va-t-il, profitant du mouvement, s'efforcer d'en apparaître comme le moteur ? Non, on n'observe rien qui rappelle, de ce point de vue, les grèves de 1947 et 1948. Soutenant le mouvement, popularisant les revendications des grévistes, le parti ne se risque pas à un affrontement avec le pouvoir.

Pour comprendre ce comportement, il faut d'une part le replacer dans l'évolution que nous venons d'examiner : le parti s'efforce de regagner la confiance des masses qui se sont éloignées de lui. Mais d'autre part, depuis plusieurs mois, les militants du parti et de la C.G.T. sont mobilisés pour la défense de leur propre liberté. En effet, pour contrer l'action engagée par ces deux organisations contre la guerre d'Indochine, le gouvernement ne lésine pas sur les moyens. C'est ainsi, par exemple, que le 24 mars 1953 des perquisitions sont effectuées dans les locaux de la C.G.T. et des dirigeants nationaux arrêtés. Selon J.F. Noël[34], « La menace permanente de mise hors la loi qui plane sur (le parti) limite considérablement sa marge de manœuvre. »

---

33. *Id.*, 15 juin 1953.
34. J.-F. Noël, *Les postiers, la grève et le service public*, Maspéro, 1977, p. 108.

Le P.C.F. va donc se contenter d'apparaître comme le champion de l'unité pour la défense des revendications des grévistes, tout en expliquant à ceux-ci que ces revendications ne pourront être satisfaites que par un changement profond de politique comportant notamment la fin de la guerre d'Indochine, l'abandon du réarmement allemand et de l'alliance atlantique. « Le P.C.F. ne pense pas que la grève va permettre de réaliser immédiatement ce changement, tout au plus va-t-elle permettre de clarifier les choix politiques. C'est pourquoi il soutient la demande de convocation du Parlement, qui présente l'avantage de rapprocher, pour la première fois depuis six ans, les points de vue des communistes et des socialistes » [35].

Pour un "gouvernement démocratique"

En effet, durant presque toute cette période qui commence en 1948, P.C. et C.G.T. situent la S.F.I.O. dans "l'autre camp". En septembre 1948, A. Le Leap, parlant au bureau confédéral C.G.T. des problèmes de démocratie et du sens de ce terme, souligne : « Peut-être ne sommes-nous pas d'accord sur le sens même du mot avec les bons apôtres de la S.F.I.O. et de F.O. qui eux ne demandent l'avis de personne pour faire la scission... Dans cette lutte de classe menée contre les couches laborieuses de la population, Léon Blum et ses amis, oublieux du passé, ont choisi le camp anti-ouvrier... » [36].

Pourtant, au même moment, Le Peuple, dans un article "Pour un gouvernement d'union républicaine et démocratique", signale que « de toutes parts nous parviennent des résolutions d'organisations syndicales exigeant la constitution immédiate d'un gouvernement démocratique, seul capable de mettre fin à la misère qui accable

---

35. Id.
36. Le Peuple, 9 septembre 1948.

25

la classe ouvrière et d'assurer l'indépendance française » [37]. Au moment où la France connaît une de ses nombreuses crises ministérielles, la C.G.T. revendique-t-elle un nouveau "Front populaire " ? Il faut constater que le mot n'est pas prononcé ; on ne parle pas d'alliance avec la S.F.I.O. ; ce qu'on réclame, c'est le P.C. au pouvoir, car il est le seul parti capable d'assurer à la fois l'indépendance nationale et la satisfaction des revendications populaires.

D'ailleurs, on retrouve cette même revendication, "pour un gouvernement démocratique", en octobre 1949, en juillet 1950... lors des diverses crises ministérielles, qui ponctuent la vie de la IVᵉ République, crises qui sont parfois mises au compte de la pression des masses populaires.

En fait, ce "gouvernement démocratique" qui revient comme un leitmotiv, c'est l'opposé du gouvernement de troisième force que soutient la S.F.I.O., même si elle est plusieurs fois à l'origine des crises ministérielles.

Ce qui montre bien qu'on n'est nullement dans une stratégie de Front populaire, c'est qu'on n'hésite pas à dénoncer la S.F.I.O. : « La C.A. de la C.G.T. dénonce devant les masses ouvrières l'hypocrisie grossière de soi-disants socialistes et démocrates qui, injuriant la C.G.T., soutiennent les organisations scissionnistes et marshalliennes, s'affirment les partisans les plus haineux de la guerre, voire de la guerre atomique, et qui bavardent en même temps sur les droits sociaux des travailleurs » [38].

D'où, lors des élections, des appels fort transparents à voter pour les candidats du P.C.F. A l'occasion des cantonales de 1949, *Le Peuple* demande aux travailleurs de refuser leurs suffrages aux candidats du gouvernement (de troisième force) et à tous ceux qui soutiennent sa politique de réaction. Avant les élections législatives de juin 1951, A Le Leap déclare : « Le choix est simple :

---

37. *Id.*, 2 septembre 1948.
38. C.A. du 12 juillet 1950.

ou demain des représentants ouvriers seront au gouvernement et ce sera l'avènement d'une politique de progrès social, le parachèvement de l'œuvre de ce grand militant ouvrier, de ce grand ministre que fut notre regretté camarade Ambroise Croizat ; ou ceux qui sont aujourd'hui au pouvoir y seront maintenus et ce sera l'accentuation d'une politique dont les résultats sont connus d'avance... » [39].

En 1953, si l'on reparle du Front populaire, c'est pour affirmer que le rassemblement désiré est d'une autre nature. Devant le congrès C.G.T. de juin 1953, Léon Mauvais traite des "différents éléments de la bourgeoisie" et déclare : « Une véritable hantise du Front populaire s'est emparée d'eux. Et ils savent bien que le rassemblement qui est en train de s'opérer aura une autre qualité que le rassemblement du Front populaire » [40]. En fait, le rassemblement que prône alors la C.G.T., comme le P.C.F., c'est le rassemblement par la base, on en est toujours à la tactique du « front unique » et, pour la C.G.T., des "comités d'unité d'action", à la dénonciation des dirigeants des organisations dont on veut rassembler les adhérents.

Ce n'est qu'en décembre 1954 qu'un changement de vocabulaire correspond à un changement de stratégie. Le C.C.N. de la C.G.T. rappelle « qu'un changement d'orientation au sein de l'Assemblée nationale créerait des conditions favorables pour la satisfaction des revendications de la classe ouvrière. Exprimant les aspirations des travailleurs qui n'ont pas oublié les bienfaits du Front populaire, les conquêtes de 1936 et de la Libération », le C.C.N. se prononce en faveur d'un « véritable rassemblement des forces et partis de gauche en vue de la réalisation d'une politique économique et sociale favorable à l'ensemble de la classe ouvrière, assurant le respect de la laïcité, des libertés républicaines et du maintien de la Paix ».

39. *Id.*, 13 juin 1951.
40. *Id.*, 15 juin 1953.

C'est un appel direct à la S.F.I.O. et aux républicains de gauche, comme le montre la réapparition du thème de la "la laïcité". A la veille des législatives du 2 janvier 1956, le même appel est lancé : « Le rassemblement des forces de gauche à l'image du Front populaire correspond au désir et à l'intérêt des travailleurs »[41].

Ne pas chasser sur le terrain du parti

Si « un détachement d'avant-garde de la classe ouvrière est indispensable dans les batailles terribles que les travailleurs doivent soutenir »[42], il ne saurait être question que l'organisation de masse, le syndicat, prenne la place de l'avant-garde, le parti communiste. C'est le risque que le P.C.F. a voulu conjurer en intervenant de façon brutale à propos du "programme économique et social" de la C.G.T.

Pour faire pièce au plan Monnet, annexe du plan Marshall, le congrès de la C.G.T. en 1948 se prononce pour un "programme de redressement économique et social". Deux ans plus tard, le C.N. adopte un nouveau "programme économique de paix, d'indépendance et de progrès social" ; cette initiative fait l'objet d'une large approbation au congrès de 1951 et les fédérations qui n'ont pas encore apporté leur pierre à la construction du programme économique sont invitées à le faire rapidement « en vue d'une très large diffusion dans les principaux centres industriels » afin « d'impulser le travail dans les entreprises, dans les milieux industriels et dans le pays ».

Poursuivant dans cette voie, le centre confédéral d'études économiques et sociales de la C.G.T. établit alors un troisième programme, plus complet et plus structuré, qui s'articule avec un projet de réforme fiscale. Traitant de

---

41. *Id.*, 1ᵉʳ janvier 1956.
42. M. Paul, 1ᵉʳ octobre 1953.

ce nouveau programme, L. Molino, dans son rapport à la commission administrative en janvier 1953, déclare que ce "programme de redressement économique et social" s'oppose à la politique menée actuellement par le gouvernement et que la C.G.T. « le propose à tous ceux qui sont d'accord pour une politique de bien-être et de paix. Ces propositions doivent être connues partout ; notre programme est démocratique ; sur lui peut se réaliser l'unité du Peuple de France dans la voie de la reconquête de l'indépendance nationale » [43].

L'ensemble du programme fait l'objet d'une publication dans la *Revue des Comités d'entreprises* [44] et, dans la préface, B. Frachon qualifie le texte « d'instrument de travail indispensable » en ajoutant qu'il ne ressemble en rien « à ces constructions de l'esprit, à ces fantasmagoriques chefs-d'œuvre de confusionnisme ou de bluff qui meurent aussi vite qu'éclos ».

Une campagne nationale pour la popularisation du plan a été engagée au cours de ce premier semestre 1953. *Le Peuple* précise que « des invitations devront être adressées aux chambres de commerce, à des personnalités du monde industriel et commerçant, aux organisations d'ingénieurs et de cadres, ainsi qu'aux élus, aux organisations paysannes et aux membres dirigeants des organisations » [45].

Clôturant le C.C.N. du 4 avril 1953, Le Brun suggère : « Pourquoi nos unions locales, au cours de la campagne électorale, par exemple, ne s'attacheraient-elles pas à dresser partout leurs programmes de travaux municipaux d'intérêt général qu'elles soumettraient aux candidats, qu'elles feraient approuver par la population ? Ne serait-ce pas de nature à donner un autre cours que celui voulu par le gouvernement au débat financier du mois de mai... » [46]. C'est en somme l'idée de mini-plans à

---

43. *Id.*, 15 janvier 1953.
44. 2 mai 1953.
45. *Id.*, 1er février 1953.
46. *Id.*, 15 avril 1953.

l'initiative de la C.G.T., plans autour desquels on rassemblerait la population.

Le congrès de 1953 va revenir sur cette idée de rassemblement ; B. Frachon étant en fuite pour échapper aux poursuites policières, G. Monmousseau lit le rapport presque entièrement axé sur le programme confédéral dans lequel il est dit qu'il faut, à propos de ses propositions, « susciter la discussion... et rassembler sur cette base tous les Français, toutes les Françaises qui veulent vivre de leur travail dans la sécurité, le mieux-être, la liberté et la paix ».

Le Brun surenchérit en se référant au préambule des statuts reconnaissant le droit pour le mouvement syndical de "prendre l'initiative" de collaborations momentanées avec les partis politiques. « Un tel programme fait appel, par sa nature même, à l'accord sur des bases constructives, non seulement des travailleurs et des chômeurs, mais aussi des sinistrés, des mal logés, des paysans travailleurs, des commerçants honnêtes, des producteurs indépendants, en un mot de tous les intérêts économiques et sociaux... ».

« Et puis, poursuit-il, sur le plan politique, ne devons-nous pas être très attentifs à certains faits ? Au grand intérêt témoigné à l'égard du programme économique lors du dernier Comité central du P.C.F. par notre ami et camarade J. Duclos et puis à d'autres faits, eux aussi significatifs : cette adhésion écrite de l'importante fédération S.F.I.O. de la Haute-Garonne, certaines déclarations de P. Mendès-France, certaines interventions au dernier congrès M.R.P... » [47].

C'en est trop, la C.G.T. n'est-elle pas en train de prendre des initiatives sur le plan politique alors que c'est le rôle de "l'avant-garde", c'est-à-dire du parti communiste d'où, au lendemain du congrès C.G.T., la condamnation du programme économique par le P.C.F.

---

47. *Id.*, 15 juin 1953.

« La vérité, ignorée de l'immense majorité des militants et de la plupart des dirigeants, est que le P.C.F. a réagi avec la plus extrême brutalité dès lors qu'il a cru (à tort ou à raison) déceler une tentative de la C.G.T. pour jouer, conformément à ses statuts, un rôle moteur dans la lutte politique »[48].

Frachon, en dépit des attaques dont il fut l'objet, conserva ses fonctions, mais il dût, selon Barjonet, sacrifier son plus proche collaborateur L. Molino qui « disparut ainsi, au lendemain d'un congrès et sans qu'aucune explication officielle soit jamais donnée »[49]. Et au congrès suivant, en 1955, le secrétaire général de la C.G.T. fut conduit à se déjuger en se livrant à une attaque en règle contre le programme économique, « au fond pernicieux, embrouillant les problèmes de la lutte des classes et entretenant, quoiqu'il s'en défende, l'illusion de la possibilité d'une économie dirigée, d'une espèce de planification en régime capitaliste ».

Malgré l'opposition de Le Brun, l'idée de programme économique est définitivement enterrée en 1955 au profit d'un "programme revendicatif, pour chaque cas précis", ce qui évite à la C.G.T. toute tentation de jouer un rôle politique moteur pour un rassemblement autour d'un programme global.

Notons que c'est à l'occasion du même congrès que la C.G.T. s'aligne sur les thèses thoréziennes de la "paupérisation absolue" développée dans les *Cahiers du communisme* de mars 1955. B. Frachon parle "d'appauvrissement absolu", de "baisse réelle du niveau de vie" et toute l'argumentation est appuyée sur les chiffres donnés par Thorez concernant l'évolution du salaire horaire du métallurgiste célibataire de la région parisienne depuis 1938.

---

48. A. Barjonet, *La C.G.T.*, Seuil, 1968, p. 86-87.
49. *Id.*, p. 87.

Le 18 décembre 1947, la conférence nationale des groupes F.O. constate « que les éléments minoritaires du Bureau confédéral risquent, dès maintenant, de n'être que des otages au sein de l'organisation... que la véritable Confédération Générale du Travail continue en dehors de l'organisation existante qui n'a plus de C.G.T. que le nom... ». Elle demande à tous les militants responsables de constituer, sans délai, l'organisation sur le plan des syndicats, des unions départementales et des fédérations, afin de préparer, dès que possible, un congrès constitutif de la véritable centrale confédérée de tous les travailleurs... Le processus est dès lors engagé en vue de la constitution d'une nouvelle centrale syndicale qui naîtra officiellement au congrès d'avril 1948, sous le nom de C.G.T.-F.O. (C.G.T.-Force ouvrière).

La tendance F.O. de la C.G.T. prenait donc en charge la mission de regrouper tous les syndicalistes partisans de l'indépendance syndicale ; tous n'allaient pas être au rendez-vous ; c'est ainsi que la fédération du livre décide de rester en bloc à la C.G.T., que, pour ne pas se diviser sur le plan corporatif, les nombreux enseignants de la C.G.T. passent à l'autonomie et constituent la F.E.N., tandis qu'une partie seulement des "autonomes" qui s'étaient détachés de la C.G.T. au cours des années 1946-47 rejoignent la nouvelle centrale.

Affirmation de l'indépendance

Les groupes socialistes d'entreprises, là où ils existaient, ont pris une part active à la scission ; c'est l'occasion rêvée pour les majoritaires de la C.G.T. d'accuser la S.F.I.O. d'être à l'origine de celle-ci, et Frachon écrit à ce propos : « Daniel Mayer et ses amis auront sans doute l'occasion de constater qu'entre leur rêve de destruction des syndicats indépendants et la réalité, il y a une marge peu facile à franchir »[50]. Suite à la démission de Jouhaux et de ses amis du Bureau confédéral de la C.G.T., les partisans de la nouvelle centrale sont accusés d'être à la solde du parti socialiste.

Le groupe central de F.O. réagit face à cette accusation et, dès le 26 décembre 1947, fait savoir « en réponse à des allégations intéressées, que la nouvelle centrale C.G.T.-F.O. sera résolument apolitique et dégagée de l'influence de tous les partis ».

Quelques jours plus tard, Bouzanquet précise : « Je crois devoir mettre en garde nos camarades contre certaines affirmations, sans doute inspirées, qui insinuent que le syndicalisme de F.O. est guidé et inspiré par le parti socialiste. C'est... parce que nous avons conscience que le rassemblement et l'unité des travailleurs ne sont possibles que dans un mouvement syndical indépendant des partis, des sectes et des religions que nous avons le devoir de recommander à ceux de nos camarades qui militent ou voudraient militer dans nos rangs de ne jamais rien faire ni tenter qui puisse servir autre chose que le syndicalisme »[51].

Lors du congrès confédéral d'avril 1948, R. Bothereau, dans l'exposé introductif, souligne que la conception syndicale de la nouvelle centrale ne saurait rien avoir de commun avec la conception des communistes : « Pour nous, anciens confédérés, anciens minoritaires de la C.G.T., pour nous, syndicalistes Force-ouvrière, le syndicalisme est une fin en soi. Pour nous, le mouvement syndical doit se déterminer lui-même et se déterminer lui seul, en dehors de toute influence politique et jamais pour servir les intérêts d'un parti politique... Pour eux, le mouvement syndical est un mouvement accessoire et un mouvement subordonné. Pour eux, ce doit être

---

50. 10 décembre 1947.
51. *Force Ouvrière*, 1er janvier 1948.

et ce ne peut être qu'un levier aux mains de leur parti politique. Pour nous, le syndicalisme est un mouvement majeur ; pour eux, le syndicalisme est un mouvement mineur. » Le débat sur le préambule des statuts va montrer que s'il y a accord sur le principe de l'indépendance, il y a cependant des nuances entre les groupes "F.O." qui vont constituer la majorité et les diverses minorités (anarchistes, syndicalistes révolutionnaires, trotskystes, "syndicalistes purs") qui se sont pour l'heure alliées.

Pour la première partie du préambule, on arrive à un accord. Après l'affirmation solennelle de l' « indépendance absolue, à l'égard du patronat, des gouvernements, des partis, groupements ou rassemblements politiques, des sectes philosophiques » et de l' « irréductible opposition à toute influence extérieure au mouvement syndical », les syndicats F.O. « rappellent l'impérieuse nécessité pour le syndicalisme de se déterminer lui-même à l'endroit de tous problèmes de sa compétence dont il juge utile de se saisir, ce qui implique qu'il ait la pleine maîtrise de sa structure, de son administration et de ses actes, sur les plans revendicatifs et gestionnaires, selon l'esprit ayant inspiré en 1906 le Congrès confédéral d'Amiens ». On fait donc appel à l'esprit, mais non à la lettre de la charte d'Amiens.

Méfiants vis-à-vis des groupements politiques qui "veulent" utiliser les courants syndicaux pour retrouver de l'autorité et de la force, les minoritaires font ajouter le paragraphe suivant : « Considérant que le syndicalisme ouvrier ne doit pas lier son destin à celui de l'Etat, ni s'associer à des groupements politiques quelconques, dont l'objectif est la conquête de cet Etat et l'affermissement de ses privilèges, l'organisation syndicale réalisera son programme et ses perspectives en toute indépendance. »

Mais un paragraphe du préambule va susciter des controverses. C'est celui qui, reprenant la tradition de la C.G.T. entre les deux guerres, pose le principe de coalition éventuelle pour la défense de la démocratie. « Considérant que le syndicalisme ne saurait être indifférent à la forme de l'Etat, parce qu'il ne pourrait exister en-dehors d'un régime démocratique, les syndicats "Force ouvrière" reconnaissent au mouvement syndical le droit, lequel peut devenir un devoir, de réaliser des rapprochements ou des collaborations en vue d'une action déterminée lorsque la situation l'exige expressément. » Pour certains minoritaires, il y a là un risque ; n'est-ce point la reconnaissance de relations privilégiées avec le parti socialiste ? Le Bourre (spectacles) considère pour sa part que « le mouvement syndical est susceptible de déterminer qu'il est tout seul capable de défendre les libertés syndicales ». D'une façon générale, les minoritaires se prononcent contre l'idée *a priori* de coalition d'ordre politique, sous prétexte de sauvegarder la nature ou la forme de l'Etat. En toute circonstance, l'indépendance et la démocratie exigent « la consultation et la décision des syndiqués souverains ».

A cette argumentation, Capocci rétorque : « Vous voulez un référendum avant la grève générale ! Comment répondrez-vous à un putsch militaire ? » En fait, seuls 1.786 mandats voteront contre ce paragraphe du préambule, tandis que 14.752 l'approuveront. La minorité n'a pas fait le plein de ses voix.

Pour éviter tout risque de collusion avec les partis politiques, le congrès unanime vote le non cumul des mandats (l'article 10 des statuts) : « Les membres du Bureau confédéral et de la Commission exécutive ne peuvent faire acte de candidature à une fonction politique ni appartenir aux organismes directeurs d'un parti, groupement ou rassemblement politique. Leur acte de candidature aux fonctions définies ci-dessus, même non rétribuées, entraîne ipso-facto leur démission du Bureau confédéral et de la Commission exécutive. »

En 1950, lors du congrès, les U.D. de la Loire et de la Gironde tenteront sans succès de faire ajouter à l'article 10 l'interdiction pour les membres du B.C. et de la C.E. de toute participation à une propagande orale ou écrite en faveur d'un parti, groupement ou rassemblement politique.

35

En fait, si les minoritaires sont méfiants, c'est que les rapports entre la S.F.I.O. et F.O. ne sont pas aussi clairs que les principes posés et qu'à diverses reprises la S.F.I.O. tente d'utiliser F.O. ou de l'entraîner dans des coalitions de type politique.

Il y a d'abord la subvention dont bénéficie F.O. : quarante millions de francs, accordés par le ministre du Travail, le socialiste D. Mayer, sur le reliquat des fonds affectés à la charte du travail. Or, sur ce reliquat, la C.G.T., de 1945 à 1948, n'avait reçu que 10 millions environ et la C.F.T.C. 4 millions.

« Le caractère de soutien plus socialiste que gouvernemental était peu discutable » [52]. Et, dans son *Histoire du Travail*, G. Dehove écrit à ce propos : « On a trop eu l'impression d'une subvention de démarrage, et si celle-ci a pu aider efficacement F.O. du point de vue matériel, cela lui a incontestablement porté préjudice au point de vue moral en facilitant la propagande de ses adversaires qui s'efforçaient de la présenter comme une succursale du parti socialiste. »

Dans sa lutte contre la C.G.T., le pouvoir et notamment les socialistes tendent, en 1948, à utiliser F.O., comme en fait foi le journal tenu par le Président de la République Vincent Auriol [53].

— En date du 3 janvier 1948 : « J. Moch et D. Mayer sont venus me voir pour me parler de la situation sociale qui les inquiète surtout du côté des mineurs agités par les représentants communistes de la C.G.T. Je leur conseille de voir les délégués mineurs de F.O. et avec eux de dresser un tableau comparatif de la vie des mineurs en U.R.S.S. et en France... »

— Le 6 octobre 1948, en pleine grève des mineurs, il est question de "démocratiser la grève", par un arbitrage

---

52. Bergounioux, *Force Ouvrière*, Seuil, 1975, p. 92.
53. *Journal du septennat*, A. Colin.

obligatoire avec référendum du personnel sur la sentence arbitrale ou sur la grève. Vincent Auriol écrit à ce propos : « On tuera ainsi la grève politique qui est lancée par les Etats-majors du P.C. et de la C.G.T. Il fau drait le faire au plus tôt et surtout commencer par les usines nationalisées. D. Mayer me dit qu'il est d'accord et qu'il verra Bothereau avec moi, s'il le faut. »

L'interdiction qui sera faite, par le parti, aux adhérents S.F.I.O. d'appartenir à la C.G.T., va encore dans le sens d'un renforcement de la liaison entre les deux organisations, en dictant, de fait, un choix en faveur de F.O., trop de malentendus éloignant les socialistes de la C.F.T.C.

Tout ceci n'est pas sans créer un malaise au sein de la centrale surtout chez les "minoritaires". Dès le 22 janvier 1948, A. Lafond demande « sans ambage au parti socialiste de modérer son zèle à notre égard » [54], et ajoute : « Nous entendons que le syndicalisme soit servi par les partis politiques et non pas qu'il les serve. »

En juin 1950, R. Hagnauer, traitant des résultats des élections pour la sécurité sociale déclare : « Ce qui certainement à nui à la liste F.O., c'est la confusion savamment entretenue entre notre confédération et une formation politique dont cependant les représentants ne servent pas toujours notre propagande » [55].

En juin 1953, un dirigeant S.F.I.O., Brutelle, déclare : « Nous voudrions espérer de Force ouvrière à la fois l'effort de l'affirmation de sa doctrine et l'acceptation de la liaison avec la S.F.I.O. » ; il s'attire une réponse de Le Bourre : « Nous voudrions espérer de la S.F.I.O. l'effort de l'affirmation de sa doctrine, si elle en a une. Quant à la liaison proposée, je n'en vois pas du tout l'utilité, ou plutôt je croyais cette liaison déjà faite par la seule méthode possible, celle de l'affiliation des travailleurs d'opinion socialiste à Force ouvrière... » [56].

---

54. *Force Ouvrière*, 22 janvier 1948.
55. *Id.*, 15 juin 1950.
56. *Id.*, 18 juin 1953.

Il ne faudrait pourtant pas considérer le problème des relations à sens unique. Si certains voient dans les interventions S.F.I.O. des menaces contre l'indépendance de la centrale, d'autres, qui constituent la majorité, estiment nécessaire l'existence de liens ne remettant pas en cause l'indépendance. Dans le régime « où les parlementaires sont les créateurs du droit du travail, F.O. use de l'appui de la S.F.I.O. en présentant des projets que le groupe socialiste soutient devant l'Assemblée nationale » [57]. C'est là une forme de division du travail entre parti et syndicat, telle que la conçoit F.O., mais qui nécessite des rapports étroits entre responsables F.O. et groupe parlementaire S.F.I.O. Lors des congrès, certains minoritaires reprochent aux dirigeants F.O. une conception trop institutionnelle de l'action syndicale et un oubli de l'action directe ; c'est le cas lors du congrès d'octobre 1950, le représentant de l'U.D. de la Loire déposant un texte en ce sens. Traitant des rapports F.O.-S.F.I.O. au cours de cette période, A. Bergounioux [58] estime qu'à « l'époque, pour la S.F.I.O., la C.G.T.-F.O. est une donnée qui entre dans une stratégie, non au sens d'une pièce que l'on déplace sur un échiquier, mais d'une force dont il faut envisager les réactions et les limites. Dans une première période, les liaisons... ne sont autres qu'un jeu entre une essentielle convergence et une indépendance concrète ».

Convergences et troisième force

Pour maintenir l'indépendance, c'est sur la demande de la centrale syndicale que la S.F.I.O. met fin en 1948 à l'expérience des groupes socialistes d'entreprise, tandis que nombre de responsables syndicaux de F.O., tout en restant dans la "famille socialiste", cessent de militer au sein du parti.

---

57. Bergounioux, *op. cit.*, p. 147.
58. *Id.*, p. 147.

Mais entre S.F.I.O. et F.O., les convergences sont nombreuses. Il y a d'abord les convergences de clientèles. La S.F.I.O., comme F.O., recrute surtout parmi les fonctionnaires, les ouvriers à statut ou d'industries secondaires, et les employés. P. Rimbert comparant élections sociales et élections politiques note en 1955 : « En général, celui qui vote socialiste sur le plan politique vote F.O. sur le plan social. On peut donc en déduire que si dans une industrie donnée l'influence socialiste est très grande, F.O. obtiendra un fort pourcentage de voix, par contre, l'inverse est moins vrai. Il n'en reste pas moins qu'en gros le plus ou moins fort pourcentage de voix obtenues par F.O. traduit une plus ou moins grande influence socialiste » [59].

Mais plus encore, il y a convergence en matière d'analyse politique. La naissance même de F.O. situe la centrale dans une optique "troisième force", entre le stalinisme et le gaullisme, entre "l'aventure" et la "réaction". Une "troisième force" que L. Blum définit ainsi : « L'union des Républicains pour la liberté, pour la justice sociale et pour la paix » ; tandis que C. Bourdet considère qu'elle a une utilité certaine, " celle d'éviter la guerre civile".

Au début de 1948, on assiste à une tentative de structurer la 3e force, « non comme une association de partis, mais comme un groupement de membres de partis, de syndicalistes, d'intellectuels qui se sont mis d'accord sur un manifeste commun » [60]. Le comité national devrait compter trois S.F.I.O., trois M.R.P., un Radical, un Jeune République, un U.D.S.R., deux syndicalistes et quatre personnalités. On espère à la S.F.I.O. que Jouhaux signera l'appel. Mais les syndicalistes renâclent ; selon R. Quilliot, « plutôt que de rejoindre le rassemblement sur ses intentions, les syndicalistes entendent

---

59. « Partis politiques et classes sociales en France », *Cahiers de la Fondation nationale des Sciences Politiques*, 1955, p. 205.
60. R. Quilliot, *La S.F.I.O. et l'exercice du pouvoir*, Fayard, 1972, p. 283.

juger le gouvernement aux actes ». Le 10 janvier 1948, paraît un communiqué des groupes F.O. démentant « de la façon la plus catégorique les informations laissant croire qu'elle a donné son adhésion à la 3° force ou qu'elle serait représentée au sein de ce mouvement ». Celui-ci se limite en fait à une coordination S.F.I.O.-M.R.P. Mais les thèmes qui inspirent l'action de la troisième force sont constamment présents dans les débats aux seins de la centrale syndicale.

C'est d'abord l'acceptation du plan Marshall. Intervenant lors du congrès constitutif, L. Jouhaux déclare « rejeter cette aide, déclarer que nous sommes capables de nous reconstruire nous-mêmes, que nous n'en voulons plus ? Ce serait nous mentir à nous-mêmes et mentir au pays. Ce serait nous condamner à l'expérience de l'impuissance... L'aide américaine, nous l'acceptons, nous en sommes reconnaissants au peuple américain ; mais nous entendons que cette aide ne serve aucune hégémonie et nous entendons aussi qu'elle ne serve pas à constituer un bloc européen en opposition à un autre bloc européen » [61].

Un autre thème, c'est la construction de l'Europe. Le rapport préparatoire au congrès d'octobre 1950 souligne que « les temps sont venus où l'Europe doit cesser d'être une mosaïque d'Etats concurrents et trop souvent ennemis. Il faut construire par raison et à froid ce qui, en d'autres circonstances pourrait naître à chaud, dans la douleur » [62]. Et la résolution générale du même congrès demande la participation syndicale aux organismes européens.

Certains minoritaires y sont cependant opposés ; ainsi Hébert (Nantes) « regrette que des camarades de toutes tendances tiennent tellement à s'intégrer à l'appareil politique européen que l'on est en train de créer ». Selon lui, ce n'est qu'un instrument politique dans lequel le syndicalisme n'a rien à gagner.

---

61. *Force Ouvrière*, 22 avril 1948.
62. *Id.*, 5 octobre 1950.

La 3ᵉ force c'est aussi l'anticommunisme et l'antisoviétisme surtout exacerbé à la suite du "coup de Prague". Le congrès de 1950, « fidèle à l'esprit de la résistance au fascisme et à l'hitlérisme... déclare solennellement qu'aucune action pour la paix ne peut se concevoir de concert avec ceux qui se refusent à condamner le tsarisme rouge de Moscou en termes ne prêtant à aucune équivoque, avec ceux qui se font les agents conscients ou inconscients d'une entreprise qui, sous l'imposture de formules pacifistes, n'a pas d'autre but que de désarmer la résistance des peuples libres aux agressions totalitaires [63].

Et lorsque la C.G.T. recherche l'unité d'action, en 1954, A. Lafond répond : « Nos communistes n'ont pas davantage changé. Ils restent les plats valets, les instruments d'une politique de vassalisation qui nécessite l'esclavage de la classe ouvrière... Lorsqu'ils insultent, menacent, violentent, ils ont leur véritable visage. Ils sont plus sympathiques parce que moins hypocrites. Lorsqu'ils nous embrassent, c'est pour mieux nous étrangler. Et là ils sont plus dangereux, car nous oublions pour vouloir espérer » [64].

C'est l'exacerbation de l'antisoviétisme et de l'anticommunisme liée à la situation internationale qui explique une sensible évolution en cours de période, à propos de la politique des blocs. Lors du congrès de 1948, L. Jouhaux souligne que « la sécurité des uns et des autres n'est pas assurée par les glacis de défense que l'on organise, pas plus par ceux de l'Ouest que par ceux de l'Est ». Il réclame la suppression de ces glacis déclarant que les attitudes des soviétiques comme des Américains s'expliquent par la peur face au développement de ces glacis.

Au congrès de 1950, la résolution générale réclame le "désarmement général" et invite le gouvernement à formuler des propositions en ce sens pour aboutir dans une

63. *Id.*, 2 novembre 1950.
64. *Id.*, 21 janvier 1954.

première étape à une réduction massive des crédits de guerre, propositions qui, « si elles sont repoussées justifieront une politique de défense collective ».

Mais au congrès de 1952, L. Jouhaux qui est resté fidèle à ses convictions et a lancé en son nom propre un mouvement, "Démocratie combattante", que certains taxent plus ou moins de neutraliste, voit le congrès voter une motion qui prend parti sans hésitation pour un bloc ; présentée par Le Bourre, elle estime que « devant le caractère agressif de la politique soviétique, le syndicalisme ouvrier doit admettre la nécessité de la mise sur pied de la défense des peuples libres ». Par 8.331 mandats, contre 2.309, elle l'emporte sur une motion "Dercourt" renvoyant plus ou moins dos à dos l'U.R.S.S. et les Etats-Unis en affirmant que « la paix et les libertés sont menacées par l'impérialisme stalinien et le capitalisme mondial, poussés tous deux, par leur dynamique interne, à instaurer leur domination sur le monde ».

Quant à la résolution du congrès de 1954, après avoir dénoncé le danger permanent que constitue la dictature soviétique, elle affirme « l'impérieuse nécessité de la défense commune du patrimoine européen ».

Echec du "front démocratique et social"

Si les thèmes de la troisième force restent encore d'actualité en 1954, celle-ci est morte au plan parlementaire, suite aux élections de 1951 qui entraînent le passage de la S.F.I.O. à l'opposition. Mais ce parti ne désespère pas de reconstituer une nouvelle majorité. Le congrès S.F.I.O. de juillet 1953 lance un appel en faveur d'un regroupement des forces démocratiques, avec la volonté d'un changement de politique, et convie à se rassembler « les organisations syndicales, coopératives, mutualistes, culturelles et politiques libres, dans le respect de leur personnalité, de leurs opinions, croyances et traditions propres », tout en refusant le Front populaire [65]. Il s'agit en fait de réaliser une coalition de ceux qui craignent un succès de P. Mendès-France passant par dessus les appareils des partis.

Dans l'immédiat, des personnalités comme R. Lecourt (M.R.P.), le radical E. Roche et Léon Jouhaux, qui est alors président du Conseil économique, donnent leur accord.

Mais avant même que les diverses organisations aient pu en délibérer, surviennent les grèves d'août 1953, dans lesquelles les fonctionnaires de F.O. et notamment les postiers jouent un rôle important. Lors de ces grèves, la S.F.I.O. se range aux côtés des salariés, contre le gouvernement. Pour le parti, c'est une "aubaine" : « Etant dans l'opposition, il peut, grâce à ce mouvement déclenché par les syndicats "libres", se présenter à nouveau comme un parti ouvrier et donc penser récupérer un électorat qui lui fait défaut » [66].

Dès le 7 août, A. Gazier et E. Depreux demandent au président Herriot de réunir le bureau de l'Assemblée en vue d'une convocation du Parlement en session extraordinaire. En opérant ainsi, les socialistes mettent M.R.P. et radicaux devant le dilemme suivant : ou bien ils continuent de cautionner la politique gouvernementale en refusant la convocation du Parlement, ou bien ils se font les artisans d'un renversement de majorité permettant la réintégration de la S.F.I.O. dans celle-ci. C'est la première solution qu'ils choisissent et la S.F.I.O. se retrouve avec sa proposition de "front démocratique et social" qui, selon elle, peut lui permettre de "devenir l'axe d'un gouvernement de gauche" lors des élections futures.

A F.O., lors de la discussion au C.C.N. de décembre 1953, les avis sont partagés. Parmi les secrétaires confédéraux, Lafond et Richard sont favorables, mais les autres sont méfiants pour diverses raisons, ne serait-ce qu'à cause de la déclaration de G. Mollet selon laquelle

---

65. D. Ligou, *op. cit.*, p. 573.
66. J.-F. Noël, *op. cit.*, p. 108.

« il n'y aurait pas de raison de repousser les communistes qui accepteraient le programme du futur Front démocratique et social ». Finalement, l'offre de participer au "front" est repoussée ; en fait on rejette un programme de gouvernement avant la lettre, tout en donnant un accord sur un programme de revendications. Le "front démocratique et social" meurt avant d'avoir vécu, non pas à cause du seul refus de F.O., mais aussi par suite de la division des socialistes face à la communauté européenne de défense (C.E.D.) et à l'action du gouvernement Mendès-France en 1954.

Quelle fut l'attitude de F.O. face au gouvernement Mendès-France ? Si l'on en juge par les articles de l'hebdomadaire, tous les responsables ne réagirent pas de la même façon. Dans deux articles, Ch. Veillon marque un intérêt certain nuancé de méfiance : « Les travailleurs peuvent-ils lui accorder un préjugé favorable ? L'homme suscite les passions, ses méthodes insolites, son langage direct, voire sa brutalité en face des groupes parlementaires divisés et hésitants, le situent dans un cadre bien différent de ce que nous connaissons depuis de nombreuses années. » Mais le président du Conseil a attaché son nom à une doctrine d'austérité qu'on voudrait voir appliquée aux privilégiés et non à la population laborieuse, d'où la conclusion du premier article de juin 1954 : « Le mouvement syndical a été échaudé trop souvent pour ne pas, avant de s'engager, scruter les faits dans leur réalité, sans s'attarder à ce qui pourrait n'être que poudre aux yeux. Mais il a si longtemps demandé que "ça change" qu'il ne saurait aujourd'hui, sous peine de trahir les intérêts qui lui sont confiés, négliger une expérience qui se révèlera peut-être comme une illusion de plus, mais qui pour l'instant reste encore dans le domaine du possible. »

Le second article (novembre 1954), après avoir souligné que l'expérience ne laisse aucun travailleur indifférent, révèle des ambiguïtés dans le domaine économique d'où la demande qu'un « programme clair » soit « substitué aux intentions fussent-elles les plus louables ». On pense d'ailleurs que le chef du gouvernement est "conscient de cet impératif".

En revanche, suite à la chute de Mendès-France en fóvrier 1955, l'article de Le Bourre est franchement hostile : « En matière économique et sociale, M. Mendès-France a diffusé abondamment une littérature "dynamique", ce qui lui a permis sans trop de dommage pour sa gloire de faire la politique de M. Laniel qui fut celle de M. Faure. » Alors que l'économie avait repris d'elle-même sa croissance après la récession, « Mendès vint, prit place dans le bateau et s'attribua en toute simplicité le mérite du courant ». L'article souligne aussi que « le gouvernement Mendès marquera une étape importante dans la marche ascendante de la technocratie » et que les organisations syndicales ont été moins que jamais consultées.

C.F.T.C. : difficultés à se désolidariser du M.R.P.

Si par suite de l'interdiction du cumul des mandats, le "personnel" C.F.T.C. tend à se distinguer du "personnel" M.R.P., cela ne se fait pas d'un seul coup, et toute la période va être marquée par le problème des rapports entre ces deux formations comprenant des hommes unis par de solides amitiés, mais aussi des habitudes communes d'appréhender les problèmes. Cette communauté de vues est encore renforcée par la situation que connaît la France à partir de l'automne 1947 ; comme F.O., la C.F.T.C. se situe dans la mouvance d'une « troisième force », non pas organiquement, mais de fait ; et le M.R.P. est un des piliers essentiel de cette "troisième force".

Traitant des grèves de 1947 dans le rapport moral du congrès C.F.T.C. de mai 1948, G. Tessier écrit : « Nous avons pu constater avec fierté que les militants, dirigeants et adhérents de la C.F.T.C. ont constitué l'élément essentiel et déterminant de la résistance à la grève politique, non sans mérite parfois, surtout pour nos camarades cheminots et mineurs. » Résistance donc au communisme, ce qui est un des ciments de cette « troisième force » (avec toutefois un anticommunisme moins virulent qu'à F.O.), mais encore acceptation du plan Marshall et par la suite des mesures tendant à la constitution de la "petite Europe", tout cela tend à maintenir une certaine unité de vue entre C.F.T.C. et M.R.P., même si, sur divers points, la centrale syndicale n'hésite pas à critiquer sévèrement les gouvernements auxquels participe le M.R.P.

Mais au sein de la C.F.T.C., les minoritaires, qui s'organisent alors, vont manifester des réticences certaines face à ces orientations. "Ne pas appartenir au M.R.P." [67], tel va être un de leurs soucis, et ce n'est sans doute pas par hasard si l'une des crises majeures que connaît la centrale chrétienne, au cours de la période, surgit à propos des rapports entre dirigeants C.F.T.C. et M.R.P., lors des grèves d'août 1953.

Ce refus d'appartenir au M.R.P. ne conduit nullement les minoritaires vers l'apolitisme, mais au contraire vers la recherche de rapports nouveaux entre le syndicalisme et la politique, vers une façon nouvelle de concevoir la politique, d'où l'intérêt manifesté pour des expériences comme celles de Mendès-France.

A propos des parlementaires M.R.P.

Dans le rapport au congrès de 1948, G. Tessier, traitant de l'action menée auprès des pouvoirs publics, lors de l'élaboration de lois d'exception visant à garantir la "liberté du travail", à l'automne 1947, souligne que grâce

---

67. Titre d'un paragraphe du livre de Paul Vignaux (p. 126), *De la CFTC à la CFDT, syndicalisme et socialisme*, éd. Ouvrières, 1980.

à l'action des "députés membres du groupe du Syndicalisme chrétien", la C.F.T.C. a obtenu l'abandon de certaines disposition inacceptables.

Ces députés M.R.P., syndiqués C.F.T.C., mais non plus dirigeants, restent le canal par lequel la centrale syndicale s'efforce de faire aboutir les propositions de loi ou d'infléchir des textes lors de leur discussion au parlement. Les contacts sont très étroits entre les responsables des diverses commissions qui, au sein de la centrale, étudient les différents problèmes, notamment en matière d'action sociale et professionnelle et certains parlementaires, tels Henri Meck, président de la commission du travail à l'Assemblée nationale, Francine Lefebvre, Paul Bacon qui sera ministre du travail... A diverses reprises, dans les rapports moraux des congrès de 1948, 1949, 1951, 1953, il est fait allusion à "nos amis" qui sont intervenus sur tel ou tel problème.

Ainsi, concernant le vote de la loi sur les conventions collectives du 11 décembre 1950, le rapport au congrès de 1951 note : « Nous avons le devoir de remercier les amis qui, au Parlement, se sont employés à faire aboutir la loi ».

Lorsqu'un ex-syndicaliste devient ministre, les contacts ne sont pas rompus, bien au contraire. « Les conversations que nous avons eues avec Paul Bacon n'ont pas été sans influencer sur certains points les propositions faites par ce ministre pour réformer et améliorer la Sécurité sociale »[68].

Enfin, lorsque c'est possible, la présence d'un syndicaliste au sein du cabinet peut être un moyen de faire prendre en compte certaines positions. G. Tessier, traitant du ravitaillement dans le rapport de 1948, souligne combien diverses expériences ont été décevantes, puis il ajoute : « Nous nous serions volontiers laissés aller au découragement si quelques événements ne nous avaient rendu un peu d'espoir : la nomination d'un mi-

---

68. Rapport moral du congrès de 1953, p. 91.

nistre compétent et énergique... et l'entrée, comme attaché dans son cabinet, de notre camarade Claude Morineau... »

Pour nombre de dirigeants C.F.T.C., le M.R.P. apparaît comme le seul canal permettant de faire déboucher au plan législatif les problèmes auxquels le syndicalisme est affronté dans le pays. L'imprégnation religieuse commune, les expériences vécues en commun, font apparaître syndicalisme chrétien et M.R.P. comme les deux branches d'un même mouvement.

Mais cette attitude n'est pas partagée par les minoritaires. Pour ceux-ci, le M.R.P. n'est qu'un parti parmi d'autres et, au sein du M.R.P., il s'agit d'analyser les forces qui s'affrontent. En mai 1952, "Reconstruction", tenant compte des faits, considère le M.R.P. comme l'un des deux partis démocratiques — l'autre étant la S.F.I.O. — qui se sont partagés aux élections de 1951 les voix des salariés non communistes, d'où la nécessité de jeter un "regard sur le M.R.P." [69]. Mais on précise aussitôt : « Nous n'entendons pas réveiller d'anciens enthousiasmes, nourrir de nouvelles illusions, en invitant des militants à "refaire le M.R.P.".... Nous n'oublions pas (cela importe à l'avenir) que par sa manière de poser, il y a un an, le problème scolaire, le M.R.P. a largement contribué au glissement à droite de la législature, rendu plus difficiles, le regroupement politique qu'il souhaite et le renouvellement de la gauche non communiste... »

Suit alors une analyse qui montre que, si lors du congrès de mai 1952, on pouvait se poser la question de la naissance d'une gauche du M.R.P., le comité national, qui suit, ne laisse plus d'illusions à ce sujet.

Quelques mois plus tard, P. Ayçoberry, du S.G.E.N., revient sur le problème du M.R.P. [70] : « La logique de la politique française, à laquelle aucun parti ne paraît aujourd'hui capable d'échapper, a imposé au M.R.P. un

---

69. *Reconstruction*, août-septembre 1952.
70. *Reconstruction*, « Le M.R.P. parti social », 15 janvier 1953.

rôle tout particulier : parti d'inspiration "gauchisante" à l'origine, il est devenu l'aile... disons la moins à droite de la majorité réactionnaire ; autrement dit, enchaîné aux représentants de l'ordre établi, il leur permet une dernière tentative de mystification de la classe ouvrière, dans la mesure où il leur apporte les voix d'un certain nombre de députés d'origine ouvrière. »

Dans son rapport au congrès de la fédération de la chimie, en 1954, R. Marion [71] est conduit à son tour à une analyse du M.R.P. Selon lui, c'est au nom de la même "mystique" d'avènement d'un "monde nouveau", et non d'une analyse politique que des chrétiens ont été conduit au "progressisme" et sont devenus les compagnons de route du P.C., et que d'autres ont été les promoteurs du M.R.P. « La même mystique, écrit-il, en a conduit d'autres à rechercher l'organisation d'une sorte de laïcat de "choc" afin de parvenir à l'avènement d'une nouvelle "chrétienté"... « Comment s'étonner dès lors de l'apparition d'un M.R.P. ? Nous ne reprochons pas à ce parti d'être modéré — la démocratie exige que toutes les tendances soient représentées et qu'elles puissent user de leur influence — mais de se donner le rôle de constructeur de la nouvelle chrétienté, d'avoir parlé de "révolution"... même "par la loi". Ces prétentions ont abouti à l'essai de construction d'une "Europe à six" consacrant une restauration capitaliste ! »

Dans la mouvance de la "troisième force"

C'est dès l'automne 1947 que la C.F.T.C. va se trouver solidaire de fait des partis qui constituent la troisième force et s'engagent ensuite dans la construction de l' "Europe à six". Qu'elle le veuille ou non, la C.F.T.C., à partir des grèves de l'automne 1947, réagit de la même façon

---

71. Rapport « action syndicale et perspectives politiques du mouvement ouvrier », p. 26-27.

que les gouvernements et partis pris en tenaille entre gaullisme et communisme.

C'est ce qui est exprimé dans une résolution du comité national d'octobre 1948, en pleine grève des mineurs, résolution par ailleurs très critique vis-à-vis des gouvernements. La C.N. « estime que les erreurs, les fautes et les carences des gouvernements successifs ont abouti à la situation présente, qui se caractérise par la misère réelle des familles populaires, le dégoût, le découragement, le désarroi des masses... demande à tous les éléments dirigeants du pays de prendre conscience de leur responsabilité et d'unir leurs efforts pour redresser une situation actuellement propice aux aventures dans lesquelles le pays risquerait de perdre ses libertés ».

C'est donc au nom de la défense des libertés qu'elle demande aux partis de gouvernement de redresser la situation. Quant à elle, « qui n'a jamais pris position sur le plan de la politique des partis, qui s'est toujours refusée à séparer les intérêts des travailleurs des intérêts généraux du pays, (elle) demeure prête à apporter une contribution positive à l'œuvre de redressement qui s'impose ».

C'est en fonction de ce type d'analyse que la C.F.T.C. donne son accord au plan Marshall. G. Tessier [72] écrit à ce propos : « Le plan Marshall, initiative généreuse, doit être pour nous le moyen de relèvement et non de soutien : ne doutons pas que les Etats-Unis aient le souci, dans son application, de sauvegarder l'indépendance complète des pays intéressés. » Mais il met en garde : « Il nous faut travailler à éviter l'exploitation de l'aide américaine par le capitalisme international ».

Répondant à ce souci, le rapport du congrès de 1949 constate que si le plan a entraîné un regain de l'activité, il n'a pas conduit à une amélioration du pouvoir d'achat et des conditions de vie des travailleurs. « Les grands bénéficiaires de l'aide Marshall sont avant tout les indus-

---

72. Rapport moral du congrès de mai 1948, p. 95.

triels, les agriculteurs et l'Etat lui-même » [73]. Quant au plan d'ensemble qu'est en train d'établir l'Organisation Européenne de Coopération Economique (O.E.C.E.), le rapporteur doit constater qu'il semble difficile à réaliser sans une relance des cartels internationaux. D'où l'attitude C.F.T.C. favorable au principe de l'aide, mais réservée dans la forme.

La C.F.T.C. va aussi participer activement à la construction européenne. A propos du pool charbon-acier, le rapport au congrès de 1951 note : « Gaston Tessier a été appelé par M. R. Schuman à participer aux travaux de la délégation française... En fait, l'expérience a montré qu'il était difficile de coopérer avec les personnes qui, du côté français, menèrent les négociations... Ces difficultés pratiques de fonctionnement de notre délégation ne doivent pas cependant cacher l'intérêt fondamental d'une organisation internationale au service d'une meilleure production et du progrès social ».

La C.F.T.C. s'engage donc dans la construction de "l'Europe à Six", Europe que Savouillan refuse au nom de "Reconstruction" comme une « Europe de restauration capitaliste sous un voile de démocratie chrétienne ». Ce que "Reconstruction" reproche à la "petite Europe", c'est de s'isoler du « socialisme pourtant non marxiste d'Angleterre et de Scandinavie » et de permettre ainsi aux partis "chrétiens démocrates" prédominants de tendre à « jouer le rôle de frein à l'émancipation politique des travailleurs chrétiens, rôle qu'ils jouent déjà en Allemagne et en Italie » [75].

Le rapport général au congrès de la chimie en 1954 refuse de sombrer « dans cette sorte de mystique européenne que nous devons aux Lecourt et Mollet ». Il estime qu'il ne faut « pas faire l'Europe parce que c'est une belle idée, mais qu'il faut créer les conditions économiques concrètes qui permettent de réaliser un certain équilibre européen ».

73. Rapport moral du congrès de juin 1949, p. 43 à 46.
74. Déclaration de mai 1953.
75. « Regard sur le M.R.P. », août-septembre 1952.

La majorité C.F.T.C. est donc fidèle aux thèmes de la "troisième force", dont certains sont combattus par la minorité. Au congrès de 1953, le rapport moral exprimera à ce propos un regret : « Malgré de louables efforts, il n'a pas été possible de construire une "troisième force" qui eût été tout à la fois le rempart des libertés et l'instrument agissant du progrès et de la justice sociale ». L'offensive réactionnaire qui a empêché cette réalisation n'a, selon le rapporteur, « pu se faire qu'avec la complicité, au moins passive, de partis et d'hommes politiques qui s'étaient pourtant affirmés en faveur de la libération et de la promotion ouvrière. S'étant laissés enfermer dans le dilemme — libéralisme économique ou communisme — ils se sont trouvés accrochés au char du capitalisme ».

Contre la stratégie communiste

L'anticommunisme, nous l'avons vu, constitue l'un des ciments de la "troisième force". Mais du côté de la C.F.T.C., on ne le trouve pas érigé à l'état de système comme à F.O. ; on cherche plutôt à contrer la stratégie communiste dans la mesure où elle a des conséquences directes sur le syndicalisme.

Ainsi lors du comité national d'octobre 1948, en pleine grève des mineurs, la centrale « regrette que l'intervention de la politique du parti dans la vie de la C.G.T. rende présentement l'unité d'action impossible sur le plan confédéral ». Mais ceci n'exclut pas toute unité d'action avec la C.G.T. ; en effet « une telle prise de position ne permet pas de préjuger l'attitude des fédérations de métier ou d'industrie sur le plan des revendications de caractère exclusivement professionnel, précises et limitées à leur strict objectif ».

Alors que le congrès confédéral de 1949 doit confirmer cette position, une campagne de presse met en cause les animateurs de la minorité, Ch. Savouillan, F. Hennebicq et P. Vignaux, en les rangeant dans le groupe des "chrétiens progressistes", compagnons de route du P.C., ce qui provoque de la part de P. Vignaux une mise au point devant le congrès : « Nous sommes absolument séparés de ce groupe par son idée et sa pratique des rapports entre le christianisme et le communisme, son interprétation de l'histoire, sa conception du rôle des partis communistes dans la vie publique et du rôle de l'U.R.S.S. dans les rapports internationaux. Nous avons toujours été, et resterons irréductiblement opposés à toute déviation et utilisation totalitaire du mouvement ouvrier » [76].

En dépit de la campagne de presse, le congrès, tout en refusant l'unité d'action au plan interprofessionnel, laisse aux syndicats et fédérations la possibilité de conclure des accords d'unité d'action avec la C.G.T., sur des objectifs strictement professionnels, ce qui déclenche les sarcasmes du *Populaire*, organe de la S.F.I.O. : « Ainsi les syndicats chrétiens rénovés se lancent dans l'aventure de l'unité d'action avec les communistes. Ils pensent y gagner. Sans doute sont-ils un peu naïfs, faute d'expérience. Car d'autres ont tenté avant eux de réaliser cette unité. Ils ont bien failli en être les dupes » (6 juin 1949). Mais ceux qui vont pratiquer l'unité d'action avec la C.G.T., c'est-à-dire, surtout au départ, les fédérations ouvrières minoritaires — métaux, chimie, bâtiment — ne l'entendent pas ainsi.

Au début 1950, alors qu'une action est engagée contre le patronat, *Reconstruction* met en garde contre les risques : « Le plus grave péril qui menace l'unité d'action des salariés dans la présente épreuve de force avec le patronat, c'est l'utilisation par les dirigeants de la C.G.T. de leur force syndicale pour la lutte que l'U.R.S.S., le parti communiste et leurs satellites ont engagé contre le Pacte atlantique... » [77]. D'où la nécessité de prendre un certain nombre de précautions. Ainsi le comité régio-

76. Cité par G. Adam, *La CFTC 1940-1958*, A. Colin, p. 158.
77. *Reconstruction*, février-mars 1950.

nal de grève de la métallurgie parisienne, dont l'action va durer plus de trois semaines et qui comprend C.G.T.-C.F.T.C.-F.O. et autonomes, décide-t-il, sur proposition de la C.F.T.C. qu' « aucune manifestation ne pourra être présidée par une personnalité étrangère au mouvement syndical ; que les responsables s'engagent à ne défendre dans les assemblées que les décisions adoptées par le comité ».

Quand la C.G.T. veut absolument mettre en avant les revendications politiques, les militants C.F.T.C. refusent leur concours ; c'est ce qui se passe en Loire Inférieure. La *Voix des travailleurs C.F.T.C. de Nantes* distingue ainsi deux réalités :

— d'une part, la volonté de paix de la classe ouvrière, particulièrement vive dans les cités, dans les ports atlantiques très durement éprouvés par la dernière guerre et non encore reconstruits ;

— d'autre part, la prise de position du P.C.F. pour le bloc slave, "partisan de la paix", contre le bloc américain "impérialiste et guerrier". "Nous savons distinguer entre ces deux réalités". C'est pourquoi les travailleurs C.F.T.C. « se sont refusés à faire de la grève, instrument précieux d'action économique, recours ultime des travailleurs solidaires, un élément de la stratégie internationale d'un des deux blocs en présence » (février-mars 1950).

Ce refus ne veut nullement dire que les minoritaires acceptent les yeux fermés l'intégration atlantique de l'Europe occidentale. Dans "Reconstruction" d'août-septembre 1950, on pose la question : « Comment éviter que les relations internationales créées par le plan Marshall et le pacte de l'Atlantique soient utilisées par des forces sociales ou politiques opposées aux intérêts et au mouvement ouvrier ? » Reprenant une idée du travailliste anglais R. Crossman, l'article conclut qu'il s'agit de « lutter contre une utilisation réactionnaire de ces instruments diplomatiques. Cette exigence de la situation de fait est encore plus marquée après les événements de Corée, l'aggravation de la situation internationale, l'accélération du réarmement. L'utilisation de cette conjoncture politico-économique par la réaction sociale augmenterait le déséquilibre des forces internationales, rendrait plus difficile le maintien de la paix ».

Pour ne pas être dupe, il s'agit aussi de contrer les "comités d'unité d'action" que la C.G.T., fidèle à la stratégie du "front unique", entend promouvoir, notamment en 1953 ; mais ceci est un problème qui dépasse le cadre des simples rapports avec la politique [78].

Grèves de 1953 : C.F.T.C. et "bons offices" M.R.P.

C'est à la suite d'une "journée de protestation", lancée conjointement par les fonctionnaires C.G.T. et C.F.T.C., contre les "décrets-lois Laniel" remettant en cause un certain nombre d'avantages acquis, que les postiers F.O. de Bordeaux lancent le 4 août 1953 une grève illimitée qui va rapidement faire tache d'huile, touchant non seulement le secteur public, mais aussi certaines corporations du secteur privé.

Le 11 août le B.C. C.F.T.C. déclare : « La solution des conflits actuels ne peut consister que dans le renversement de la politique sociale et économique du pays et... par conséquent le problème est d'ordre politique et parlementaire. »

Dans une "directive aux organisations" du secteur privé, en date du 13 août, la direction confédérale précise : « Le renversement de la politique du pays, voulu plus ou moins confusément par les travailleurs... suppose, ou bien la conversion du gouvernement actuel, ou bien sa chute. » Pour l'instant, le B.C. s'oriente vers la convocation du Parlement, considérant que « dans le climat actuel, sous peine de voir le mouvement dégénérer en épreuve de force contre la démocratie, ou en aventure, au profit des réactionnaires de droite ou de

---

78. A. Détraz, *Reconstruction*, novembre 1953.

gauche, il est indispensable de faire le maximum pour éviter ces grèves illimitées » [79].

Dès le 10 août, des démarches sont entreprises par les responsables confédéraux C.F.T.C. auprès du ministre du Travail M.R.P., P. Bacon, afin d'attirer son attention sur « le fait que la classe ouvrière ne saurait comprendre qu'il soit solidaire de la politique réactionnaire qui se décide ». L'idée est d'aboutir à un renversement de majorité ou plutôt à un glissement vers la gauche, le M.R.P. se désolidarisant du gouvernement Laniel et la S.F.I.O. acceptant d'être partie prenante dans cette nouvelle majorité, d'où des contacts avec les dirigeants de ces deux partis.

Mais en fait, dès le 12 août, le M.R.P. est opposé à la convocation du Parlement, car il n'envisage pas que celui-ci puisse se réunir et délibérer sous "la pression de la rue". Quant au groupe parlementaire S.F.I.O., il se refuse à prendre le moindre engagement en ce qui concerne sa participation éventuelle à une majorité en cas de chute du gouvernement Laniel.

Face à ces positions, le B.C. n'en continue pas moins ses rencontres, notamment avec des dirigeants du M.R.P., tandis qu'il est conduit à demander à toutes les organisations affiliées de participer aux mouvements en cours pour une durée maximum de quarante huit heures [80]. Mais le M.R.P. ne veut rien savoir, ce que constate au bureau confédéral, qui siège en permanence, R. Mathevet qui appartient à la minorité. Pour lui « le M.R.P. et ses ministres ne se désolidarisent pas du gouvernement Laniel. Il y a une autre possibilité de majorité politique ; on l'a vu lors de l'investiture de Mendès-France ». Face à cette impasse, il est plus que jamais partisan d'une convocation du Parlement : « Les parlementaires... devront faire preuve d'imagination. Si nous étions dans une grève professionnelle, on pourrait faire un compromis. Ce n'est pas possible dans une grève

---

79. Cité par J.-F. Noël.
80. G. Adam, *op. cit.*, p. 245.

politique... qui doit aboutir au moins à la réunion du Parlement » [81].

C'est pourtant ce compromis que la majorité confédérale va rechercher. Dès le matin du 18 août, Th. Braun, vice-président confédéral, et R. Reynaud se rendent auprès de R. Lecourt, président du groupe parlementaire M.R.P., qui est reçu peu après par le président confédéral, et le secrétaire général. Il ressort de cet entretien que le M.R.P. est prêt à jouer "les bons offices" pour renouer les liens entre les syndicalistes et le président du conseil afin d'obtenir notamment la convocation d'une vaste conférence, « chargée d'étudier les grandes lignes d'un programme de redressement économique et financier, les revendications syndicales étant incluses dans ce programme » [82].

Dès le lendemain, au bureau confédéral, Mathevet se désolidarise de cette démarche. « Il estime que nous ne devons pas poursuivre les négociations sans obtenir une réponse très catégorique de nos interlocuteurs et des actes qui démontrent que le M.R.P. se désolidarise du gouvernement Laniel » [83].

Les négociations se poursuivent néanmoins, tandis que les fédérations du bâtiment, de la métallurgie et de la chimie C.F.T.C., toutes trois minoritaires, lancent un ordre de grève de quarante huit heures, ce que déplore Th. Braun.

Le 19 août, la "commission M.R.P. des bons offices" établit la liaison entre F.O. et C.F.T.C. d'une part et la présidence du conseil d'autre part et, dans la nuit du 20 au 21, la négociation s'engage. Face au représentant du gouvernement, une délégation M.R.P. accompagnée d'une délégation de la C.F.T.C. et de F.O. « Pour le gouvernement les apparences sont sauves : les délégations syndicales sont censées ne pas prendre part directement à la négociation qui a lieu entre le gouvernement et un

---

81. P.V. du B.C. C.F.T.C.
82. *Id.*, p. 247.
83. P.V. du B.C. C.F.T.C.

parti de sa majorité »[84]. Laniel en effet refusait de discuter avec les syndicats, tant que la grève n'avait pas pris fin.

Le compromis élaboré, qui entraîne l'abandon de la grève par les fédérations C.F.T.C. et F.O. des P.T.T. et des cheminots, va stopper toute possibilité d'obtenir la convocation du Parlement, et la grève va s'effilocher, avec des "queues de grève" importantes.

Réactions au sein de la C.F.T.C.

Le B.C. n'en continue pas moins cependant à demander la convocation du Parlement, mais cette demande, comme le souligne Mathevet lors de la réunion du conseil confédéral le 29 août, "est purement formelle" ; la majorité du conseil vient en effet de rejeter un amendement d'A. Détraz précisant que « le C.C. affirme de nouveau qu'un renversement de la politique économique et sociale du pays s'impose d'urgence et, à cet effet, approuve pleinement la seconde initiative de demander la convocation de l'Assemblée nationale, prise par un certain nombre de parlementaires ». Lors de cette même réunion, P. Vignaux demande en vain les explications qu'il estime nécessaires sur les négociations "politico-syndicales" des 19-21 août.

Mais c'est surtout lors du comité national des 19-20 septembre 1953 que les réactions vont se manifester. Comme l'écrit le journal du S.G.E.N.[85] : « Qu'avaient à dire ces responsables venus de tous les départements pour exposer leurs difficultés, crier leur mécontentement ? Ils venaient témoigner de l'indignation de leurs camarades victimes en août des "bons offices" de parlementaires "sociaux" liés à une majorité réactionnaire dont ils ne veulent ou ne peuvent se séparer. » La bataille va se mener autour de deux motions présentées

---

84. J.-F. Noël, *op. cit.*, p. 117.
85. *Ecole et Education*, 5 octobre 1953, p. 2.

par la minorité. L'une défendue par J. Bourhis (Finistère) demande la convocation d'un congrès extraordinaire « pour préciser, à la lumière des événements d'août 1953, le rapport d'orientation adopté par le congrès de 1953 » ; elle est repoussée par 66 % des mandats.

L'autre motion concerne "le syndicalisme, le gouvernement et les partis". A la conception défendue par la majorité, qui avait cherché par des combinaisons politiques à constituer une "majorité sociale" comprenant la S.F.I.O., la minorité oppose une autre approche... « Convaincu que des organisations syndicales inconditionnellement attachées aux libertés démocratiques se doivent dans une situation grave, de placer les élus de la nation devant leurs responsabilités ; qu'étant donné son ampleur et ses implications, le "renversement de la politique économique et sociale" exigé par les travailleurs suppose un profond mouvement d'opinion au Parlement et dans le pays... Le Comité national déclare qu'il appartenait à la C.F.T.C., sans entrer dans les combinaisons de partis, de provoquer en août dernier un débat parlementaire sur les grands problèmes nationaux de la solution desquels dépend la condition des travailleurs. »

Pour la minorité, en mettant l'accent sur le "programme d'abord" ; il s'agit d'imposer aux "machines des partis" une politique vraiment nouvelle "sans entrer dans les combinaisons de partis". Le moyen pour cela, c'est le mouvement d'opinion qui était justement créé par la grève et qui, comme on l'a vu lors du débat d'investiture de Mendès-France, peut être amplifié par un débat parlementaire s'il porte sur les vrais problèmes. D'où l'importance attachée à la convocation du Parlement qui aurait pu se faire l'écho du mécontentement populaire et non se contenter de sanctionner les accords conclus dans la coulisse, entre les états-majors des partis.

Mais la motion minoritaire appelle aussi l'attention sur la vigilance nécessaire vis-à-vis des parlementaires "amis" et soi-disant "sociaux".

« Ayant constaté l'indifférence qu'a rencontrée cette revendication confédérale (la convocation du Parlement) chez des parlementaires généralement considérés comme des amis de la C.F.T.C. ; l'action délibérément menée par certains d'entre eux pour diminuer la pression ouvrière avant que se réunisse le bureau de l'Assemblée nationale ; la nécessité dans une telle situation de confirmer l'indépendance de la confédération à l'égard de tous les partis... le comité national précise, que dans les circonstances actuelles, l'indépendance syndicale exige des responsables de la C.F.T.C. une vigilance particulière à l'égard des hommes politiques qui se prévalent de leur passé "social" mais se trouvent effectivement engagés dans une politique de restauration capitaliste en France et en Europe. » Cette résolution recueillera 36 % des mandats, elle sera repoussée par 57 %, 7 % s'abstenant.

L'expression politique des salariés non-communistes

L'indépendance de la centrale n'exclut pas la recherche d'un moyen d'expression politique pour les salariés qui ne se reconnaissent pas dans les positions du P.C.F. et qui veulent mettre leur vote en rapport avec l'action qu'ils mènent sur le plan syndical.

La question est posée notamment par E. Descamps au congrès des métaux C.F.T.C. de septembre 1952 : « Il apparaît à une masse de plus en plus importante de militants que les salariés non communistes conscients des problèmes de l'heure ne trouvent pas sur l'échiquier politique le parti répondant à leurs aspirations... » Notant que les attitudes des travailleurs lors du vote sont trop souvent en contradiction avec les positions syndicales, le leader de la métallurgie souligne qu' « un syndicalisme qui se veut efficient doit exercer des pressions sur la politique, doit parfaire le jugement de ses adhérents et sympathisants afin que leurs suffrages aillent aux hommes et aux partis fidèles à une ligne de démocratie dans la justice sociale » [86].

---

86. Rapport au congrès, p. C 21.

Se posant la même question au congrès de la chimie en 1952, R. Marion considère que « la tâche la plus urgente et qui ne peut être accomplie en quelques semaines est de rendre la masse adhérente et sympathisante à la C.F.T.C. plus consciente des incidences syndicales des prises de position des partis au Parlement, au Gouvernement. »

Les minoritaires, comme le montrent les analyses de R. Marion et d'E. Descamps, recherchent donc comment créer un véritable mouvement d'opinion, comment intéresser *la masse* aux questions politiques et non comment envisager une nouvelle coalition des partis existants. D'où leurs réserves vis-à-vis du rapport d'orientation lors du congrès confédéral de 1953 où M. Bouladoux envisage expressément des ententes avec les formations politiques. Après avoir réclamé, du côté syndical, « la cohésion la plus totale et la discipline la mieux observée », le rapporteur poursuit : « Ces conditions réunies, il semble bien qu'au-delà de l'action commune qui, dans la conception courante, ne s'adresse qu'aux organisations syndicales, on puisse également concevoir des ententes avec les formations politiques, dans la mesure où une ou plusieurs de celles-ci donneraient officiellement ou clairement leur accord sur tel ou tel point ou sur la totalité du programme syndical et s'engageraient, par un protocole précis, à en poursuivre en commun la réalisation » [87].

La différence d'approche des problèmes est nette à propos de l'affaire du "front démocratique et social" lancé par la S.F.I.O. à son congrès de 1953. Le bureau confédéral discute de la proposition le 8 juillet et « après discussion, le Président constate l'accord du B.C. pour accepter une éventuelle invitation à participer aux travaux du Front démocratique et social, concernant l'établissement de son programme... Le secrétaire général fait remarquer qu'il faut séparer la phase de l'établissement du programme à laquelle nous pouvons partici-

---

87. Cité par *Reconstruction*, mai 1955 (article « Syndicalisme et politique »).

per, de celle de sa mise en œuvre où la distinction entre action politique et syndicale devra être respectée... »[88].

R. Marion, traitant de ce problème au congrès de la chimie, en 1954, indique que la fédération a accueilli "avec réserve" le projet. « En effet, lorsque les partis, oublieux de leurs responsabilités, satisfaits de leur médiocrité, se tournent vers le syndicalisme, c'est peut-être qu'ils ont compris qu'il faut à la politique française des hommes neufs... et des conceptions fondamentalement différentes... » Traitant de la méthode envisagée un moment par le B.C. et qui aurait consisté à élaborer avec F.O. et la C.G.A. (Confédération générale de l'agriculture) un projet de manifeste et de programme, le secrétaire général de la chimie s'inquiète : « S'agit-il de les (manifeste et programme) remettre aux partis politiques qui les approuvent afin qu'ils les complètent par les autres éléments de la politique générale ? Ou bien, s'agit-il, en acceptant que des partis politiques les défendent, d'admettre à notre tour la position de ces mêmes partis... en politique extérieure et ses conséquences budgétaires, sans que nous ayons à en délibérer ? » Et il conclut : « Nous n'acceptons pas ce rôle de caution »[89].

C'est justement parce que le débat qui s'est engagé lors de l'investiture manquée de Mendès-France, en 1953, a dépassé largement les cadres des partis, et a créé un véritable mouvement d'opinion, que la minorité C.F.T.C. s'intéresse au phénomène. Paul Vignaux écrit à ce propos : « De toute évidence le public a été atteint, au-delà des spécialistes du "jeu parlementaire" et des militants des partis. Si ces organisations sont nécessaires à la démocratie, il n'est pas moins indispensable qu'elles ne restent pas fermées chacune sur elle-même, qu'elles soient au contraire ouvertes et sensibles à des courants généraux d'opinion susceptibles de les ébranler. Un ébranlement de cet ordre s'étant produit, à l'énoncé d'un programme démocratique, nous avons une occasion de ré-

88. P.V. du B.C.
89. Rapport au congrès fédéral 1954, p. 19.

fléchir avec plus d'espoir, aux conditions de renouvellement de notre vie publique » [90]. La méthode d'analyse
de Mendès-France qui entend "traiter solidairement des
principaux problèmes de la nation et de l'Etat" rencontre aussi un écho certain dans les milieux de la minorité
du fait que "Reconstruction", depuis plusieurs années,
développe le même type d'approche.

Du ministère Mendès-France aux élections
du Front républicain

Le 19 juin 1954, P. Mendès-France est investi par l'Assemblée nationale ; sa première tâche va être de conclure
la paix en Indochine, suite au désastre de Dien-Bien-Phu.
Quelle va être l'attitude de la C.F.T.C. ?

Au moment de l'investiture a lieu un échange de lettres assez cordial entre G. Levard, secrétaire général de
la C.F.T.C., et P. Mendès-France. Lors de la formation de
son cabinet, il demande à Levard d'intervenir auprès de
ses "amis" M.R.P. pour que Bacon accepte un ministère
des affaires économiques et sociales. En vain.

Quant au président, M. Bouladoux, il estime que dans
la période présente, tant que ne sera pas réglé le problème d'Indochine, il ne faut pas intensifier les revendications "sociales" ; on risquerait de dire : « Le M.R.P. n'est
plus là et la C.F.T.C. fait du forcing » [91].

Certains dirigeants, particulièrement liés avec le
M.R.P., semblent plus réticents que d'autres vis-à-vis de
l'expérience Mendès. C'est le cas de Th. Braun qui, au
bureau confédéral du 30 juillet 1954, « se demande si la
position de la C.F.T.C. ne varie pas avec les hommes au
pouvoir... Il souhaiterait une ligne plus nette... en fonction d'une situation de fond ».

Parmi les minoritaires, l'intérêt pour l'action de Men-

---

90. *Reconstruction*, 10-25 juin 1953, p. A 1.
91. P.V. du B.C. du 1er juillet 1954.

dès-France est très grand, mais il semble y avoir une certaine diversité d'attitude. P. Vignaux, considère, lors du conseil confédéral du 10 juillet, que la participation de syndicalistes à l'élaboration du programme gouvernemental ne lui paraît pas indispensable. En revanche, la commission administrative de l'U.D. d'Ille et Vilaine propose, dans une perspective de soutien politique, de négocier avec le gouvernement une sorte de contrat limité dans le temps et portant sur des objectifs précis et réalisables. Moyennant quoi la C.F.T.C. apporterait à l'action du gouvernement l'appui d'une partie de la classe ouvrière. Discutée lors du bureau confédéral du 22 septembre 1954, cette proposition est combattue par des majoritaires, tels Pailleux qui parle à ce propos " d'idylle amoureuse" et ne veut être caution d'aucun gouvernement, "surtout pas de celui-ci". Tandis que des minoritaires, comme Declerq et Mathevet, trouvent la position de l'Ille et Vilaine "courageuse", mais trop rapide : « aucun acte du gouvernement dans le domaine économique ne l'a pour l'instant justifié » [92].

"Reconstruction" insiste surtout sur la nécessité de former une opinion publique capable d'apporter son soutien au gouvernement. « L'ébranlement de l'opinion, indispensable à un cours nouveau en démocratie, n'a guère précédé, il suit plutôt l'accession au gouvernement de l'homme qui en change le style même. Dans ces circonstances, il appartient à des groupes de militants comme le nôtre d'amplifier le mouvement, de nourrir la discussion politique dans les milieux de travail... d'empêcher que l'action gouvernementale ne soit pas trop limitée par son caractère personnel... »

Mais la nécessité du soutien n'exclut pas la vigilance. C'est ce que déclare R. Marion, lors du congrès de la chimie de 1954 : « Même s'il faut au gouvernement de "centre gauche", un appui syndical pour résister aux "torpillages" de la droite, notre vigilance ne doit pas se relâ-

---

92. *Id.*

cher » [93]. Ce que confirme l'éditorial de "Reconstruction" de novembre 1954, intitulé "Vigilance" : « A la popularité du gouvernement Mendès-France, doit répondre de notre part, à l'heure actuelle, un effort de vigilance dans l'ordre à la fois de la politique étrangère et de la politique intérieure. »

Le "torpillage" du gouvernement aura lieu début 1955, mais à la fin de l'année, la dissolution de l'Assemblée par E. Faure entraîne des élections anticipées. Mendès-France se lance avec vigueur dans une lutte contre la majorité gouvernementale qui l'a renversé, en tentant de rassembler un "Front républicain" comprenant la S.F.I.O., les radicaux, quelques U.D.S.R. et quelques gaullistes. Comment la C.F.T.C. va-t-elle réagir face à cette échéance électorale ?

Malgré les réticences de certains, un "comité politique" est mis en place par le B.C. et chargé d'établir des contacts avec les forces politiques et les parlementaires. Il devra faire connaître aux hommes politiques les positions de la confédération sur les différents problèmes. Mais la C.F.T.C. n'entend pas prendre position. Elle demande à rencontrer les directions des partis (communistes exceptés) pour leur commenter son programme et leur demander des réponses.

En revanche, "Reconstruction" manifeste un intérêt certain pour le "Front républicain" : « La solidarité de fait est évidente entre le mouvement ouvrier non communiste et la gauche non communiste en voie de renouvellement. Pour pouvoir construire "le socialisme démocratique", il faut d'abord relever l'Etat démocratique en l'arrachant à ceux qui, depuis la Libération en ont fait un auxiliaire... de la restauration capitaliste ». Et "Reconstruction" considère que ce sont essentiellement les socialistes et les radicaux de gauche "qui méritent politiquement notre appui".

Des militants se recommandant de "Reconstruction"

---

93. Rapport au congrès de 1954.

vont dans divers départements apporter leur soutien à des candidats du "Front républicain". Dans l'Eure, s'appuyant sur une motion du congrès départemental qui appelait les travailleurs à "favoriser le développement d'une majorité nouvelle", le Bureau de l'U.D. « adjure les travailleurs de l'Eure de ne pas disperser leur vote, par des considérations morales ou secondaires, mais d'assurer le triomphe d'une majorité de gauche et de progrès, capable de réaliser de véritables réformes de structure et de concourir efficacement à la paix entre tous les peuples ».

Dans une lettre à *La Dépêche* d'Evreux, G. Levard accuse l'U.D. d'avoir "contrevenu gravement à la discipline confédérale" ; d'autres organisations sont rappelées à l'ordre, tandis que la presse est informée qu'il ne saurait y avoir confusion entre "Reconstruction" et la C.F.T.C.

CHAPITRE II

A l'heure de la guerre d'Algérie
(1955-1962)

Après les événements de la Toussaint 1954, le conflit algérien se développe et ses conséquences sont non seulement économiques, mais se traduisent par un affadissement de la conscience morale des dirigeants et de l'opinion et par une sorte de démission des responsables. Cette situation, tout autant que les émeutes du 13 mai 1958 à Alger explique la chute de la 4ᵉ République et le retour au pouvoir de de Gaulle qui mettra près de quatre ans à résoudre le conflit.

Tout au long de ces années, le cancer algérien continue de ronger les institutions démocratiques en métropole et, à plusieurs reprises, le pouvoir légal est menacé par les factieux.

Comment, durant cette période dramatique, les contacts se nouent-ils entre syndicats et partis ? Quelles exclusives sont lancées et quels efforts sont déployés, par certains syndicats, pour tenter de reconstituer un tissu démocratique, de rénover les partis de la gauche non communiste ?

Mais la guerre d'Algérie n'est pas le seul événement qui retentit sur l'évolution des partis et syndicats. L'écrasement de la révolution hongroise par les chars de l'U.R.S.S., pourtant en voie de déstalinisation, et l'attitude du P.C. et de la C.G.T. face à cet événement tendent à renforcer les craintes des syndicats et partis non communistes face à un éventuel accès du P.C. au pouvoir, au moment même où celui-ci développe une offensive en vue de la réalisation d'un "Front populaire".

Enfin, tant les événements de Hongrie que l'accès au pouvoir du général de Gaulle provoquent une diminution de l'audience communiste et cégétiste et la mise en œuvre par le P.C.F. d'une stratégie visant à reconquérir les masses, d'où l'accent mis à la fois sur l'unité d'action et sur le rassemblement des forces démocratiques.

C.G.T. et P.C.F. en période de basses eaux

Dans les mois suivant les élections de 1956, qui amènent au pouvoir le "front républicain" et qui sont pour le P.C.F. l'occasion d'une remontée, sinon en voix, du moins en sièges (145 députés communistes dans la nouvelle chambre), on assiste, tant de la part du parti que de la C.G.T., à une campagne pour la réalisation d'un "Front populaire".

Du fait de la politique de Guy Mollet en Algérie, de l'expédition d'Egypte et de l'intervention soviétique en Hongrie, cette pression se révèle sans effet, et la période 1956-1962 est celle où la C.G.T., et le P.C.F. enregistrent leurs scores les plus faibles. Suite au drame hongrois, la C.G.T. connaît une crise et en 1957 ses effectifs sont au plus bas : 1,2 million d'adhérents, si l'on calcule d'après les mandats du congrès de 1957. Quant au P.C.F., il enregistre lors des élections qui suivent le 13 mai 1958 et l'arrivée au pouvoir de de Gaulle, une chute de 6,9 % de ses suffrages (18,9 % des exprimés) et un laminage de son groupe parlementaire réduit à 10 députés.

Dans ces conditions, il n'est plus question, comme on l'a vu dans la période précédente, de se lancer dans des grèves politiques que le parti impose à la centrale. La marge d'autonomie laissée à celle-ci tend à s'accroître ; il s'agit, par une action revendicative adaptée, de reconquérir une base syndicale suffisamment vaste, de développer l'unité d'action et, lorsqu'on organise des actions de type politique, de le faire « dans le prolongement d'actions revendicatives plus larges, capables d'assurer déjà une mobilisation minimale des travailleurs concernés » [1].

A l'occasion des événements comme le 13 mai ou des divers putschs, les deux organisations vont s'efforcer de mettre l'accent sur le rassemblement des forces démocratiques, sans toutefois beaucoup de succès, car P.C.F. comme C.G.T. restent amarrés au bloc de l'Est, et la centrale syndicale développe une analyse et une stratégie étroitement calquées sur celles du parti.

Pour un nouveau "Front populaire"

Le 18 juin 1954, les communistes ont apporté leurs suffrages au gouvernement Mendès-France et le 1er février 1956, ils votent l'investiture de Guy Mollet qu'ils soutiendront encore en mars en votant les "pouvoirs spéciaux" demandés à l'occasion du conflit algérien. Lors du débat d'investiture du leader socialiste, J. Duclos déclare : « Le pays, après la victoire des gauches, attendait un gouvernement de gauche et rompant catégoriquement avec les partis de droite... » Il exprime ainsi son regret de l'exclusion du P.C., mais, en apportant son soutien, pense enclencher un processus conduisant au rassemblement populaire.

Quant au comité central du parti communiste du 21 mars 1956, il met l'accent sur « l'unité de la classe ouvrière, condition principale d'un nouveau "Front populaire" ». La résolution votée estime indispensable le « front unique des communistes et des socialistes », front unique qui « peut et doit faire des progrès tout aussi importants dans tous les domaines où l'accord entre communistes et socialistes est possible » et notamment dans le domaine de « l'action revendicative en

---

1. B. Badie, *op. cit.*, p. 158.

vue de continuer les pas en avant accomplis depuis les élections »... [2].

Dès le 11 janvier 1956, la C.E. de la C.G.T. « appelle les organisations et militants... à multiplier les premières initiatives prises pour rassembler et faire agir les travailleurs, sous de multiples formes, pour la réalisation d'un Front populaire et la constitution d'un gouvernement s'appuyant sur toutes les forces de gauche, sans exclusive ». On voit alors se constituer dans certaines usines des "comités de Front populaire" visant d'un même coup la réalisation d'une unité d'action syndicale et d'une unité d'action politique.

Lors de cette même C.E., A. Le Leap, après avoir noté le "net glissement à gauche" et les possibilités d'un gouvernement de gauche, souligne que « les candidats qui se recommandèrent de la gauche dans leur campagne électorale ont montré la possibilité d'élaboration d'un programme commun favorable aux intérêts de la classe ouvrière... » [3].

La grande idée c'est de "refaire 36", ainsi que l'explique B. Frachon titrant dans *Le Peuple* [4] : "la grande leçon de juin 1936 et ses enseignements". « Il doit devenir clair pour chacun, écrit-il, que la C.G.T., tout en restant, comme elle a toujours été, indépendante des partis et des gouvernements, ne peut donc rester indifférente à l'évolution politique générale. » Et il conclut : « C'est pourquoi la C.G.T. a présentement raison, interprêtant la volonté de changement manifestée par la classe ouvrière de France et les masses populaires, de prendre position en faveur d'une politique de gauche, d'action et d'union du Peuple de France, restant en cela fidèle aux traditions et intérêts des travailleurs. »

Dans cette ligne, le numéro spécial du *Peuple* du 1er mai s'intitule : "Comme en 1936, pour de nouvelles conquêtes". L'attente ne répond cependant guère aux espoirs, mais la direction de la C.G.T. s'efforce de repé-

---

2. *Année politique 1956*, p. 468.
3. *Le Peuple* du 15 janvier 1956.
4. *Id.*, 1er février 1956.

rer des signes encourageants. Ainsi G. Guillé, lors du C.C.N., note-t-il dans le rapport que, si la position gouvernementale face aux revendications « ne correspond pas à tout ce qu'en attendaient les travailleurs, nous devons cependant voir qu'elle constitue un changement important par rapport à la position des précédents gouvernements » [5].

Ce changement, selon Le Brun, est aussi sensible dans l'ordre international, après la rencontre entre les représentants des gouvernements français et soviétique. « Sans vain esprit de polémique, je voudrais, dit-il, rappeler aussi que certains dirigeants d'un grand parti ouvrier (la S.F.I.O.) ont pris des initiatives dans cette rupture (la guerre froide)... Si je le rappelle, c'est pour me réjouir que ce soit les dirigeants de ce même parti qui viennent au nom de la France, de renouer le fil de l'amitié franco-soviétique... » [6].

C'est en fonction de cette volonté de renouer les liens brisés avec la S.F.I.O. que la C.G.T. met prioritairement l'accent sur l'unité d'action avec "F.O.". Comme l'explique Barjonet [7], pour Frachon et ses amis, F.O. « c'était essentiellement la centrale syndicale du parti socialiste S.F.I.O. Raisonnant ici d'abord en communiste, Frachon n'a jamais cessé de penser que la reconstitution de l'unité entre la C.G.T. et F.O. serait un pas décisif vers l'unité des partis communiste et socialiste ».

Tout doit donc être mis en œuvre pour réaliser la réunification avec F.O. Mais avec les événements de Hongrie, les perspectives entrevues par la C.G.T. début 1956 vont s'éloigner de plus en plus.

La C.G.T. et la "révolution hongroise"

Face au drame hongrois, le P.C.F. ne fait preuve d'aucun "état d'âme". Dès le 2 novembre 1956, dans l'Huma-

---

5. *Id.*, 1ᵉʳ avril 1956.
6. *Le Peuple*, 1ᵉʳ juin 1956.
7. A. Barjonet, *op. cit.*, p. 109.

nité, E. Fajon dénonce l'existence en Hongrie d'un "mouvement contre-révolutionnaire, illégal, aidé de l'extérieur". Et le 4 novembre, alors que les chars russes écrasent les insurgés, le P.C.F., seul des partis européens, se rallie de façon inconditionnelle aux thèses soviétiques, n'hésitant pas à aller jusqu'à la provocation, comme en témoigne la formule d'A. Wurmser dans *l'Humanité* célébrant "le sourire de Budapest" reconquise par les chars soviétiques [8].

Comment la C.G.T. va-t-elle réagir face au drame hongrois ? Dans un premier temps, la direction sans publier de déclaration propre à la Hongrie, appelle à manifester avec le P.C. le 9 et le 13 novembre ; il s'agit de protester contre l'expédition de Suez déclenchée au même moment par Guy Mollet, contre le fascisme en France (les bureaux de *l'Humanité* ont été mis à sac le 7 novembre, après l'approbation de l'intervention russe en Hongrie), mais aussi contre le fascisme en Hongrie, puisque la direction du P.C.F. proclame qu'il n'y a qu'un ennemi et que le fascisme à Paris n'est qu'une pâle réplique du fascisme à Budapest.

Cependant, au sein du bureau confédéral, alors que les uns approuvent sans réticence l'écrasement de l'insurrection, quelques autres se refusent à suivre la ligne du parti. Ainsi Le Brun et Schaeffer signent-ils un texte nuancé où, tout en évoquant les risques "d'un régime fasciste en Hongrie", ils déclarent ne pas pouvoir approuver l'intervention de l'armée soviétique. Celle-ci est condamnée par la fédération des finances, le syndicat de la caisse primaire de sécurité sociale de Paris, le syndicat national des contributions indirectes, tandis que la chambre syndicale parisienne du livre s'oppose à la manifestation du 13 novembre et que Pastre, au nom du personnel pénitentiaire, demande un congrès extraordinaire de l'union générale des fonctionnaires, pour prendre position contre toute subordination à un parti politique. A la base, des militants déchirent leurs cartes,

---

8. J.-J. Becker, *op. cit.*, p. 259.

et des tracts sont jetés à la tête des distributeurs cégétistes.

Aussi, après avoir "coulé" l'action de la C.G.T. dans celle du P.C.F. au moment crucial (début novembre), les dirigeants sont-ils amenés à composer momentanément et, le 13 novembre, le B.C. publie un long communiqué rappelant les statuts de la centrale et reconnaissant aux organisations confédérées la liberté de prendre des positions politiques diverses : « Le B.C. tient à préciser que rien dans les statuts de la C.G.T. n'interdit à une organisation confédérée d'avoir, sur un point particulier, une opinion propre, alors qu'une autre organisation a le même droit d'émettre une opinion contraire. A propos des événements de Hongrie, satisfaire à la demande de certaines organisations confédérées de prendre position en faveur de leur point de vue, aurait abouti à mettre la C.G.T. en opposition avec d'autres organisations confédérées... » [9].

Ceci n'empêche nullement le secrétaire général, B. Frachon, d'écrire trois jours plus tard dans l'*Humanité* que son opinion sur les événements de Hongrie est connue : « Elle est celle de mon parti, clairement exprimée par ce dernier » et il ajoute qu'il fera d'ailleurs tout son possible pour qu'à cette occasion, « nul ne puisse porter atteinte à l'unité politique et idéologique du parti » [10].

Lors du C.C.N. qui suit, nombre d'organisations approuvent l'intervention : cheminots, alimentation, sous-sol, U.D. de la Seine... les opposants, tel Ehni du Livre, sont minoritaires parmi les intervenants.

En fait, si l'on a jeté du lest momentanément, en refusant de prendre une position officielle, la direction entend bien rapidement remettre les choses au point. C'est par l'intermédiaire d'un tour de passe-passe que la position C.G.T. sur la Hongrie va être rendue publique. Une délégation cégétiste se rend en Hongrie et, au

---

9. *Le Peuple*, 15 novembre 1956.
10. Cité par l'*Année politique 1956*, p. 172.

retour, présente un compte rendu devant la C.A. qui l'approuve et le rend public en encart dans *Le Peuple*[11], ce qui suscitera les protestations de Rouzaud (contributions indirectes).

Examinons le raisonnement développé dans ce compte rendu.

Tout d'abord il s'agit d'une contre-révolution et nullement d'une révolution : « Les dirigeants des syndicats (hongrois) ont tous été d'accord pour déclarer qu'il ne s'agit pas d'une révolution, mais d'une contre-révolution ; que la classe ouvrière ne peut être rendue responsable des événements auxquels, dans son immense majorité, elle n'a pas participé... »

La classe ouvrière, ne pouvant par définition se révolter contre un "pouvoir ouvrier", quels sont donc les responsables : essentiellement les hauts dirigeants de l'armée et les partisans de l'ancien régime, celui du régent Horthy : « La trahison de hauts dirigeants de l'armée a permis aux chefs de la contre-révolution, qui savaient où se trouvaient les dépôts d'armes, de les distribuer en quelques heures aux 100.000 jeunes qui, dès le 23 octobre, avaient commencé pacifiquement leur démonstration (manifestation en faveur de la Pologne), facilitant ainsi sa transformation en insurrection armée. Des témoignages et des documents recueillis ou découverts depuis les événements, démontrent que les éléments contre-révolutionnaires et horthystes se préparaient de longue date en prévision d'une telle occasion. »

En réalité, toutes ces actions de la contre-révolution ont été facilitées par le départ momentané de l'armée soviétique demandé par le gouvernement Nagy. Si les Soviétiques avaient été là, le pire aurait été évité ; telle est la thèse soutenue par le document C.G.T., oubliant que dès le 24 octobre c'est le heurt de l'armée rouge avec les manifestants qui entraîne la mort de 350 personnes. « Tous ces carnages (décrits dans le document) ont eu lieu après le départ des troupes soviétiques. C'est

---

11. *Le Peuple*, 15 mars 1957.

la raison essentielle qui fait penser que, sans les atermoiements du gouvernement Nagy, les massacres auraient pu être évités. Cela, aujourd'hui, la population commence à le comprendre, comme elle commence aussi à comprendre la nécessité de l'appel à l'armée rouge lancé par le gouvernement Kadar. »

Enfin, puisque la classe ouvrière n'a pas participé, puisqu'il s'agit d'une contre-révolution, la mise en œuvre des "conseils ouvriers" ne saurait être aux yeux de la délégation C.G.T. qu'une mascarade, c'est ce qu'exprime clairement le document considérant que les conseils ouvriers comprenaient « fréquemment une majorité importante, atteignant 90 %, de déclassés, de fascistes, de contre-révolutionnaires et d'éléments troubles ».

En prenant ainsi position sur les événements de Hongrie, la C.G.T. se situe tout à fait dans la ligne de "l'internationalisme prolétarien" dont les termes vont être précisés par la déclaration adoptée lors de la conférence des 68 partis communistes et ouvriers tenue à Moscou en octobre 1957 : « A l'heure actuelle, c'est l'intérêt vital des travailleurs de tous les pays de soutenir la grande Union soviétique et tous les pays socialistes dont la politique vise à sauvegarder la paix dans le monde entier... La classe ouvrière, les forces démocratiques... ont intérêt à défendre, contre toutes les menées des ennemis du socialisme, les conquêtes historiques, politiques et sociales de l'Union soviétique qui est la première et la plus forte puissance socialiste, de la République populaire de Chine, de tous les Etats socialistes » [12].

Le congrès de 1957 et le rapport avec les partis

Certains "contestataires" à propos des événements de Hongrie vont se manifester au congrès de 1957. C'est le cas de Ehni, de la fédération du Livre, pour qui l'activité

---

12. L. Marcou, *L'Internationale après Staline*, Grasset, 1979, p. 67.

des cellules d'entreprises communistes constitue un travail fractionnel et qui considère que beaucoup d'ouvriers boudent la C.G.T., la considérant comme politisée en raison des fonctions que plusieurs de ses dirigeants occupent au sein du P.C. D'où une proposition de modification des statuts pour interdire aux membres du bureau confédéral l'appartenance à l'organisme directeur d'un parti.

Soutenue par Clerc (des indirectes), cette proposition est combattue par plusieurs orateurs. « Pourquoi un militant serait-il toléré avec tous ses droits de citoyen et de syndicaliste à la base et pas au sommet ? » demande Martel (sous-sol). Quant à Mascarello (métaux), il considère comme antidémocratique de telles propositions qui constituent une violation de la liberté individuelle et il estime qu'objectivement, elles vont dans le sens de l'anticommunisme qui a toujours fait le jeu des ennemis de la classe ouvrière.

Tollet, président de la commission des statuts, qui a examiné la proposition, vient rapporter devant le congrès : « La discrimination, car c'en est une, ne peut atteindre ni le M.R.P., ni le parti indépendant paysan, ni aucun parti bourgeois... Que l'on ait visé à cela ou non, le résultat est là et c'est bien une discrimination. »

Une telle disposition ferait de certains militants des syndiqués diminués ; en outre, sous prétexte de faciliter l'unité, on prend position contre une partie de la classe ouvrière (sous-entendu le P.C.) au lieu de prendre position contre le patronat. D'où le rejet de la modification : l'accepter « serait faire une concession non à l'unité, mais à la bourgeoisie ». 88,1 % des voix repoussent la proposition, 7,3 % l'acceptent et 4,6 % s'abstiennent.

Mais un autre débat marque ce congrès, celui concernant la question de l'organisation des tendances. Le 15 juin 1957 est paru un appel pour un "Mouvement syndical uni et démocratique" (M.S.U.D.), lancé par Forestier du syndicat national des instituteurs, Lapeyre de F.O. et Pastre de la C.G.T. Parmi les conditions de l'unité, le M.S.U.D. relève l'indépendance syndicale vis-à-vis des partis et la reconnaissance des tendances, avec possibilité de s'exprimer.

Sur ce dernier thème, la C.G.T. débat déjà depuis quelques mois ; Le Brun et Rouzaud défendant, non pas dans la C.G.T. telle qu'elle est, mais en vue de l'unité dans une centrale qui regrouperait tous les travailleurs, la possibilité d'organiser des tendances. « Que signifiera, écrit Rouzaud, un tel moyen sur le plan de l'organisation ? Il ne saurait s'agir selon nous, ni de fractions plus ou moins dirigées secrètement de l'extérieur et de nature à fausser le libre jeu de la démocratie syndicale, ni d'organisations permanentes... Il s'agit plus simplement de permettre à tous les grands courants de pensée qui s'expriment dans la classe ouvrière et qui cohabiteront dans l'organisation syndicale unifiée d'avoir leurs groupes d'études, d'information et d'éducation, d'avoir leurs moyens d'expression... Il s'agit aussi de leur permettre, en vue de leur représentation effective, de proposer les candidats qu'ils désirent voir figurer aux côtés de ceux proposés par les autres tendances, sur les listes uniques constituées pour l'élection aux organismes de direction. Dans la mesure où l'accord sur une liste unique ne pourrait se réaliser, l'élection aurait lieu à scrutin secret et à la proportionnelle, selon les règles de la démocratie » [13].

Pour Le Brun, les tendances ne seraient pas nécessairement de caractère idéologique ou politique, et il ne s'agit absolument pas de remettre en cause les prérogatives et responsabilités des organismes statutaires.

Mais la majorité ne l'entend pas de cette oreille. Pour Frachon, « une telle conception des syndicats aboutirait à faire de l'organisation le champ clos où se dérouleraient des luttes de partis ou de clans qui amèneraient un état permanent de division et d'impuissance ». Il développe ensuite l'idée selon laquelle, au sein de la C.G.T., tout le monde est libre de s'exprimer : « Nous sommes l'organisation syndicale où se sont déroulées et

13. *Le Peuple*, 1er avril 1957.

où se déroulent les plus larges discussions et nous n'avons jamais chez nous brimé ou destitué un militant de son poste parce qu'il avait émis des opinions différentes de celles de la majorité, ce qui s'est fait ailleurs. »

Il s'inquiète aussi des "sans-parti" : « Verrions-nous des tendances organisées par les communistes, les socialistes, les radicaux, la nouvelle gauche ? Et les autres, les sans parti ? Ceux-là n'auraient-ils plus rien à dire ? »

D'ailleurs pourquoi ces tendances ? Pour soutenir le programme des partis respectifs ? « Mais une organisation syndicale unitaire rassemblant tous les travailleurs, qui ne peut être qu'une organisation sans parti, ne peut adopter le programme d'un parti. Les partis ont leur propre organisation pour les soutenir et les syndiqués ont le droit de militer dans l'un ou l'autre. »

Soulignant que dans certaines circonstances les syndicats peuvent conclure sur des points précis des alliances avec les partis, il conclut : « Sans organisation de tendances, nous avons dans les directions, y compris au bureau confédéral, des camarades de toutes opinions dont la collaboration a été fructueuse et qui, dans les périodes critiques, alors que les ennemis de la classe ouvrière et les adversaires de la scission se liguaient... contre nous, ont su ensemble trouver le chemin pour maintenir intacts l'organisation et le prestige de la C.G.T. »

En fait, dès aujourd'hui, la C.G.T. préfigure ce que devrait être la centrale unique des travailleurs dont l'unité à d'ailleurs été artificiellement brisée. Il n'y a donc rien à changer et les minoritaires ne se battant pas sur cette question des tendances ; il n'y aura pas de vote sur ce point particulier.

Tentatives de rassemblement des "républicains"

Bien que les prises de position de la C.G.T. et du P.C.F. lors du drame hongrois aient encore accru la coupure avec les autres forces sociales ou politiques, le parti communiste et la centrale syndicale n'en continuent pas moins à prôner un rassemblement des forces de gauche, s'adressant tantôt à la base, tantôt au sommet, si bien qu'il n'est pas toujours facile de savoir si l'on est dans une stratégie de "front unique" ou de "front populaire".

Le conseil national S.F.I.O. de décembre 1956 ayant rappelé fermement l'interdiction pour les socialistes d'adhérer à la C.G.T., B. Frachon écrit : « Si les dirigeants socialistes tentent un nouvel effort de division, c'est que précisément, le courant en faveur de l'unité de la classe ouvrière grandit et qu'ils savent que ce courant tend à rassembler les masses ouvrières et les forces de gauche pour des changements dans la politique... Les dirigeants socialistes ont peur de ces changements » [14].

On est donc plutôt dans une stratégie de front unique avec dénonciation des dirigeants. C'est un peu le même son de cloche qu'on entend lors du comité central du P.C.F. en mai 1957, où M. Thorez souligne que « pour parvenir à un changement décisif dans l'orientation politique du pays, il faut gagner à l'action commune la masse des ouvriers socialistes et de leur parti... Il faut redoubler d'efforts pour l'organisation du front unique de la classe ouvrière pour le rassemblement de toutes les forces démocratiques... ».

Mais ceci n'exclut pas des tentatives pour une entente directe au sommet. Le 23 octobre 1957, M. Thorez et J. Duclos adressent une lettre à G. Mollet, secrétaire général de la S.F.I.O., précisant les possibilités d'accord entre les deux partis.

Lorsque, le 17 octobre 1957, dans la foulée de diverses actions revendicatives, le P.C.F. et la C.G.T. organisent une journée d'action pour la paix en Algérie, à la veille du débat, lors duquel A. Pinay tente d'être investi comme président du conseil, le bureau politique du P.C.F. félicite les travailleurs pour l'action réalisée et s'appuie sur celle-ci pour demander le maintien de la majorité parle-

---

14. *Id.*, 15 janvier 1957.

mentaire de gauche formée en 1956 et la mise en échec de Pinay. Le P.C.F. souligne, « ce qu'il n'a jamais cessé de faire, que ces forces (pour un changement politique) existent non seulement dans le pays, mais aussi au Parlement »[15]. Le front populaire demeure donc toujours en ligne de mire.

Durant la période qui suit le 13 mai 1958 et l'intervention directe de l'armée dans la vie politique, la C.G.T., comme le P.C.F., va multiplier les efforts pour un rassemblement encore plus large, celui de tous les "républicains". Le 19 mai, la C.G.T. se déclare décidée, "en accord avec toutes les forces républicaines", à se consulter avec les autres centrales syndicales en vue d'une action de grève générale, afin de manifester clairement la volonté des forces démocratiques de s'opposer à tout coup de force. Le 26 mai elle lance seule un appel à une grève pour le 27 et « demande à tous les partis républicains, à toutes les organisations démocratiques, à tous les comités antifascistes, de soutenir son action ».

Le bureau politique du P.C.F. publie le lendemain une résolution appelant à "la grève antifasciste" et ajoute : « Les travailleurs socialistes sont appelés par leur parti à être aujourd'hui dans la bataille. L'événement est d'une importance exceptionnelle. Il libère dès aujourd'hui le puissant courant unitaire qui monte des profondeurs de la classe ouvrière »[16].

Commentant ce fait trois ans plus tard lors du congrès C.G.T. de 1961, L. Mauvais déclare : « Sans doute, beaucoup de camarades se rappellent-ils cette soirée exaltante du 26 mai 1958. Un fait d'une très grande importance se produisit alors : le groupe parlementaire et le comité directeur du parti S.F.I.O. s'étaient, à la presque unanimité, prononcés pour assurer le succès de la grève décidée par la C.G.T. pour le lendemain 27 mai »[17].

---

15. *Cahiers du communisme,* novembre 1957, p. 1 836.
16. *Id.,* juin 1958, p.957.
17. *Le Peuple,* 1er juin 1961.

Le lendemain, une manifestation est organisée de la Bastille à la Nation par la S.F.I.O., les radicaux, l'U.D.S.R., certains membres du M.R.P., de nombreuses associations et organisations syndicales pour manifester leur volonté de défendre les institutions républicaines. Non invités, le P.C.F. et la C.G.T. décident de se joindre à la manifestation.

Mais l'euphorie va être de courte durée ; avec l'investiture de De Gaulle, P.C.F. et C.G.T. se retrouvent seuls malgré leurs efforts. Lors de la manifestation à Paris le 1er juin, très peu suivie, on ne trouve que le P.C.F., la C.G.T. et les comités antifascistes qu'ils ont constitué, et cela malgré l'appel de la C.G.T. à tous ses militants pour « rendre plus étroits les liens noués avec les organisations et partis démocratiques » [18].

Le 14 juillet, la C.G.T. organise, en commun avec le P.C.F. "une grande journée de défense des institutions républicaines", point de départ d'une campagne préconisant le "non" au référendum sur la constitution. Présentant cette campagne, G. Monmousseau explique qu'il s'agit de s'opposer aux intentions des nouveaux constituants qui ne visent qu'à "fermer la voie à tout retour à la démocratie bourgeoise" qui, face à la "dictature", doit donc être défendue malgré ses défauts « comme on défend son pain même quand il est gris, pour ne pas avoir à manger de la paille » [19].

La C.A. de la C.G.T. du 11 juillet a placé au premier rang la mise sur pied des "comités de défense de la République" et, à ce propos, M. Caille souligne qu'il faut tout faire pour que le rassemblement soit le plus large possible ; c'est ainsi par exemple, qu'il convient de laisser pour l'instant de côté l'objectif de paix en Algérie : « Il arrive que des camarades veuillent mettre absolument, dans les objectifs des comités, la paix en Algérie, alors que cela risque de gêner le rassem-

---

18. La fédération chimie C.F.T.C. a elle aussi appelé à la manifestation.
19. *Année politique 1958*, p. 214.

blement des républicains pour la défense de la République » [20].

Mais, pas plus que l'action contre l'arrivée au pouvoir de De Gaulle, l'action pour le non au référendum, ne sera un catalyseur pour le rassemblement souhaité. Lors du grand discours du 4 septembre sur la place de la République, pour la présentation de la constitution, la contre-manifestation P.C.F.-C.G.T. ne regroupe que de faibles troupes et la C.A. de la C.G.T. du 7 octobre 1958 doit constater l'échec de la stratégie : « Dans le peuple et principalement dans la classe ouvrière, il y a une puissante volonté de changement. Or la perspective de l'union des gauches, base indispensable de ces changements, n'est pas apparue réalisable présentement » [21].

L'écho aux propositions soviétiques

Bien que le P.C. français soit l'un des derniers à se déstaliniser et que les rapports entre Thorez et Krouchtchev ne soient pas excellents, l'analyse que fait l'Union soviétique en matière internationale et les propositions dans le domaine de la paix et du désarmement sont reprises par le P.C.F. et on en trouve l'écho au sein de la C.G.T.

C'est notamment l'analyse des conséquences du marché commun qui est commune à la C.G.T. et au P.C.F. Dès janvier 1957, un communiqué du bureau confédéral C.G.T. considère que « dans la situation actuelle, ils (les projets de marché commun et d'Euratom) signifient aussi une tentative d'acceptation de la division de l'Europe, de durcissement de la politique des blocs, de relance de la guerre froide et de la course aux armements » [22]. En avril 1957, dans un article du *Peuple*, "le Marché commun, c'est l'Europe allemande", A. Barjonet appelle à

---

20. *Le Peuple*, 15 juillet 1958.
21. *Id.*, 15 octobre 1958.
22. *Id.*, 15 janvier 1957.

l'action contre « l'Europe des barons de la Ruhr et des généraux nazis ».

Au congrès d'Ivry du P.C.F. en juin 1959, alors que le marché commun commence à devenir une réalité, M. Thorez, reprenant un thème développé précédemment, le condamne sans appel ; il vise, selon lui « à l'abaissement du niveau de vie des travailleurs et à leur domination... tend au sacrifice des intérêts économiques de la France et à la préparation de la guerre » [23].

Il y a aussi l'écho fait aux propositions soviétiques en matière de désarmement. Ainsi, le C.C.N. de la C.G.T., réuni les 3 et 4 décembre 1959, « salue le programme de désarmement général total et contrôlé déposé par le gouvernement de l'U.R.S.S. devant l'O.N.U., comme un acte d'une grande valeur humaine,... appelle (les travailleurs) à le soutenir en exerçant une pression suffisante pour que les forces de guerre qui existent dans notre pays soient vaincues »... [24].

A l'heure où Krouchtchev, fort de sa nouvelle capacité de riposte en matière de missiles balistiques, met l'accent sur la coexistence pacifique, comme lutte de deux systèmes sociaux par des moyens pacifiques, et ressent la nécessité de consacrer davantage de moyens au budget civil pour rattraper dans vingt ans les Etats-Unis dans le domaine économique, le C.C.N. de la C.G.T. par la bouche de Léon Mauvais, souligne l'intérêt de cette approche : « Oui les changements intervenus dans le monde (et qui ne voit là notamment les résultats de la politique de paix de l'U.R.S.S. et ses grands succès dans tous les domaines, y compris scientifiques et techniques), la situation présente, les luttes de la classe ouvrière et de notre peuple... tout cela crée les conditions d'un nouveau développement »...

On ne s'étonnera donc pas que G. Guillé dans Le Peuple du 15 février 1960 appelle, à la suite du conseil national du Mouvement de la paix, à « réserver un accueil

---

23. P. Robrieux, *op. cit.*, tome II, p. 513.
24. *Le Peuple*, 15 décembre 1959.

chaleureux au président du gouvernement soviétique » et à « prendre conscience de l'importance de sa venue à Paris ».

Lors du congrès C.G.T. de mai 1961, E. Hénaff, dans son allocution d'ouverture, souligne l'intérêt d'une autre rencontre, entre le président Kennedy et « le partisan inlassable de la paix, le camarade Krouchtchev », et il ajoute : « Nous saluons comme un élément décisif dans l'histoire de l'humanité le fait qu'aujourd'hui il est possible que tous les peuples du monde, unis et agissants, soutenus par les forces matérielles des pays socialistes, soient capables d'empêcher les fauteurs de guerre de réaliser leurs objectifs. C'est ce que ressentira aussi, sans doute, le président Kennedy lorsqu'il se présentera, bardé de flèches qui portent les noms de Cuba, Laos et enfin Alabama et la bestialité raciste, devant le président Krouchtchev »[25].

Présentant le rapport du même congrès, L. Mauvais déclare : « Le renforcement du camp socialiste est un facteur décisif du maintien de la paix. Dans l'arène internationale, grâce avant tout à la puissance de l'U.R.S.S., c'est le socialisme qui est maintenant le plus fort. »

Quelques mois plus tard, c'est à l'initiative de la fédération syndicale mondiale, largement dominée par les pays du bloc socialiste, que la C.G.T. réclame la négociation pour un traité de paix avec l'Allemagne et pour la solution du problème de Berlin. Cette négociation étant refusée, B. Frachon dénonce devant les métallos parisiens la politique des pays de l'O.T.A.N., « qui menace très dangereusement la paix du monde » et souligne que « le pouvoir établi en France prend une part très grande à une excitation à la guerre » (16 septembre 1961).

Neuf mois plus tard, *Le Peuple* s'élève encore contre la politique extérieure gaullienne et, dans le même temps, salue le congrès mondial pour le désarmement et la paix qui se tient actuellement à Moscou et « dont le profond retentissement qu'il rencontre déjà dans l'opinion mon-

---

25. *Id.*, 1er juin 1961.

diale présage de sa contribution inestimable à la cause du désarmement et de la paix » [26].

Notons que si le kominform a été dissout par Krouchtchev en 1956, depuis cette date se sont tenues deux conférences mondiales des partis communistes, en 1957 et 1960. Celle de 1957 sacralise la lutte pour la paix en en faisant la tâche primordiale des P.C. et de leurs organisations de masse. Les 68 P.C. réunis adressent aux peuples un *Manifeste pour la paix,* nouvelle version du fameux *Manifeste de Stockholm* de 1950 [27]. Tout au long de la période, la C.G.T., en lien le plus souvent avec le Mouvement de la paix, s'efforce d'être fidèle à la ligne tracée.

Des actions communes pour la paix en Algérie

Le rapport de G. Marchais devant le XVI° congrès du P.C.F. en mai 1961 traite à la fois du "rôle irremplaçable du P.C.F. pour le développement du mouvement de masse" et souligne dans le même temps que "les communistes attachent une importance particulière au Mouvement de la Paix".

En fait, ce rapport met l'accent sur deux types de pratiques ; l'une tend à se développer à partir de l'automne 1960 et veut que le parti apparaisse es-qualité dans les actions ; l'autre fait intervenir le parti par le biais des organisations de masse, notamment le Mouvement de la paix, ce qui a été presque la règle jusqu'en 1960, sans pour autant être abandonné par la suite.

Encore au début des années 1960, on reste dans le cadre du second type de pratique ; en effet, s'opposant à Servin et Casanova qui veulent que le parti intensifie son action propre contre la guerre d'Algérie, M. Thorez, "obsédé par la peur de la répression" [28] considère que

---

26. *Id.,* 16-31 juillet 1962.
27. L. Marcou, *op. cit.,* p. 45.
28. P. Robrieux, *op. cit.,* tome II, p. 524.

la meilleure solution réside pour le parti dans la création par le Mouvement de la paix de "comités pour la paix en Algérie".

A de nombreuses occasions, la C.G.T. "coule" elle aussi son action pour la paix en Algérie dans celle du Mouvement de la paix. C'est le cas en janvier 1957, lors de la semaine d'action organisée par le Mouvement, et en mars 1959 où G. Guillé dans *Le Peuple* appelle à participer à la consultation nationale organisée sur la solution du problème algérien par le Mouvement de la paix.

En janvier 1961, la C.A. de la C.G.T. recommande aux militants et aux organisations de « contribuer en accord avec le Mouvement de la paix, à la constitution de larges comités de base pour la paix en Algérie [29]. Le 29 novembre 1961, la centrale participe à une nouvelle journée d'action et, du 4 au 12 février 1962, à la semaine d'action "contre l'O.A.S. et le fascisme", toutes deux à l'initiative du Mouvement.

L'avantage de telles actions, c'est que le P.C.F., comme la C.G.T. peuvent les contrôler, mais elles ont l'inconvénient de ne pas faire apparaître la C.G.T. ou le P.C. en tant que tels et, par ailleurs, de ne pas permettre de rassembler nombre d'organisations absolument rebelles à la participation à un tel mouvement. D'où notamment dans la dernière période des actions où C.G.T. comme P.C.F. apparaissent es-qualité. C'est notamment le cas pour la journée d'action du 6 décembre 1961 "contre le terrorisme de l'O.A.S. et le fascisme " ; l'appel national est signé conjointement par le P.C.F., la C.G.T. et le Mouvement de la jeunesse communiste. Lors du congrès d'avril 1961, le P.C. a décidé de reprendre, en tant que parti, l'initiative et la direction des luttes. Mais plus fréquemment, la C.G.T. tente de réaliser un "front syndical" commun auquel le P.C.F. apporte ensuite son appui, lorsque les organisations syndicales autres que la C.G.T. refusent que le front apparaisse d'emblée comme

29. *Le Peuple*, 1ᵉʳ février 1961.

syndicalo-politique. C'est ainsi par exemple que lors de la manifestation de Charonne, le 8 février 1962, l'appel initial est issu d'un front syndical commun réduit : organisations parisiennes de la C.G.T., de la C.F.T.C., de l'U.N.E.F., du S.G.E.N. et des sections de Seine et Oise de la F.E.N. Le P.C.F. et le P.S.U. s'associent à cet appel.

Le Peuple du 1er décembre 1961 dresse un bilan de ce type d'accords et note que dans trente-sept départements où un front syndical a été réalisé totalement ou partiellement, dans vingt-six les partis y ont été associés (dix fois la S.F.I.O.). Le journal note que les accords avec la S.F.I.O. sont plus nombreux qu'avec F.O. et souligne que les "meilleurs accords", ceux qui associent le plus de monde, sont les accords locaux (41 avec le P.C.F., 36 avec le P.S.U., 17 avec la S.F.I.O.) ou d'entreprises. Des villes sont données en exemple : Grenoble, Nice, Nantes, Lyon.

Refus de servir de force d'appoint

Mais en ce domaine, la C.G.T. accepte difficilement de ne pas être l'initiatrice du mouvement, comme on le voit pour la manifestation du 28 octobre 1960. Devant la difficulté de réaliser le front syndical commun, l'U.N.E.F., le 5 octobre 1960, prend l'initiative de proposer aux autres centrales, C.G.T., C.F.T.C., F.O., F.E.N., une manifestation commune contre la guerre d'Algérie. Comme l'écrit P. Robrieux : « Pour la première fois, une autre centrale, dirigée par des non-communistes, non seulement en acceptait le principe mais allait au devant de la confédération, animée par le parti » [30].

Après une première réponse réticente, où la C.G.T. reproche à l'U.N.E.F. de ne pas tenir compte du fait que la C.G.T. mène sur ce terrain une action depuis 1954 et qu'elle est associée à l'action du Mouvement de

---

30. *Notre génération communiste*, R. Laffont, 1977, p. 221.

la paix, que l'U.N.E.F. semble ignorer, les choses se gâtent après la réunion du comité central du P.C.F. le 14 octobre. « Le Comité central... ne peut être d'accord avec l'U.N.E.F. qui décide unilatéralement d'organiser une manifestation nationale à laquelle elle demande ensuite aux partis et aux autres organisations ouvrières de se rallier purement et simplement »... « Dans l'intérêt même du but à atteindre, la classe ouvrière et son parti, sans lesquels rien n'est possible, ne sauraient servir de force d'appoint à des groupements quels qu'ils soient... »

... « Si nous faisons de telles remarques, ce n'est pas seulement par rapport à la décision de l'U.N.E.F. ; mais c'est aussi et surtout parce que nous n'ignorons pas que la grande préoccupation de certaines personnalités se réclamant d'une certaine "gauche" — et qui continuent à être animées par l'hostilité au communisme — est avant tout d'enlever la direction du mouvement des masses populaires aux organisations les plus représentatives de la classe populaire... » [31].

La C.A. de la C.G.T. du même jour recommande à ses organisations d'agir "dans les entreprises, sur le plan local et départemental" c'est-à-dire là où l'U.N.E.F. est généralement absente pour que se réalise "l'union la plus large" et elle rappelle qu'elle « ne saurait accepter... d'être considérée comme une force d'appoint, un soutien à des actions dont elle n'aurait pas été appelée à délibérer ».

Si dans de nombreux lieux, grâce à l'initiative de l'U.N.E.F., l'action commune pourra se réaliser, il n'en sera pas de même à Paris. La C.G.T. est d'abord amenée, malgré ses réticences, à cautionner une grande manifestation centrale, mais celle-ci étant interdite par le ministre de l'Intérieur, elle refuse de braver l'interdiction. Le bureau de l'U.D. C.G.T. de la Seine « fera tout pour éviter à la classe ouvrière de se laisser entraîner à l'aventure ou de tomber dans une provocation » (25 octobre) et E. Fajon commente dans *L'Humanité* du lendemain :

---

31. *L'Humanité*, 15 octobre 1960.

« Le pouvoir a eu recours à une autre interdiction, celle de la manifestation de la Bastille, avec l'espoir à peine dissimulé que les plus résolus, à savoir essentiellement les communistes, braveraient la décision gouvernementale et faciliteraient ainsi les entreprises du général De Gaulle..., la réalisation de ses menaces contre ce qui reste de liberté... Le parti communiste français a mis fermement en lumière le piège grossier qui était tendu. » A Lyon aussi, par diverses méthodes, la C.G.T. et le P.C.F. s'efforcent de réduire au minimum la participation à la manifestation centrale prévue place Bellecour.

Si le front syndical ne saurait être impulsé par une autre organisation que la C.G.T., il ne doit pas non plus être un moyen d'exclure les partis et notamment le P.C.F.. Le rapport au C.C.N. C.G.T. d'avril 1962, présenté par Léon Mauvais, note à ce propos : « De plus en plus — et à tous les échelons — les dirigeants C.F.T.C., F.O., F.E.N. s'emploient à empêcher la participation des partis et autres organisations aux luttes antifascistes et pour la paix. Ils développent d'ailleurs en même temps des campagnes contre les partis, émettent la prétention que les luttes contre l'O.A.S., le fascisme, soient "réservées" aux organisations syndicales... Si l'objectif immédiat est souvent — il faut le dire nettement — d'évincer le parti communiste français, il convient de dire que ces campagnes ont d'autres conséquences. En fait elles contribuent à développer l'idée que "les partis ayant fait faillite" on doit avoir recours à "l'homme providentiel » [32].

Par anticommunisme, les autres syndicats sont donc accusés de faire le jeu du gaullisme.

Une analyse commune du gaullisme

Au sein du P.C.F., sous l'impulsion de Casanova, on note en 1960 une tendance de quelques-uns à faire du

---

32. *Le Peuple*, 1er au 15 mai 1962.

gaullisme une analyse différente de l'analyse officielle du parti en vigueur depuis 1958. C'est le cas notamment de certains économistes, qui relient le gaullisme à une fraction nationaliste du capital financier.

Pour J. Pronteau, le gaullisme exprimerait les intérêts d'une « tendance nationaliste dont les bases économiques et les ambitions se précisent de plus en plus (et qui) s'oriente vers une certaine dissociation des liaisons internationales de l'impérialisme. Elle tend à prendre une position différente et, dans certains domaines, contradictoire de celle qui prévaut dans les grands groupes anglo-saxons et dans les milieux français internationaux » [33].

C'est en fait une remise en cause de la thèse officielle du pouvoir des monopoles, « ce par la division du capital financier, donc des monopoles en deux tendances, l'une, la première, cosmopolite, exportatrice de capitaux, attachée à la diversification des sources de profit... La seconde, nationaliste... attentive... à la concurrence inter-impérialiste et à la sauvegarde des intérêts français par un capitalisme d'Etat autoritaire » [34], cette seconde fraction étant évidemment le gaullisme.

La distinction va apparaître intolérable. Pour Thorez : « Ici, il faut dire que l'erreur est de taille. Comment peut-on séparer le capitalisme d'Etat des monopoles ? » [35]. Le parti va consacrer deux sessions du comité central en janvier et en février 1961 et le congrès du parti, en mai de la même année, à la condamnation de l'hérésie. « Le grand capital monopoliste, dont la nature est tout imprégnée de cosmopolitisme, ne saurait avoir des préoccupations nationales authentiques... Le pouvoir gaulliste exprime donc les vues et la politique du capital monopoliste. Il porte en lui, en permanence la menace du fascisme. Voilà ce qu'il importe de ne jamais perdre de vue, sous peine de désorienter dangereusement la

---

33. Editorial, *Economie et politique*, mars 1960, p. 4.
34. O. Duhamel, *La gauche et la Ve République*, P.U.F., 1980, p. 121.
35. C.C. du P.C.F., *France nouvelle*, 1er février 1961.

lutte des forces ouvrières, démocratiques et nationales »[36]. Le gaullisme n'est donc que l'instrument du grand capital.

Lors du congrès C.G.T. qui suit en juin 1961, L. Mauvais reprend ce thème : « Ce qui caractérise la situation en France, c'est que le pouvoir des monopoles est aujourd'hui plus étendu que jamais. Les manifestations et les conséquences de ce pouvoir débordent largement le cadre économique pour s'étendre à tous les aspects sociaux et politiques de la vie de la nation... ». Traitant du gouvernement, il déclare : « au sens le plus strict du mot, il s'agit du gouvernement des monopoles ». *L'Humanité* du 2 juin commente le débat sur ce thème : « Au fil des interventions est apparue la nette responsabilité du gouvernement dans la situation aggravée de la classe ouvrière, sa responsabilité en tant que représentant des forces les plus réactionnaires du pays : les monopoles. »

Lors de ce congrès de la C.G.T. s'amorce une stratégie antimonopoliste. Dans le discours de clôture, B. Frachon déclare : « Nous sommes prêts, avec l'ensemble des forces démocratiques, à établir un programme d'action immédiate et d'union de toutes ces couches sociales (victimes des monopoles), avec la classe ouvrière, pour mener le combat commun, programme qui ne peut certes pas être le socialisme. » Il convient de "ne fermer aucune porte" pour réaliser un « large front de toutes les couches sociales qui ont eu à souffrir de la politique monopoliste ». Répondant à une question concernant les classes moyennes, L. Mauvais précise toutefois : « Nous n'avons jamais dit qu'elles sont victimes des monopoles au même titre que la classe ouvrière. La politique des monopoles est essentiellement dirigée contre la classe ouvrière., mais elle l'est aussi contre les classes moyennes des villes et des campagnes. »

Lors du C.C.N. d'avril 1962, L. Mauvais voit dans l'arrivée de G. Pompidou comme premier ministre, une

---

36. Résolution du XVIᵉ congrès du P.C.F.

confirmation de cette analyse et une aggravation du caractère monopoliste du pouvoir. « Certes, De Gaulle, les monopoles capitalistes, dirigent directement l'Etat. Nous l'avons dit depuis juin 1958. Ce n'est donc pas une révélation. Mais la venue de Pompidou, l'homme de la banque Rothschild, maintenant fusionnée avec celle de Londres, ne fait que souligner le caractère du pouvoir : celui de la Haute Banque, des monopoles » [37].

C.F.T.C. et "crise des partis démocratiques"

La guerre d'Algérie entraîne une profonde dégradation de la vie politique française et du "tissu démocratique"; et les risques sont grands d'une aventure de style plus ou moins fascisant, comme le montrent les événements de mai 1958, de janvier 1960 (semaine des barricades à Alger), d'avril 1961 (putsch des généraux), ainsi que le développement de l'O.A.S. qui fait suite à l'échec du putsch.

Dans cette situation, la C.F.T.C. se sent interpellée de diverses manières et se pose diverses questions :

— Comment se situer face aux partis "démocratiques" qui, par leurs divisions, mais surtout leur absence de perspectives claires en matière de décolonisation, sont un des éléments de cette dégradation ?

— Peut-on assimiler défense de la démocratie et défense du régime en place, d'où la difficulté de réagir lors de l'arrivée au pouvoir de De Gaulle en 1958 ?

— Est-il souhaitable d'intervenir dans le jeu politique, notamment pour susciter l'intervention de "forces neuves" ?

— Dans la défense de la démocratie et dans la lutte

---

37. *Le Peuple*, 1er au 15 mai 1962.

pour la paix en Algérie, peut-on s'associer ou non avec le P.C.F. et la C.G.T. ? Doit-on traiter différemment le parti et l'organisation syndicale qu'il tient sous sa dépendance ?

Si, dans les débuts de la période, c'est une C.F.T.C. très divisée, entre une majorité et une minorité, qui affronte cette situation, à partir de fin 1957 l'accord survenu entre les deux parties renforce l'unité de la centrale, sans pour autant que l'on observe l'unanimité des réactions face aux problèmes nouveaux soulevés par la poursuite du conflit.

L'attitude vis-à-vis de la S.F.I.O. au pouvoir

Recensant les "actes d'indiscipline" lors des élections du 2 janvier 1956, le secrétaire général notait que des "camarades candidats aux élections ont fait état de leur appartenance syndicale", l'U.D. de l'Eure a pris une "position partisane", l'U.D. de l'Isère a fourni "une documentation discutable", la fédération de la chimie a donné des "consignes électorales", les U.D. de la Loire et de l'Isère ont "débordé la position confédérale", enfin l'U.L. de Montbéliard a placardé une "affiche discutable". Le premier cas mis à part, tous ces actes concernent des organisations minoritaires ayant, sous des formes diverses, condamné la majorité politique sortante.

Lors du conseil confédéral du 15 janvier 1956, une motion d'ordre interne vise ces "actes d'indiscipline " et « constate que cette situation a été grandement préjudiciable au mouvement en faisant naître un doute, dans l'opinion ouvrière, sur l'indépendance politique de la C.F.T.C. ».

Elle « constate en outre que, malgré plusieurs mises au point, la presse continue d'entretenir une regrettable confusion en affectant de considérer "Reconstruction" comme un organe interne de la C.F.T.C. ». Le B.C. est donc mandaté pour rechercher les moyens de faire cesser "une équivoque préjudiciable" [38]. Cette motion est adoptée par vingt-huit voix contre une et sept abstentions.

"Reconstruction" se défend pour sa part d'avoir appelé à un vote de parti. « Il ne s'agissait pas d'un vote de parti : en évoquant un avenir de "socialisme démocratique ", nous n'avons pas identifié notre conception au programme de la S.F.I.O. A côté des candidats de ce parti, d'autres étaient recommandés. Il s'agissait, par ce vote, d'aller « dans le sens d'un mouvement d'opinion : celui du réveil d'une gauche non communiste, favorisée certes par le passage du groupe socialiste à l'opposition, mais aussi par l'action de Pierre Mendès-France au gouvernement et dans le parti radical » [39].

Et cette action électorale, animée de « l'esprit syndicaliste d'indépendance, moins confiante dans les machines de parti que dans les mouvements d'opinion », n'impliquait aucun renoncement à la "lucidité" après les élections [40]. D'ailleurs, dès janvier 1956, on peut lire dans les "notes politiques" de la revue : « Il n'apparaît pas que la S.F.I.O. soit prête à affronter les problèmes majeurs posés à un socialisme démocratique par le développement du néo-capitalisme ».

En avril 1956, compte tenu de l'incapacité de G. Mollet à saisir le caractère révolutionnaire de la situation algérienne, les animateurs de "Reconstruction" passent — en ce qui concerne la politique algérienne — dans l'opposition. « Les circonstances nous imposent cette manière, qui en vaut d'autres, de célébrer le cinquantenaire de la charte d'Amiens, de continuer l'esprit d'indépendance des anciens : exercer à l'égard d'un gouvernement, même "à direction socialiste", la fonction traditionnelle de contestation, essentielle dans le mouvement ouvrier » [41].

Ceci n'empêche nullement les minoritaires C.F.T.C. de

---

38. P.V. du C.C. du 15 janvier 1956.
39. Tract reproduit dans *Reconstruction*, janvier 1956, p. 18.
40. *Reconstruction*, février-mars 1956.
41. *Id.*, avril 1956.

préconiser un "socialisme démocratique", de "conception et non de parti". En octobre 1956, l'éditorial de la revue note la situation paradoxale : « Plus nous sentons devoir critiquer l'actuel gouvernement "à direction socialiste", plus nous sentons qu'il faut à ce pays un socialisme démocratique ».

Analysant la politique du gouvernement lors du congrès de la chimie C.F.T.C. en septembre 1956, R. Marion montre comment le gouvernement Guy Mollet a cédé à diverses pressions, au moment de la composition du gouvernement, en écartant Mendès-France, non seulement de la présidence du conseil, mais aussi du ministère des Affaires étrangères, puis lors du 6 février à Alger... « Ce gouvernement est voué à subir toutes les pressions de la droite sous couvert d'une opposition constructive. Déjà on "ressort" le mythe européen pour tenter de renouer entre M.R.P. et S.F.I.O. Dans la mesure où la S.F.I.O. s'est présentée comme le syndic de la législature précédente, une telle alliance serait une véritable trahison » [42].

En octobre 1957, alors que le gouvernement G. Mollet est tombé depuis trois mois, l'analyse des minoritaires C.F.T.C. sur son bilan est encore plus sévère : « L'exercice du pouvoir par les dirigeants actuels de la S.F.I.O. a fait apparaître dans le socialisme politique français un manque profond de conscience socialiste, qu'une double défaillance a rendu manifeste ». Défaillance en matière de politique économique, caractérisée par l'absence de tout effort de modification structurelle et de planification. Défaillance en matière de politique algérienne : aucune tentative n'a été faite pour faire prendre conscience à l'opinion de la réalité du problème algérien, replacé dans son contexte mondial de décolonisation. Bien au contraire, « les thèses et la propagande gouvernementales ont plutôt empêché cette prise de conscience. La défaillance semble avoir atteint le fond démocratique

_____

42. *Chimie-informations*, « Activités et perspectives syndicales », rapport au 10ᵉ congrès, p. 72.

même d'une conscience socialiste, cette assise libérale de tout socialisme démocratique ». D'où, après avoir salué l'effort difficile des minoritaires S.F.I.O., un appel à la recherche, en dehors du socialisme politique, de sources de "conscience sociale active" pour fonder un véritable socialisme démocratique. « Pour garder un caractère syndicaliste, la conscience qu'il s'agit de susciter, qu'on ne saurait apporter du dehors comme une théorie pré-établie, naîtra d'une réflexion sur l'expérience, s'étendra par une pédagogie qui doit rester libérale. Seul un ef-fort éducatif de ce genre, action à long terme, peut à notre sens rééquilibrer dans notre pays le mouvement ouvrier et la vie publique » [43].

Le jugement de la majorité C.F.T.C., bien que partant de critères différents, n'est guère plus favorable. Dès le conseil confédéral du 25 février 1956, le rapporteur A. Jeanson, après avoir rappelé les contacts, pris par le B.C., avec les formations politiques, considère que « dans la confusion actuelle des partis, des hommes, des idées, voire des pouvoirs, l'imbrication des problèmes politi-ques avec les problèmes proprement économiques et sociaux ne fera que s'accroître, et la dégradation des premiers (les politiques) aura de plus en plus d'inciden-ces directes et graves sur les seconds, qui sont de notre ressort » [44].

Comment agir dans le domaine politique ?

Bureaux et conseils confédéraux de janvier et février 1956 se posent cette question à la suite des élections.

Il y a d'abord le problème de l'action de type parle-mentaire. Le bureau confédéral du 25 janvier 1956 se demande comment envisager les relations avec les par-lementaires qui voudraient prendre à leur compte les propositions de loi que la C.F.T.C. souhaite formuler.

---

43. *Reconstruction*, octobre 1957, p. 3.
44. C.F.T.C., *Lettre politique*, n° 7, mars 1956, annexe II.

Certains comme Haniquaut (agriculture), Bapaume (cadres), Paillieux (cheminots) penchent pour la reconstitution d'une sorte d'intergroupe du syndicalisme chrétien constitué par les syndicalistes C.F.T.C. élus au Parlement. Bouladoux, après avoir fait observer que pratiquement la plupart des syndicalistes chrétiens sont dans le même groupe politique (le M.R.P.) et qu'il y a risque, si l'on constitue un groupe C.F.T.C., de se voir accusé d'avoir partie liée avec le M.R.P., estime qu'il y a deux formules possibles :

— en vue des intérêts propres du syndicalisme chrétien, maintenir le contact avec les anciens adhérents, sans pour autant mettre en place une structure ;

— en ce qui concerne la défense du syndicalisme ouvrier en général, il serait utile d'avoir une sorte d'intergroupe de syndicalistes, même n'appartenant pas à la C.F.T.C., mais c'est à la centrale d'en prendre l'initiative.

En conclusion il est proposé que le comité politique travaille sur ce thème et propose des solutions au conseil confédéral du 25 février 1956 [45].

Lors de cette assemblée, le rapporteur A. Jeanson reprend les deux propositions de Bouladoux et précise la seconde : « Création d'un intergroupe parlementaire, réunissant des députés de différents partis, selon une formule à préciser qui pourrait être, par exemple, « l'expression et la défense des intérêts du syndicalisme libre ». L'initiative d'une telle formule ne devrait pas être le seul fait de la C.F.T.C., mais être partagée avec d'autres organisations syndicales telles que F.O. et la C.G.C. Cela permettrait de faire que la présentation des thèses ou des propositions syndicalistes ne serait plus le domaine exclusif de tel ou tel parti. »

Dans la discussion qui suit, alors que certains continuent à prôner un intergroupe du syndicalisme chrétien, d'autres, comme Bertola (employés) considèrent qu'il faut rester en dehors de tout cela, en dehors de toute politique. Quirin (Moselle) défend au contraire ardem-

_____
45. P.V. du B.C. du 25 janvier 1956.

ment l'idée d'une "équipe parlementaire la plus large possible". Dans l'immédiat, Declercq suggère que la C.F.T.C. demande à d'autres parlementaires que ceux du M.R.P. de déposer ses projets de loi ; quant à Vignaux, il tient expressément à ce que les relations avec les parlementaires se limitent à un plan législatif et non à la préparation d'une équipe ministérielle [46]. Sur les intentions d'action en direction des parlementaires, le vote donne vingt-six pour, un contre et sept abstentions.

Une autre partie du rapport de Jeanson évoque des perspectives plus lointaines. Dans la ligne des deux précédents congrès, le rapporteur précise qu'il y a pour la C.F.T.C. deux impératifs « qui risquent d'apparaître quelque peu contradictoires » :

« Nécessité de maintenir en toutes circonstances l'indépendance du mouvement à l'égard de quelque formation politique que ce soit... »

« Mais nous ne pouvons pas prendre notre parti du "vide" créé par l'absence de la classe ouvrière dans le jeu des forces politiques. »

Comment concilier ces deux impératifs ? D'où toute une série de questions auxquelles le rapporteur n'entend pas apporter une réponse quelconque :

« Nous concevons la nécessité d'une "action complémentaire" à notre action syndicale, mais comment mener cette action ? En dehors des instances syndicales ? Certains le pensent et l'ont pratiqué pendant la campagne électorale : compte tenu de l'expérience, est-ce bien la bonne formule ? »

« Si les instances syndicales doivent diriger notre "action complémentaire", se contenteront-elles de donner des directives à nos militants, ou devront-elles intervenir en tant que telles ? Dans les deux cas, s'agira-t-il d'orienter nos militants vers les partis actuellement existants, ou vaut-il mieux soutenir — et le cas échéant provoquer — des efforts qui tendraient à la création d'un parti travailliste ? »

---

46. P.V. du C.C. du 25 février 1956.

« Ou encore, ne serait-il pas souhaitable que nous cherchions à "placer" des hommes, à l'occasion des élections locales, dans les municipalités, les conseils généraux et d'avoir ainsi un point d'appui solide pour une action en cas d'élections législatives ? » [47].

Le conseil est appelé à réfléchir sur ces perspectives que l'évolution politique de la période va rendre d'actualité. L'idée d'un "travaillisme français" étant relancée par d'autres en avril-mai 1956, la *Lettre politique* de la C.F.T.C. [48] note que cette question est suivie attentivement, mais que « les intentions sont diverses et les appels ne sont pas toujours adressés dans les mêmes directions ».

Quant à Paul Vignaux, il se montre méfiant : « En cherchant à articuler l'action syndicale non communiste avec celle des partis, ne revient-on pas à la vieille idée de faire des syndicats non communistes la caution "sociale" d'un nouveau, mais bien difficile rapprochement S.F.I.O.-M.R.P. ?... Pareille entente devant réduire la S.F.I.O., au rôle de parti "social", de moins en moins socialiste, on n'approcherait pas, on s'écarterait au contraire de la solution du problème majeur posé depuis la Libération aux syndicalistes non communistes français : trouver une expression autre que le parti communiste de l'exigence "révolutionnaire" qui continue de les animer » [49].

Refus d'un "Front populaire"

Lors du conseil confédéral du 15 janvier 1956, on ressent dans les interventions d'un certain nombre de majoritaires une sorte de peur du Front populaire. Pour leur part, les minoritaires, sans pour autant minimiser

---

47. *Lettre politique*, n° 7, déjà citée.
48. N° 9, 17 mai 1956.
49. *France Observateur*, 16 avril 1956.

les risques, considèrent qu'il convient d'analyser le phénomène et de le situer par rapport aux autres risques. C'est ainsi que G. Declercq estime que « l'immobilisme est un danger aussi menaçant que le Front populaire... ». Pour E. Descamps, « le danger de Front populaire ne doit pas neutraliser l'action syndicale »[50].

Quant à A. Détraz, il analyse les conséquences de la création par la C.G.T. de "comités de Front populaire". Après avoir souligné que le "royal cadeau" de quelques dizaines de sièges, fait par E. Faure au P.C.F. (qui passe de 95 élus à 145 après la dissolution) « pose aux syndicalistes un redoutable problème », il écrit : « Accepter la constitution de comités syndicaux de Front populaire, c'est constituer un front politique avec le parti communiste, même si sont mises en avant des revendications sociales dont l'aboutissement ne peut, dans une optique communiste, qu'être accessoire... En 1956, le Front populaire, tel que le préconise le parti communiste, sera principalement fonction d'un front syndical à la base ; il sera possible ou non suivant que la masse ouvrière acceptera ou refusera un coude à coude à la base avec la C.G.T. sur des problèmes politiques. Le front syndical précèderait le front politique, dans une situation de nette prédominance du P.C. tant au plan syndical que politique »[51].

P. Ayçoberry, du S.G.E.N., va par ailleurs analyser les "mythes et réalités du Front populaire". Pour lui, le vocabulaire politique connaît peu d'expressions qui, autant que celle de " Front populaire ", alimentent les passions. « Ces deux mots n'éveillent, dans un secteur de l'opinion, que des images terrifiantes : coup de Prague, potences, démocraties populaires. Pour d'autres, ils n'évoquent que des promesses de paix et de progrès social. Des deux côtés, on reste délibérément dans la mythologie ».

Il importe donc de démythifier l'idée même de Front

50. P.V. du C.C., 15 janvier 1956.
51. *Reconstruction*, janvier 1956.

populaire et, pour cela, « ne jamais nous situer hors du temps, dans le domaine de l'idéal, mais rechercher sans cesse les précédents historiques ; ne jamais isoler la situation politique de la France du contexte mondial. » Pour ce faire, il examine d'abord comment l'unité d'action a été pratiquée simultanément ou successivement, pour favoriser la coexistence pacifique de l'U.R.S.S. avec certains pays capitalistes, pour permettre l'expansion du camp socialiste, pour défendre l'U.R.S.S. contre la menace fasciste. Puis il passe aux perspectives de Front populaire en France en 1956 et conclut en soulignant que « dans les circonstances actuelles, on peut affirmer qu'un certain nombre de conditions préalables à tout Front populaire ne sont pas réalisées ».

Sur le plan intérieur, le P.C. doit rompre avec le sectarisme doctrinal et les tentatives d'unité d'action à la base s'il veut être pris au sérieux ; par ailleurs le déséquilibre des forces parlementaires au profit du P.C. constitue un risque à ne pas négliger. Sur le plan extérieur, « l'U.R.S.S. doit promouvoir une véritable politique de détente, c'est-à-dire négocier avec les gouvernements occidentaux, sans chercher à les couper de leurs opinions publiques » [52].

En fait, un Front populaire ne peut se concevoir en France sans un renforcement de la gauche non communiste. C'est ce que souligne R. Marion lors du congrès de la chimie en septembre 1956. Il s'agit d'élever le niveau de réflexion des salariés pour qu'ils prennent davantage conscience de la nécessité de promouvoir un autre système économique et politique, sans toutefois mettre en péril les institutions républicaines, mais en les faisant fonctionner en y associant vraiment les couches populaires du pays.

« Cela admis, on ne peut, sans se renier, accepter l'accroissement ou simplement le maintien de l'influence de la C.G.T. et du P.C. sur la classe ouvrière... Ne pas avoir une politique et une attitude différentes des com-

---

52. *Reconstruction*, février 1956, p. 7 à 13.

munistes, c'est leur laisser le monopole de la propagande, de l'information, de la stratégie et de la tactique ouvrières. C'est accepter de se déterminer par rapport au parti. »

Il distingue cette attitude responsable de l'anticommunisme de la droite ou d'autres groupements. « Des groupements réactionnaires ont mené et mèneront encore contre le P.C. une lutte parfois sauvage, mais dans le seul but de préserver les privilèges des milieux actuellement au pouvoir. A travers le P.C., c'est toute la classe ouvrière que la réaction veut frapper. Le P.C. et la C.G.T. tenteront toujours de nous assimiler à la droite et de nous convaincre de culpabilité, chaque fois que notre action les gênera. Or notre lutte contre l'emprise des communistes ne rejoint pas du tout celle de Paix et Liberté [groupement qui à l'époque avait pour raison d'être l'anticommunisme] et des organisations similaires. Elle se différencie même de celle de F.O. et de la S.F.I.O. qui, faute d'une optique réellement socialiste et révolutionnaire, se sont souvent laisser acculer à un anticommunisme stérile qui ne fait que les affaiblir, au lieu de les renforcer. »

Et R. Marion précise que la réduction de l'influence communiste doit conduire « au renforcement de la gauche non communiste, sous peine d'aider, en fait, la réaction. Toute action de progrès — non communiste — doit être acquise par un renforcement de l'organisation de masse, de telle sorte que la propagande et la technique du parti communiste restent stériles » [53].

Les risques d'un Front populaire vont apparaître encore plus nettement au lendemain de l'écrasement de la révolution hongroise par les chars russes en novembre 1956, approuvé par le P.C.F. Mais dans le même temps, la dégradation accélérée du régime politique français conduit à poser la question : avec qui défendre en France la démocratie menacée ?

---

53. R. Marion, rapport général, congrès chimie C.F.T.C., septembre 1956, p. 70-71.

Déjà en février 1956, le rapporteur devant le C.C., A. Jeanson déclare : « Les dangers qui se multiplient et s'aggravent sur le plan politique sont tels que nous pouvons nous attendre à être un jour ou l'autre obligés de faire intervenir dans la balance le poids de la "force saine" que nous représentons et cela dans le sens de la défense d'un régime, d'une forme de libertés publiques auxquels est liée l'existence même de notre syndicalisme. Nous pouvons peut-être y être acculés par la nécessité, ou plus simplement par devoir » [54].

Lors du C.C. C.F.T.C. du 11 avril 1958, la situation apparaît encore plus critique et A. Jeanson n'hésite pas à parler de la « carence du législatif et de l'exécutif » et du devoir pour la C.F.T.C. de « rappeler aux hommes politiques ce que la classe ouvrière attend d'eux ».

Lors du C.N. qui suit, il développe les perspectives d'action politique qu'il avait simplement ébauchées en février 1956.

Face aux risques de dépasser la compétence syndicale ou de diviser l'organisation, le rapporteur suppute les *chances*. D'abord la C.F.T.C. est « une force ayant des assises solides, des structures vivantes sur l'ensemble du pays », ce qui n'est pas le cas des partis. Par ailleurs cette force « est disponible parce qu'au contraire des autres, nous ne sommes paralysés ni par des réflexes de parti, ni par des soucis électoraux, ni par un passé politique pesant »...

Le rapporteur propose donc de dépasser le stade des préoccupations théoriques, pour « tenter de trouver et de proposer des solutions concrètes au moins à certains des problèmes politiques actuels », et il se défend de vouloir transformer la C.F.T.C. en parti politique, mais souhaite que ses militants se débarrassent d'un certain nombre de complexes : « Dans la pauvreté de pensée,

---

54. C.F.T.C., *Lettre politique*, n° 7, mars 1956.

d'action, de force qui nous entoure, nous sommes riches en hommes, en idées, en force collective, devons-nous attendre passivement et nous effondrer à notre tour dans la déliquescence générale ou laisser à d'autres le soin de combler ce vide par un appareil d'une implacable servitude ? » [55].

Le conseil confédéral n'est pas appelé à voter sur ce rapport, mais les objections sont nombreuses. Plusieurs intervenants, d'accord sur l'information politique nécessaire, s'interrogent sur la possibilité dans l'immédiat d'amener les adhérents à une conscience plus nette des problèmes politiques. D'autres s'inquiètent de l'engouement de certains pour la politique, y cherchant "un dérivatif à une action syndicale trop ingrate". D'autres encore, conscients du problème posé et du fait que « dans la présente situation française, le mouvement syndical paraît devoir jouer un rôle irremplaçable » [56], s'orientent vers la recherche d' "alliés" syndicaux en vue de résister à un coup de force.

"Reconstruction" de septembre 1957 a publié à ce propos une réflexion [57]. S'il est « hors de question de rechercher une unité d'action politique avec des organisations communistes », il est cependant des cas où « les circonstances l'imposent, sans laisser pratiquement de possibilités de choix », quand « un même agresseur s'attaque aux communistes, à tout le mouvement ouvrier, à la démocratie elle-même », par exemple en Espagne lors de l'insurrection franquiste. Là, l'exemple est "d'une clarté brutale", mais il existe des situations moins tranchées et la revue considère deux cas :

— Dans l'action pour la paix en Algérie pour des questions de *clarté* (conception particulière des communistes en ce qui concerne le droit des peuples à disposer d'eux-mêmes, comme l'a montré l'affaire hongroise) et *d'effi-*

---

55. Rapport au C.N., avril 1958, « action de la C.F.T.C. dans le domaine politique ».

56. Editorial *Reconstruction*, janvier-février 1958.

57. « 1917-1957 : Syndicalisme et communisme : problèmes de l'unité d'action ».

cacité (absence d'audience des communistes auprès des nationalistes nord- africains), l'action avec les communistes n'est pas envisagée.

En matière de défense des libertés, « étant donné le caractère totalitaire des régimes communistes, il est évident que la lutte pour ces libertés dans les régimes non communistes, aux côtés des communistes, implique et répand elle aussi une équivoque ». Mais dans ce cas l'étude de "Reconstruction" fait une différence entre le P.C., avec qui l'action commune est exclue, et la C.G.T. Si liée qu'elle soit au P.C., la C.G.T. est « une organisa-syndicale née et vivant de l'exercice des libertés qui sont les conditions d'existence de toute organisation syndi-cale ». Des syndicalistes non communistes peuvent donc reconnaître la « communauté de situation de tous les syndicats devant certaines menaces » et ils peuvent uti-liser cette situation commune pour donner aux comités éventuels un caractère intersyndical, et y imposer la reconnaissance des organisations. Mais toute action dans ce sens inclut auparavant la nécessité d'une concertation des organisations syndicales non communistes, C.F.T.C. et F.O. Cette dernière confédération ne se place évidem-ment pas dans une telle perspective et, au sein de la C.F.T.C., rares sont les organisations prêtes à accepter une action commune avec la C.G.T., de caractère autre que professionnel. On va le voir lors des événements de mai 1958.

Le 13 mai 1958 et ses suites

Les manifestations d'Alger, la prise du gouvernement général, l'appel à De Gaulle, la création des comités de salut public, le développement du complot gaulliste et l'impuissance du gouvernement Pflimlin, tous ces évé-nements conduisent la C.F.T.C. à se concerter non seule-ment avec F.O., mais aussi avec les partis, pour envisager les réactions possibles à un coup de force.

Le 15 mai, la C.F.T.C. est reçue par le comité directeur et le groupe parlementaire socialiste. Le 16 se tient au siège de F.O. une réunion regroupant F.O.-C.F.T.C.-F.E.N. et le comité directeur de la S.F.I.O. Le 17 mai, Guy Mollet, ministre d'Etat, reçoit sur sa demande une délégation C.F.T.C. qui note que "la panique semble régner dans son entourage". Le soir, une autre réunion regroupe les quatre protagonistes de la veille : F.O.-C.F.T.C.-F.E.N.-S.F.I.O. Le 21 mai, une délégation du bureau confédéral est reçue par le président du groupe parlementaire M.R.P. ; et le 25 mai, Brutelle, de la S.F.I.O., et Fonteneau, du M.R.P., demandent à être reçus par la direction confédérale en tant que représentants du "comité d'action pour la défense de la république". Par ailleurs, divers membres du bureau confédéral sont en contact durant toute la période de crise avec la S.F.I.O., le M.R.P., l'U.D.S.R. et même les indépendants. En outre, le 18 mai, trois membres du B.C. rencontrent Foccard, membre du cabinet de De Gaulle, désireux de leur donner des explications sur la déclaration faite le 15 mai. E. Descamps commente : il « nous assure que le général est, comme nous, pour la fin de la guerre d'Algérie. On parle même de décolonisation avec des nuances. Il est question de l'appel de Brazzaville. On nous rappelle que le général a été l'homme des nationalisations, de la Sécurité sociale, qu'on ne doit pas avoir d'inquiétudes au point de vue économique, au point de vue social » [58].

Divers communiqués sont publiés qui tous insistent sur le caractère de défense de la démocratie qui doit caractériser les positions et l'action des organisations C.F.T.C.

— Après la prise du gouvernement général à Alger, le 14 mai, le B.C. C.F.T.C. « fait appel au président de la République, au gouvernement, ainsi qu'aux forces politiques, civiques et sociales sincèrement attachées aux institutions démocratiques, afin que soient prises, de

---

58. *Militer*, Fayard, 1971, p. 185-186.

toute urgence, les mesures nécessaires pour la défense de la République ».

Le 17 mai, le B.C. souligne que si la C.F.T.C. a jeté dès les premières heures « toutes ses forces dans la lutte pour la défense de la démocratie », elle « n'entend pas pour autant sortir de sa ligne traditionnelle d'indépendance totale à l'égard de tout parti et de toute formation gouvernementale »...

Le 18 mai, F.O. et la C.F.T.C. « confirment qu'elles ne peuvent tenir pour valable qu'un gouvernement régulièrement formé selon les règles constitutionnelles et issu du jeu régulier des institutions républicaines ». Selon E. Descamps, Guy Mollet demande aux syndicalistes d'organiser une grève générale ; mais « nous ne sommes pas des marionnettes qu'on manœuvre avec des ficelles » [59].

La C.G.T. en ayant lancé une unilatéralement pour le 27 mai, le B.C. C.F.T.C. considère la veille que « la grève générale, par l'exploitation qui peut en être faite de tous côtés, ne constitue pas actuellement la forme la meilleure de défense de la République ». Aussi, en commun avec F.O., elle appelle pour le 28 mai à des manifestations dans les entreprises avec de courts arrêts de travail et, dans de nombreuses villes, la C.F.T.C. participe aux manifestations aux côtés des partis "démocratiques". A Paris, le défilé regroupe plusieurs centaines de milliers de participants. Pour ne pas diviser les salariés sur le lieu de travail, bâtiment et chimie C.F.T.C. appellent les syndicats à commencer l'action dès le 27.

Bien que le B.C. C.F.T.C. constate le lendemain que « le peuple de Paris et de province a répondu magnifiquement à l'appel que lui ont adressé pour le 28 mai un grand nombre d'organisations non communistes », les jeux sont faits. La grève lancée parallèlement par le S.G.E.N. et la F.E.N. le 30 mai n'y change rien et, le 1er juin, l'Assemblée investit le gouvernement De Gaulle.

---

59. E. Descamps, *op. cit.*, p. 185.

Revenant sur ces événements dans son rapport au congrès du bâtiment en 1960, A. Détraz écrit : « Même si on ne pouvait empêcher cette "subversion", il fallait la dénoncer : telle est pour notre fédération la justification de ses interventions et son action. Notre attitude nous paraît fondée sur un civisme et un esprit républicain qui répondent à une exigence vitale du syndicalisme non communiste dans la démocratie. »

Quant à E. Descamps, dans le rapport au congrès des métaux de septembre 1958, il considère que « devant la menace, ils (les travailleurs) auraient dû se dresser unanimes pour défendre leurs organisations syndicales, menacées à terme à travers l'offensive contre le régime. Il n'en fut rien, car les erreurs, les fautes, l'absence de courage et l'incapacité des parlementaires à remplir leur rôle de direction du pays, a provoqué un tel écœurement que les institutions elles-mêmes ont été discréditées. Dès lors les travailleurs ne se sont pas levés comme il l'aurait fallu pour les défendre, beaucoup de nos camarades nous accusant même de lutter pour les hommes que nous avions si souvent dénoncés, confondant ainsi le malade et la maladie, se débarrassant du premier pour arrêter les progrès de la seconde, alors que nos critiques et les pressions exercées durant des années visaient à redresser les institutions défaillantes » [60].

Lors du conseil confédéral du 14 juin 1958, Fleury (P.T.T.) déclare son désaccord avec les positions confédérales prises depuis le 13 mai, il regrette que beaucoup de jugements aient été prématurés. Il note combien la confusion est grande chez les adhérents entre la défense des institutions et celle des hommes au pouvoir. Quirin (Moselle), après avoir souligné que, dans son département, 95 % des adhérents n'ont pas suivi les consignes confédérales, déclare qu' « il ne faudrait pas que notre organisation risque de devenir le champ clos de discussions de partis politiques ».

---

60. Rapport moral, congrès des métaux C.F.T.C., 26-27 septembre 1958, p. 14.

Face au référendum constitutionnel, la C.F.T.C. « ne se reconnaît pas le droit de dicter aux travailleurs la réponse qu'ils ont à faire ». Elle les invite à réfléchir à trois questions : Un tel régime peut-il assurer la vie d'une démocratie politique ? Que propose-t-il en matière de démocratie économique et sociale ? Les dispositions libérales pour l'outre-mer permettront-elles de continuer l'aide, même aux états qui se voudront indépendants ?

Au sein de la centrale, tout en respectant les opinions de leurs adhérents dont le vote résultera d'un choix personnel, diverses fédérations émettent un jugement défavorable sur le projet de constitution ; c'est le cas du bâtiment, de la chimie, de la métallurgie et du S.G.E.N. ; c'est le cas aussi de l'U.D. de l'Isère...

Mais la période qui suit l'accession au pouvoir de De Gaulle est marquée par plusieurs tentatives visant à une sorte de reclassement politique. C'est d'abord la constitution de l'*Union des Forces démocratiques* (U.F.D.) ; ce regroupement est celui de l'opposition non communiste au nouveau gouvernement ; il rassemble des mendésistes, Mitterrand et ses amis de l'U.D.S.R., le parti socialiste autonome (P.S.A.), scission de la S.F.I.O., l'Union de la Gauche socialiste (U.G.S.) constituée en 1957 et la Jeune République. Des militants syndicalistes C.F.T.C. des groupes "Reconstruction" participent à cette fondation, mais n'y occupent aucun poste de responsabilité ; ils apportent au sein des instances du regroupement « les avis de responsables syndicaux libres de toute discipline autre que syndicale » ; ce qui permet au sein de l'U.F.D. un "travail commun sans confusion des rôles" [61].

Des difficultés naissent, quant à l'organisation de ce mouvement ; alors que certains comme Mendès, Mitterrand et leurs amis souhaitaient la création d'un véritable

_____
61. *Reconstruction*, septembre 1959.

parti, d'autres, U.G.S. et P.S.A., n'entendent pas être liés par une structure contraignante. Commentant les difficultés de l'U.F.D., J. Julliard écrivait : « Les discussions qui se déroulent depuis plusieurs mois apparaissent byzantines à beaucoup qui, n'appartenant à aucune des petites formations en présence, souhaitent néanmoins participer à l'élaboration de la gauche nouvelle. Le refus de l'unité signifie que chacune des parties contractantes n'a pas renoncé à réaliser autour d'elle et à son profit l'union de la gauche ». L'U.F.D. « risque dès lors de n'exister véritablement qu'au niveau des états majors » [62]. C'est en fait ce qui va se passer et cela constitue une déception de plus pour les syndicalistes qui s'étaient engagés en son sein. Lorsque le P.S.U. se constituera en avril 1960 (par fusion du P.S.A., de l'U.G.S. et de Tribune du communisme), certains militants C.F.T.C. s'y engageront, mais en regrettant que la possibilité d'un rassemblement plus vaste ait été manquée deux ans auparavant.

Plus éphémère est le "comité Branting" qui s'intitulera « comité d'action pour la démocratie », et qui regroupe des radicaux de toutes tendances, des socialistes S.F.I.O. (Pineau, Gazier, Jacquet), parfois aussi quelques M.R.P. et U.D.S.R., et qui se sont adjoints quelques hauts fonctionnaires et des syndicalistes F.E.N., F.O. et C.F.T.C. Les syndicalistes C.F.T.C. qui se sont aventurés, à titre d'observateurs, au sein du comité, en reviennent fort sceptiques. Haniquaut considère que « cette tentative lui apparaît comme une sorte de "syndicat de sortants" recherchant de nouvelles cautions ».

Mais la confédération risque d'être engagée de façon beaucoup plus nette dans un autre projet : celui du *rassemblement des forces démocratiques* (R.F.D.).

Hors séance, le conseil confédéral C.F.T.C. du 20 septembre 1958 est informé par le rapporteur A. Jeanson d'un projet de création d'un nouveau parti politique. Il s'agit de « l'initiative... amorcée par un groupe de jeunes militants, non engagés sur le terrain politique, apparte-

---

62. *Id.*, janvier-février 1959.

nant aux milieux de la C.F.T.C., du syndicalisme agricole, du journalisme, de l'université... ». Le rapporteur précise que leur but est de « combler le vide qui déséquilibre si dangereusement la vie politique française, du fait de l'absence d'un grand parti de centre gauche ayant des assises populaires solides dans les milieux ouvriers et paysans ». Pour ce faire, ils projettent « d'animer un parti très largement ouvert aux aspirations populaires, très au-delà de l'audience traditionnelle de ce qu'il est convenu d'appeler les "milieux démocrates chrétiens", et structuré sur des bases essentiellement ouvrières et paysannes et dirigé à tous les échelons par des responsables ouvriers et paysans ». Au moins 50 % des membres des différents organes de direction devraient être des représentants en nombre égal des milieux ouvriers et paysans. Théo Braun, vice-président de la confédération, « était pressenti pour prendre la tête de la future formation » [63].

« Cette création, précise le rapporteur, supposerait la disparition officielle du M.R.P.. » Il s'agit « d'un mouvement nouveau, d'une génération nouvelle, non marquée politiquement. Il peut avoir facilement un potentiel de cadres. C'est là, pour les travailleurs, la possibilité d'avoir un parti ». Et A. Jeanson pose la question « l'expérience vaut-elle d'être tentée », étant entendu que « Théo Braun est libre de s'engager, mais il a voulu auparavant avoir l'avis des camarades du Conseil confédéral. Il prendra ensuite sa décision, compte tenu des règles confédérales en matière de cumul » [64].

Dans la discussion qui s'instaure, quelques intervenants seulement apportent leur accord sans restriction, c'est le cas de Servoz (Haute-Savoie), qui considère que la solution proposée correspond "à un souci de la majorité de nos camarades". D'autres soulignent les risques pour l'organisation syndicale :

— danger d'écrémage des meilleurs militants, risque d'évasion vers des tâches qui apparaissent moins ingra-

63. *Lettre politique*, C.F.T.C., 17 octobre 1958.
64. P.V. du C.C. du 20 septembre 1958.

111

tes... (Haniquaut, agriculture ; Butet, cheminots ; Potot, Côte-d'Or) ;

— risque aussi de passer un contrat avec un seul parti (Sinjon) d'où la proposition de Descamps (métaux) : « Il conviendrait que la C.F.T.C. accepte de voir ses militants s'engager dans plusieurs formations. »

Des intervenants s'interrogent sur le caractère que pourrait prendre la nouvelle formation, compte tenu du poids de la clientèle électorale (Duvivier, Ile et Vilaine). Pour Caspard (S.G.E.N.), ne risque-t-on pas, dans la meilleure des hypothèses, de retomber sur l'ancienne clientèle M.R.P. ? Tandis que pour Mathevet (Loire), l'unique voie proposée par Jeanson lui paraît se limiter à un "plus grand M.R.P.".

Enfin certains, sans refuser une telle hypothèse, considèrent qu'elle ne peut s'envisager qu'à long terme, après un effort persévérant de formation, d'éducation politique afin d'éviter tous les dangers que ferait courir une décision précipitée (Declercq, Loire Inférieure ; Butet, cheminots ; Duvivier, Ile et Vilaine) [65].

La lettre politique du 17 octobre 1958 annonce que « Théo Braun et ses amis ont décidé de ne pas poursuivre plus avant leur projet ». Commentant cet échec, A. Détraz et P. Vignaux écrivent : « Un trop long effort d'indépendance, poursuivi notamment depuis la Libération, a été accompli à la C.F.T.C. pour que la plupart des dirigeants le sacrifient à une opération de replatrage du M.R.P., sur une base électorale bien connue et donnant par avance une caution syndicale à une formation politique » [66].

A l'heure des actions pour la paix en Algérie

C'est à partir de 1960 que ces actions tendent à se développer, révélant au sein de la C.F.T.C. des divergen-

65. P.V. du C.C. du 20 septembre 1958.
66. *Reconstruction*, novembre 1958.

ces quant aux partenaires recherchés pour l'efficacité de ces actions.

Alors que certaines fédérations — chimie, S.G.E.N. — réclament la constitution d'un "front syndical commun", c'est-à-dire « une volonté permanente de consultation entre les organisations syndicales dès que les circonstances paraissent exiger l'action commune » [67], tandis qu'au niveau de certaines U.D. (Isère, Loire Inférieure, Union régionale parisienne, Puy-de-Dôme, Loire, Bouches-du-Rhône...) ce front syndical s'organise avec un éventail plus ou moins large, la confédération n'entend pas se laisser engager dans un processus incluant une action continue aux côtés de la C.G.T. sur des problèmes politiques. Elle se borne à des actions ou contacts lorsque se posent des problèmes particulièrement aigus. C'est le cas lors de la grève organisée pour réagir contre la "semaine de barricades" à Alger, en janvier 1960, pour la journée du 27 octobre 1960, où elle répond à l'appel de l'U.N.E.F. En avril 1961, c'est la grève pour contrer le putsch des généraux, le 19 décembre 1961, l'arrêt de travail et les manifestations communes contre l'O.A.S., et enfin en février 1962, la réaction commune de protestation contre l'action meurtrière de la police parisienne au métro Charonne. Plusieurs de ces manifestations reçoivent l'appui des partis, notamment du P.C. et du P.S.U.

Mais pour éviter de se retrouver seule face au P.C. et à la C.G.T., la confédération s'efforce dans le même temps de multiplier ses contacts avec les organisations syndicales autres que la C.G.T., et avec les partis non communistes.

C'est ainsi qu'au B.C. du 13 janvier 1961, A. Jeanson fait part des différents contacts pris par le secteur politique tant avec des organisations syndicales qu'avec des partis politiques ; il s'agit d'une part de F.O., de la F.E.N., du C.N.J.A. (centre national des jeunes agriculteurs) et d'autre part de la S.F.I.O., du parti républicain

---

67. *Id.*, mars 1962.

radical et radical socialiste et de divers "groupuscules" : indépendants de gauche, socialistes indépendants, union démocratique du travail (gaullistes de gauche). Il souligne qu'une déclaration commune est en préparation concernant l'Algérie et qu'il importe de publier un texte signé par les organisations syndicales, les partis s'y associant ensuite. Par ailleurs, la C.F.T.C. s'efforce d'élargir l'éventail des partis en y adjoignant le P.S.U. et le M.R.P. Malgré l'opposition de Quirin et d'Espéret qui souhaitent que la C.F.T.C. ne se mêle pas aux partis afin de conserver son audience, le B.C. décide de poursuivre les discussions et, le 19 janvier, paraît un texte mettant l'accent davantage sur "les garanties à apporter aux minorités" pour le règlement de la question algérienne que sur la négociation.

Dans la présentation de la déclaration, syndicats et partis ne sont pas mêlés, mais la C.F.T.C. n'a pu obtenir de ses partenaires l'élargissement au P.S.U. et au M.R.P. Lors du conseil confédéral du 24 février 1961, Marion (Chimie) parle à ce propos d'une opération S.F.I.O. à but électoral, le parti recherchant une assise et un soutien ouvrier aussi large que possible ; M. Gonin (airguerre) regrette le petit nombre de partis représentés.

Tandis que *L'Humanité* dénonce dans cette déclaration « une nouvelle opération "3e force" lancée par Guy Mollet, les dirigeants de la F.E.N. et ceux de plusieurs autres organisations », *Le Populaire* rapporte une intervention de Guy Mollet devant l'assemblée annuelle des maires socialistes. « Il faut, disait-il, insister sur l'importance de la déclaration signée récemment par les syndicats, les partis, les mouvements de la gauche démocratique » ; et il ajoutait : « Ce regroupement déborde d'ailleurs le problème algérien, puisque sont étudiées, par exemple, la question du pouvoir d'achat ou celle des institutions... »[68]

Pour A. Jeanson, cet accord est important ; « pour la première fois depuis des années », on a pu réaliser

_____

68. *Le Populaire*, 31 janvier 1961.

"dans un domaine politique" une conjonction des centrales F.O. et C.F.T.C. avec la F.E.N. et les jeunes agriculteurs ; c'est là un « pas décisif ». Quant à la présence des partis, il explique : « Nous travaillons à un rapprochement des organisations syndicales, comme nous pensons devoir le faire. Nous souhaitons qu'un phénomène analogue se développe au niveau politique ; nous regrettons que, dans le cas qui nous occupe, l'éventail ait été aussi restreint »[69].

A ce propos, "Reconstruction" de février 1961 juge bon de rappeler la résolution minoritaire du congrès de 1953 qui, sur les rapports du syndicalisme avec la politique, demandait d' « éviter que l'action confédérale paraisse se confondre avec celle d'un parti ou d'une coalition de partis, sans limiter pour autant l'effort pour accroître la capacité politique des salariés et susciter les mouvements d'opinion indispensables au réveil de la démocratie ».

Lors du putsch d'avril 1961, se retrouvent au siège de la S.F.I.O. les signataires de la déclaration du 19 janvier, avec en plus l'U.N.E.F. et le P.S.U., mais il n'en sort aucun communiqué.

Lors du congrès C.F.T.C., en juin 1961, soixante-cinq syndicats présentent dès l'ouverture un projet sur « les responsabilités du syndicalisme dans la défense et le développement de la démocratie française ». Trois délégués de ces organisations, Vignaux (S.G.E.N.), Declercq (métaux, Nantes) et E. Maire (chimie, Paris) vont alors constituer, avec trois responsables confédéraux, Jeanson, Espéret et Braun, qui ont de leur côté élaboré un projet sur ce thème, une commission qui rédigera le texte définitif que le congrès adoptera.

On peut lire dans le texte adopté : « Réaffirmant qu'une centrale syndicale a le droit de faire prendre conscience par l'opinion publique des exigences d'une vie démocratique réelle, le congrès de la C.F.T.C. précise que cette action exige une pratique rigoureuse et mani-

---

69. Interview à *France Observateur*, 9 février 1961.

feste de l'indépendance syndicale, à l'égard des détenteurs du pouvoir politique, des responsables de la dégradation des institutions républicaines antérieure au 13 mai, comme à l'égard de tout parti politique ». Pour qui sait lire, le texte est clair, la C.F.T.C. ne saurait fournir aux sortants de la IVᵉ République, et notamment à Guy Mollet, une base d'appui.

Le "dîner de l'Alma" et les réactions

Au lendemain du congrès C.F.T.C., "Reconstruction", qui depuis deux ans développe l'idée du "front syndical" pour la lutte contre la guerre d'Algérie, et y voit un moyen d'éviter la création de "comités antifascistes" aux mains des communistes et de leurs alliés, appelle l'attention des syndicalistes non communistes sur leurs responsabilités : « Leur abstention ou leur timidité peuvent permettre aux communistes d'animer paradoxalement la lutte pour les libertés ; les non communistes doivent d'autant plus assumer leur responsabilité en la matière qu'en développant l'exigence de démocratie, politique et industrielle, dans le combat contre la "réaction", ils lui donnent plus de force à l'égard même du régime futur » [70].

Pourtant, au sein de la confédération, tout en constatant l'urgence d'une action de lutte pour la paix et contre l'O.A.S., on refuse toujours le front syndical commun. Le C.C.N. d'octobre envisage une journée d'action de la seule C.F.T.C., et une motion demandant que cette action soit concertée avec la C.G.T. recueille 35 % des mandats. R. Duvivier (union régionale parisienne) qui soutient ce point de vue déclare : « Si par malheur nous entrions, dans le moment présent, dans la voie de l'anticommunisme, nous ferions le jeu des fascistes de l'O.A.S., pour qui l'arme principale sur l'opinion publique est

---

70. « Unité d'action », août 1961, p. VII 3.

précisément cet anticommunisme et nous accélérerions le processus de fascisation du pays. »

Quant à C. Bouret (union régionale parisienne), après avoir fait allusion à "l'Etat français" qui se prépare dans les camps de concentration (dits de regroupement), dans les commissariats où l'on torture, dans les rues de Paris où l'on assassine les Algériens, il déclare : « C'est sur ce front qu'il faut barrer la route au fascisme et non en parlotant avec M. Guy Mollet qui a institutionnalisé la torture en Algérie et qui ne révoquerait M. Papon que pour mettre son ami Lacoste à la place »... [71].

Lors du conseil confédéral du 15 décembre 1961, alors que se prépare la journée d'action du 19 décembre, après des appels parallèles de la C.T.F.C., de la C.G.T., de la F.E.N. et de l'U.N.E.F., M. Gonin souligne combien dans les circonstances actuelles, l'action commune avec le P.C. et la C.G.T. est inévitable. « La F.E.N. n'est pas sûre, F.O. ne viendra à l'action commune que sur une pression de la base. Vis-à-vis du M.R.P. et de la S.F.I.O., nous ne pouvons que tirer l'échelle » [72].

Pourtant, le 6 janvier 1962, à la table de P. Uri, place de l'Alma, se retrouvent trois syndicalistes, Levard, de la C.F.T.C., Bothereau, de F.O., Debatisse, des jeunes agriculteurs, en face de représentants des partis de la IVᵉ République, Pinay (indépendants), G. Mollet (S.F.I.O.), Maurice Faure (radicaux) et Colin (M.R.P.). La presse s'empare aussitôt de cette information et l'on y voit une sorte de caution des syndicalistes au gouvernement d'"union nationale" préconisé par G. Mollet comme solution de rechange à De Gaulle. G. Levard est conduit à préciser qu'il ne s'agissait que « de se tenir exactement informé de l'évolution politique du pays », à l'occasion d' « un simple échange de vues et sans qu'il soit question d'un quelconque engagement de la part de la C.F.T.C. ».

Mais l'émotion est grande au sein de la centrale. Le

71. Cité dans *Reconstruction*, septembre-octobre 1961, p. 124.
72. P.V. du C.C.

B.C. est amené à demander que le président et le secrétaire général ne soient pas engagés dans les contacts qui peuvent être exploités. Le bureau national du S.G.E.N. formule deux exigences :

— Refus d'apporter une caution syndicale aux hommes politiques responsables depuis le 6 février 1956 de la prolongation et des méthodes de la guerre d'Algérie, de la dégradation corrélative de l'Etat et de la conscience publique...

— Dans l'hypothèse d'une vacance du pouvoir, refus d'appuyer le projet d'un gouvernement sans autre programme que de "maintenir l'Etat".

Mais la réaction la plus dure vient de la fédération C.F.T.C. de la chimie, qui publie un communiqué suivi d'un article d'E. Maire dans le journal fédéral. Celui-ci, après avoir souligné la liquéfaction de l'Etat, s'inquiète de ceux qui veulent combler le vide politique : « Ils se présentent pour le combler : Mollet, Maurice Faure, Simonnet, Pinay, c'est-à-dire la S.F.I.O., les radicaux, le M.R.P. et les "indépendants", voilà la recette d'avenir ! Ils ont trompé leurs électeurs des années durant, ils sont parmi les principaux responsables de la décomposition de la IV° République... Ils ont conduit la France à la dégradation présente en faisant le lit du régime du pouvoir personnel, en déclenchant le processus de restriction des libertés, en ouvrant la porte au fascisme... » Répondant à l'objection « cette coalition ne vaut-elle pas mieux que le fascisme », il poursuit : « Le danger commence à partir du moment où certains, dont la seule doctrine est l'anticommunisme, grossissent à plaisir le danger communiste pour faire l' "Union nationale" entre les extrémistes ; en fait, dans les circonstances actuelles, ils sont prêts, soit à traiter avec l'O.A.S. pour mieux éliminer le P.C. et les organisations satellites, soit à partager l'Algérie... » Et E. Maire conclut : « Pour notre part, nous préconisons la constitution d'un front syndical sans exclusive, capable, dans le discrédit où sont placés les partis politiques, d'imprimer la force nécessaire à la riposte populaire. Si les partis, quels qu'ils soient, décident d'appuyer le mouvement syndical, nous ne pourrons que nous en réjouir »...[73].

Entre temps, une autre tentative s'était soldée par un échec. Début janvier, le secrétaire général du S.N.I., Denis Forestier, réunissait la C.F.T.C., F.O., l'U.N.E.F. et la F.E.N. avec la S.F.I.O., le P.S.U. et les radicaux. L'accord ne put se faire sur les problèmes des rapports avec la C.G.T. et le P.C. ; en effet, la S.F.I.O. et F.O. refusaient que l'organisme créé et appuyé par toutes ces organisations non communistes, soit habilité à « prendre des contacts avec les organisations ayant des buts parallèles ». Le P.S.U., soutenu par la C.F.T.C. et la F.E.N., ne pouvait envisager une participation dans ces conditions, et les réunions se terminèrent sans résultat.

D'où le 29 janvier 1962 une violente diatribe de Guy Mollet contre le P.S.U. représenté par A. Savary et la C.F.T.C. représentée par A. Détraz. Le leader S.F.I.O. dénonce ceux qui veulent empêcher « le regroupement de la gauche authentique » et « utiliser la menace de l'O.A.S. pour dédouaner le parti communiste ». Après avoir critiqué le P.S.U., il passe à la critique de la C.F.T.C. dans laquelle le P.S.U. a "pénétré", et "sérieusement". Et il explique que « déchirés par des mouvements contradictoires, les représentants de la C.F.T.C. au Comité de la gauche démocratique firent savoir qu'il leur serait difficile de continuer à travailler en l'absence du P.S.U. Il faut noter d'ailleurs que parmi les délégués de la C.F.T.C. ayant participé aux discussions se trouve Albert Détraz, dont les liens avec le P.S.U. sont bien connus »[74]. G. Mollet ne se gêne donc pas, lorsqu'on n'est pas d'accord avec lui pour lancer des accusations sans preuves et mettre en cause l'indépendance des syndicalistes.

Ces divers épisodes vont renforcer au sein de la C.F.T.C. la tendance au dégagement vis-à-vis des formations politiques.

---

73. *La vie des industries chimiques*, n° 75, février 1962.
74. Cité par *Reconstruction*, mars 1962, p. VI-10.

F.O. : *le communisme adversaire principal*

De 1956 à 1962, l'une des obsessions de F.O., c'est d'éviter la formation d'un Front populaire. Ceci est manifeste, aussi bien au lendemain des élections du 2 janvier 1956, lorsque se constitue le gouvernement de front républicain, qu'au cours des divers épisodes qui marquent l'affaire algérienne et qui font courir des risques certains à la démocratie. Opposée aux factieux, la confédération n'entend pas pour autant s'engager dans un processus de formation d'un front antifasciste ou d'un front syndical commun qui, à son avis, ne seraient que l'antichambre de la démocratie populaire. D'où son acceptation du gouvernement De Gaulle comme un moindre mal et les convergences certaines avec la S.F.I.O. qui tout au long de la période a sensiblement la même attitude.

Face à l'impuissance des partis qui marque la fin de la IVᵉ République, certains, à F.O., envisagent en 1956 de leur redonner un sang neuf en impulsant leur action grâce à un regroupement syndical qui interviendrait directement dans le champ politique, en fonction d'un programme débattu auparavant entre organisations syndicales et politiques ; c'est l'idée d'une sorte de "travaillisme" que la C.G.T.-F.O. va repousser, suite à divers débats qui marquent l'année 1956.

Quand il est question de "travaillisme"

Le C.C.N. de F.O. des 5 et 6 mai 1956, ainsi que le congrès confédéral d'octobre 1956, sont appelés à débattre du "travaillisme".

Demain, hebdomadaire récemment fondé de la "gauche européenne", avait au cours des mois de mars et avril 1956 présenté le C.C.N. de mai à Amiens comme le point de départ d'un renouvellement du syndicalisme, grâce à une révision de la "charte d'Amiens" de 1906, permettant la constitution ultérieure d'un rassemblement "travailliste".

L'un des promoteurs de cette idée, c'était R. Richard, responsable de la fédération des ingénieurs et cadres, qui entendait proposer au C.C.N., après avoir proclamé « son attachement au principe de l'indépendance du syndicalisme », d'affirmer que ce « syndicalisme moderne, revendicatif et constructif... doit orienter et contrôler l'action des législateurs... La gravité de la situation lui commande également de créer d'extrême urgence les conditions de rassemblement des organisations et des hommes libres sur des bases économiques et sociales communes... Ce syndicalisme devra stimuler le pouvoir politique et lui faire prendre des engagements formels sur la base de ce programme commun. Si nécessaire, il devra le contraindre à le réaliser ».

Présentant son projet lors du C.C.N. d'Amiens, R. Richard parle "d'actualiser" et non de "renier" la charte d'Amiens. Il se réfère aux expériences britannique et suédoise, ainsi qu'au "service politique" mis en place par les syndicats américains. Il souligne qu'il n'est pas question de subordonner le syndicat au parti, mais de "renforcer le syndicat pour contrôler et influencer l'action politique". Il considère qu'il « n'est pas chimérique de tendre la main à d'autres organisations, telles que la C.F.T.C. », et préconise « un comité permanent d'action politique qui, sur une base confédérale, puis interconfédérale, préfigurerait un regroupement où les syndicats libres, loin de se mettre à la remorque des partis, les entraîneraient, au contraire » [75].

Cette perspective était envisagée avec faveur par des personnalités M.R.P., telle R. Lecourt qui écrivait en mars : « Il est au sein de l'Assemblée des forces disponibles pour l'action, pour la conciliation, pour les réformes. Le syndicalisme libre n'est pas sans moyens pour les contraindre à se révéler » [76].

---

75. *Force Ouvrière*, 10 mai 1956.
76. Revue *Recherches*, mars 1956.

Lors du C.C.N., divers orateurs se déclarent favorables à l'idée d'un "travaillisme". C'est le cas de Faesch (U.D. du Haut-Rhin), de Vardelle (U.D. de la Haute-Vienne), etc. Mais le moins que l'on puisse dire, c'est que les partisans de la formule ne se sont pas mis d'accord sur l'étendue du regroupement qu'ils envisagent. Ainsi, alors que Richard parle de la C.F.T.C., Lapeyrade, secrétaire général de l'U.D. de la Charente-Maritime, après avoir évoqué « les possibilités d'un regroupement de tous les démocrates, de tous les républicains, pour promouvoir la mise sur pied d'une grande organisation... » souligne que le "syndicalisme libre", c'est celui qui n'est "inféodé ni à Moscou, ni à Rome — traduisez qui n'est ni la C.G.T., ni la C.F.T.C." — et il assigne à ce regroupement "la défense des institutions laïques et républicaines" [77].

Si quelques U.D. sont favorables au travaillisme, la plupart des organisations vont affirmer leur opposition. B. Abadie, de l'U.D. de Haute-Garonne, écrit : « Il y a deux ou trois ans, c'était le "Front démocratique et social", aujourd'hui c'est le travaillisme qui est cause d'insomnie aux mendésistes morts-nés » [78].

Riquier (U.D. Somme) a l'impression que ceux qui préconisent un amalgame ou des alliances ont « perdu la foi dans le syndicalisme, c'est ce qui les incite à chercher une nouvelle formule ». Pour Sidro (employés) le mouvement syndical est "seul capable de renouveler la société", tandis qu'Hébert (Loire Inférieure) rappelle que si la charte d'Amiens a cinquante ans et est "une vieille dame", le "guesdisme est aussi âgé", soulignant par là que c'est un nouvel avatar du guesdisme que l'on propose, une nouvelle inféodation du syndicat au parti.

Il ne s'agit nullement de nier la nécessité des rapports avec les hommes politiques, estime Le Bourre : « Avons-nous refusé tout contact avec des parlementaires, avec des partis, quand la nécessité de l'action s'en

77. Tribune libre, *Force Ouvrière*, 19 avril 1956.
78. *Force Ouvrière*, 3 mai 1956.

faisait sentir ? Non, nous n'allons pas jusqu'à l'inconscience, mais de grâce, ne touchez pas à notre indépendance... »

Quant à Bothereau, il ne croit pas « qu'il y ait des "travaillistes" à F.O. Le travaillisme c'est un mouvement syndical qui supporte un parti politique, comme le T.U.C. anglais, par exemple. Il y a une autre forme, inverse celle-là, c'est le bolchevisme »... « Vous cherchez une voie entre les deux ? Vous cherchez les moyens de renforcer l'action syndicale. »

... Et affirmant le devoir de "rester indépendants", il regrette que des propositions concrètes correspondant à la situation présente n'aient pas été formulées.

Renvoyant le problème de la révision des statuts au congrès, la majorité du C.C.N., à l'appel de Sidro, confirme sa fidélité à la charte d'Amiens, en adoptant une motion complémentaire où il est affirmé « que restent valables les principes conformes à l'esprit de la charte d'Amiens » :

— « le syndicat reste le groupement essentiel de la classe ouvrière ;

— le syndiqué peut participer, en dehors du groupement corporatif, à telles formes de luttes correspondant à sa conception philosophique ou politique ;

— l'émancipation des travailleurs sera l'œuvre des travailleurs eux-mêmes... ».

« Si telles actions communes, alliances ou contacts peuvent être envisagés avec d'autres groupements, compte tenu de circonstances particulières ou de données géographiques, cela ne peut être fait que dans la plénitude de la souveraineté du syndicat »[79]

La discussion reprendra lors du congrès confédéral d'octobre et une majorité se dégagera pour refuser toute modification des statuts allant dans le sens du travaillisme : pour le maintien du texte actuel 6.065, contre 3.556, abstentions 330.

---

79. Compte-rendu du C.C.N., *Force Ouvrière*, 10 mai 1956.

Le secrétaire général de l'U.D. de la Charente Maritime écrivait en octobre 1956 [80] : « Il est incontestable que plus de 75 % des militants de Force Ouvrière appartiennent au parti S.F.I.O. et que ces militants sont en même temps des militants du parti S.F.I.O. Il est non moins incontestable que des essais de mainmise ont été opérés par nos camarades du parti S.F.I.O. sur notre organisation syndicale, surtout à l'échelle des U.D. Les réactions ont été très vives, car les militants syndicalistes ne veulent pas que la politique puisse prévaloir sur le syndical et que les militants puissent se servir du syndical comme tremplin politique. »

A l'heure où, au début de 1956, la S.F.I.O. avec Guy Mollet arrive au pouvoir, il nous faut donc considérer l'attitude de F.O. vis-à-vis du gouvernement, à direction socialiste. Avant même l'investiture, Bothereau souligne le danger de trop attendre d'une action politique : « L'erreur que pourrait commettre la masse ouvrière serait de croire désormais l'action syndicale inutile et de trop attendre des dons de joyeux avènement d'une nouvelle législature et d'un nouveau gouvernement. La revendication n'a pas plus aujourd'hui qu'hier, à être politisée » [81].

Et au lendemain de l'investiture de Guy Mollet, le secrétaire général de F.O. précise ce qu'il attend du nouveau gouvernement. Le syndicalisme « ne demande pas que le pouvoir se substitue à lui dans cette tâche (obtenir des avantages pour les travailleurs). Il ne le souhaite même pas. Ce qu'il espère du pouvoir, c'est que celui-ci veille au cadre économique, financier, fiscal dans lequel le syndicalisme pourra continuer son action propre » [82].

Début avril, la presse ayant prêté au gouvernement l'intention de réaliser un certain nombre de réformes, Bothereau écrit : « Sûrement n'aurons-nous qu'à nous

---

80. Tribune libre, *Force Ouvrière*, 4 octobre 1956.
81. *Id.*, 26 janvier 1956.
82. *Id.*, 2 février 1956.

louer de ces initiatives... Si ces réformes viennent à terme, une page intéressante de la vie sociale aura été écrite. » Mais il ajoute aussitôt que les initiatives des pouvoirs publics « ne doivent pas faire oublier au syndicalisme qu'il est né pour un rôle actif et qu'il n'est pas destiné à se contenter de celui, passif, de simple spectateur » [83].

La confédération va être fréquemment consultée par le gouvernement et, à plusieurs reprises, ses dirigeants notent des convergences entre les projets gouvernementaux et les propositions de F.O. « Les projets en cause reprennent en gros un morceau des idées d'amélioration et de réformes incluses dans les résolutions des congrès confédéraux et des C.C.N. F.O. » [84].

Quant au projet des mesures anti-inflationnistes d'août 1956, il correspond, « à des nuances importantes près », à ce que « la C.E. avait préconisé dans la gamme des mesures à prendre pour stopper l'inflation menaçante » [85].

Toutefois, il y a une "différence d'approche sensible" (Bergounioux) entre le gouvernement à direction socialiste et F.O. Ainsi, « les tentatives de A. Gazier, ministre des Affaires sociales, pour instituer une sorte de contrat, mettant d'un côté les promesses du gouvernement et de l'autre les engagements syndicaux, se heurtèrent au refus de la C.G.T.-F.O. » [86].

De même les fonctionnaires F.O. vont se déclarer très déçus des mesures gouvernementales concernant la fonction publique ; l'arrivée à la tête du gouvernement de leurs défenseurs traditionnels leur avait fait espérer beaucoup mieux

Et Bothereau écrivait en octobre 1956 : « Un mécontentement extrême s'est fait jour chez nos camarades F.O. de la fonction publique. Aussi bien convenait-il que des contacts directs s'instituent "à l'échelon le plus

83. *Id.*, 5 avril 1956.
84. *Id.*, Bothereau, 19 avril 1956.
85. *Id.*, 9 août 1956.
86. Bergounioux, *op. cit.*, p. 149.

125

élevé", c'est-à-dire avec le Président du conseil lui-même » [87].

Mais c'est surtout l'incapacité du gouvernement de G. Mollet à maîtriser l'inflation, les manipulations de l'indice des prix, qui vont provoquer des réactions défavorables au sein de la centrale. Dans des tribunes libres du journal confédéral, s'affrontent ceux qui accusent le gouvernement et ceux qui le défendent. En mai 1957, sous le titre "socialisme et gouvernement", G. Tharreau ne discerne pas de changement : « Cela nous amène à penser que, de plus en plus, l'action syndicale doit se distinguer de toutes les politiques, passées, présentes et même à venir » [88]. En janvier 1957, A. Denis parle de « triste socialisme qui retire d'une main ce qu'il donne de l'autre ». Ce qui amène une réponse de J. Lapeyrade : « Je dirai que vouloir faire porter au gouvernement à direction socialiste, qui n'est qu'un gouvernement où les socialistes ne sont pas la majorité, tous les maux qui se sont abattus sur la nation depuis les dernières élections législatives est une gageure dans laquelle je ne m'engagerai pas » [89].

Même au niveau des dirigeants confédéraux, la déception s'exprime sous des formes diverses ; douce amère chez Bothereau qui, le 4 avril 1957, écrit : « Les pronostics que nous pouvons faire nous tiennent pour l'heure loin des perspectives d'un nouveau Matignon de progrès social et d'un 4 août où tombèrent les privilèges sur l'autel de la patrie » [90] ; plus sévère chez Lafond qui, au lendemain de la chute de Guy Mollet, dresse le bilan : « Le gouvernement Guy Mollet eût, en vain, cherché dans l'héritage de ses prédécesseurs une politique économique et financière correspondant à l'évolution de la situation. L'héritage qu'il a laissé n'en comporte pas davantage. Le déficit budgétaire s'est accru au point de crever tous les plafonds, le déficit de la balance des

---

87. *Force Ouvrière*, 11 octobre 1956.
88. *Id.*, 23 mai 1957.
89. *Id.*, 24 janvier 1957.
90. *Id.*, 4 avril 1957.

échanges s'est aggravé au point de liquider toutes les devises »... [91].

Toutefois, certains s'interrogent sur l'attitude de F.O. vis-à-vis d'un gouvernement à direction socialiste. Ainsi lors du C.C.N. de mai 1957, Dehove (U.D. de Seine Maritime) déclare : « Nos camarades pensent que l'appareil confédéral ne bouge pas parce que le gouvernement est socialiste » ; et Peeters (U.D. de Meurthe et Moselle) s'inquiète : « Les conversations engagées entre le Bureau confédéral et la présidence donnent l'impression qu'on règle les problèmes sociaux de cette façon » [92].

"Entre la réaction et l'aventure"

Telle est la place que la C.G.T.-F.O. s'assigne depuis sa naissance et qui, dans la période 1947-1955, la situe dans la mouvance de la "troisième force". Cette situation ne change pas au cours de la période que nous examinons et, en fait, la crainte qui reste constante, même au moment où les factions algériennes menacent la légalité républicaine, c'est celle de "l'aventure", c'est-à-dire du communisme.

Elle est nette dès les lendemains de l'élection du 2 janvier 1956. Le 12 janvier, Bothereau écrit : « Parmi les élus, un groupe de cent cinquante députés (les communistes) professe une idéologie hors des conceptions que nous avons des droits de l'homme et du respect de la démocratie. Accessoirement, ils n'ont pas du rôle du syndicalisme et des pratiques syndicales les opinions qui sont les nôtres et que, contre eux et contre le fascisme, le syndicalisme libre a toujours défendu. De même, tout syndicaliste, comme quiconque, sait qu'une cinquantaine d'autres élus (les poujadistes) s'installent au Parlement dans des conditions bien particulières, dont le moins qu'on puisse dire est qu'elles ne donnent pas

---

91. *Id.*, 27 juin 1957.
92. *Id.*, 16 mai 1957.

127

toutes les garanties quant à leur attachement aux institutions parlementaires et au régime démocratique... » En conséquence, le secrétaire général de F.O. s'inquiète des affrontements sur les bancs de l'Assemblée entre les défenseurs et les adversaires des institutions démocratiques [93]. Dans le même numéro de "Force Ouvrière", Rose Etienne s'interroge sur la possibilité de dégager une majorité. « Le Front républicain a fait acte de candidature... Mais sera-t-il seul ? Il est assuré d'avance (dixit Cachin) de l'appui des voix communistes. De là au Front populaire pour lequel la campagne communiste est déjà engagée, on voit la manœuvre. Nous ne sommes pas d'accord. » Mais si le front républicain repousse le Front populaire, pourra-t-il gouverner seul ? En tout cas la C.E. de F.O. prend nettement position contre tout Front populaire. « Egalement préoccupée de la défense des libertés publiques et de la marche du progrès social, et convaincue que les formules de Front populaire et d'unité d'action les menacent l'une et l'autre — estimant de même intolérables les pratiques du poujadisme, néofascisme qui ne s'avoue pas ou qui s'ignore — la C.E. confédérale qui veut voir écarter tout danger de création d'une démocratie populaire souhaite que se dégage de l'Assemblée nationale une ligne politique saine, au service du progrès social et des libertés humaines » [94].

Et Bothereau quelques jours plus tard dénonce la campagne cégétiste en matière d'unité d'action, campagne qui vise tout particulièrement F.O. : « Je dirai d'abord que le plus grand des dangers est celui qui pèse sur les libertés. Les cégétistes continuent et ils continueront de vouloir jeter sur nous le voile de l'unité d'action... La tactique unitaire, hier encore à peu près circonscrite au champ syndical, va donc maintenant s'étendre à l'arène politique. Nous penserons des élus : pourvu qu'ils tiennent ! » [95]

---

93. *Id.*, 12 janvier 1956.
94. *Id.*, 19 janvier 1956.
95. *Id.*, 26 janvier 1956.

A la veille de mai 1958, alors que le gouvernement Gaillard se révèle incapable de surmonter les problèmes posés par la poursuite de la guerre d'Algérie, Le Bourre dénonce "l'incapacité gouvernementale" qui "conduit à l'aventure". Pour lui "la France est au bord de l'abîme" et "les vautours de la C.G.T. sont prêts à la curée". Il explique comment il imagine le scénario : « Quand le désordre aura atteint ses objectifs, on proclamera la patrie en danger et on tendra la main à tous les jobards, y compris aux catholiques — comme en 1936 — et gaiement on préparera les défilés où tous les "fils du Peuple" se retrouveront sous le signe d'un Front populaire, à la sauce tartare » [96].

Ayant reçu à l'époque une lettre de M. Thorez, pour la première fois depuis la fondation de F.O., Bothereau écrit à propos des communistes qui crient "au loup" : « S'ils étaient assez convaincants et si nous étions par trop naïfs, lui (Thorez) et ses amis se trouveraient classés avec les démocrates et placés en leur rang » [97].

Dans ces conditions, il n'est pas étonnant qu'à la suite du 13 mai 1958, tout en condamnant fermement la subversion et en proclamant son attachement au libre jeu des institutions démocratiques, F.O. refuse toute action commune avec le P.C. ou la C.G.T. et dénonce le risque d'une prise de pouvoir par les communistes à la faveur des événements.

Le 16 mai, F.O. considère que la déclaration de De Gaulle a eu pour conséquence de durcir la rébellion algérienne et de susciter en métropole une réaction de défense républicaine que la C.G.T. et le P.C. s'efforcent d'exaspérer pour en tirer bénéfice [98].

Le 17 mai, le B.C. et la C.E. se félicitent du comportement des organisations F.O. qui « s'en tiennent strictement au soutien résolu du pouvoir légitime, "entre la réaction et l'aventure", pour reprendre une expression qui définit ce que fut et ce que reste notre ligne de

---

96. *Id.*, 13 mars 1958.
97. *Id.*, 27 mars 1958.
98. *Id.*, 22 mai 1958.

conduite confédérale. Cette ligne sera d'autant mieux suivie que nos camarades, s'éloignant des alliances "antifascistes" hasardeuses, s'en tiendront à des relations syndicales libres » [99].

C'est au nom du refus de ce type d'alliance que F.O. refuse la grève générale lancée pour le 26 mai par la C.G.T., même si le groupement parlementaire S.F.I.O., aussitôt démenti par le comité directeur du parti, émet le vœu que « soit favorisé au maximum le succès de la mobilisation lancée par la grève de la C.G.T. ». Au cours de cette quinzaine, la direction confédérale rencontrera à plusieurs reprises des dirigeants socialistes. Le rapport au C.C.N. d'octobre 1958, analysant les causes de la crise du système, remonte au delà du déclenchement de la guerre d'Algérie : « La France convoitée depuis longtemps par le communisme russe, pour elle-même, mais surtout pour les positions importantes qu'elle occupe dans le monde, a vu ses institutions s'affaiblir du fait de la place que le communisme français — cinquième colonne du soviétisme — occupe dans les Assemblées et dans certains postes importants des administrations de l'Etat et services publics, du fait aussi de la présence aux Assemblées et de l'existence dans le pays d'une aile droite dépourvue de sens civique et parfois de sens commun et groupée récemment sous l'étiquette du poujadisme... Une nation ainsi déséquilibrée et affaiblie dans ses pouvoirs délibérants... devait nécessairement présenter une faible résistance aux conséquences de tous ordres... d'événements graves et durables comme ceux dont l'Algérie est le théâtre. »

Face aux nouvelles institutions

Dans son éditorial de *Force Ouvrière* du 29 mai, Bothereau écrivait : « Quelle belle occasion le gaullisme ne fournit-il pas au communisme, qu'un Poujade muet

---

99. *Id.*, 22 mai 1958.

et inexistant a cessé de supporter. Et quelle chance pour le gaullisme de pouvoir se poser en sauveur suprême contre la soviétisation »... [100].

Pourtant, quelques jours plus tard, le bureau confédéral de F.O. est reçu par le nouveau président du conseil, le général De Gaulle, et la délégation déclare « avoir répondu à cette invitation sans arrière-pensée, étant donné la légitimité du gouvernement » [101].

Au C.C.N. d'octobre 1958, Bothereau explique que, lors de cette entrevue, la délégation a posé franchement au président des questions sur ses intentions. « Nous avons su qu'il n'entendait pas porter atteinte à la libre expression du syndicalisme, au droit de grève, ni à nos affiliations internationales » [102]. Cependant, alors que s'élabore la nouvelle constitution, F.O. apprend qu'il est question d'un sénat nouveau modèle, qui comprendrait notamment une sorte de section économique et sociale, dans laquelle des militants syndicalistes seraient présents, avec des pouvoirs non pas consultatifs, mais délibératifs.

Bothereau réagit aussitôt et explique que si le syndicalisme a évolué, il ne saurait cependant « mourir d'une boulimie à laquelle il se serait imprudemment adonné... Certes, le syndicalisme a dépassé depuis longtemps, sans toutefois jamais l'abandonner, le stade de la revendication. A l'action directe qu'il lui arrive de pratiquer... il a ajouté la pratique des présences syndicales où se discutent les intérêts sociaux des travailleurs. A cela il a ajouté aussi la recherche des responsabilités économiques, c'est-à-dire sa volonté de présence là où se nouent les phénomènes économiques avec les intérêts communs ou opposés du capital et du travail ».

Mais de là à aller vers un « syndicalisme inclus dans une Assemblée législative », il y a un pas que F.O. se refuse à franchir. « Le syndicalisme tient à son domaine propre. Il n'aspire pas à les intégrer tous. Il a toujours

100. *Id.*, 29 mai 1958.
101. *Id.*, 16 juin 1958.
102. *Id.*, 16 octobre 1958.

combattu les thèses corporatistes. Son intention raisonnée ne pourrait être de les imiter ou de les faire renaître, fut-ce à la faveur d'une réforme à chaud des institutions. » Et le leader F.O. conclut : « Institution démocratique, (le syndicalisme) doit se garder de prêter quoi que ce soit — fut-ce seulement une trop complaisante oreille — à la confusion trop facile des pouvoirs et aux pratiques parfois insidieuses des totalitarismes » [103].

En fait, cette idée d'un sénat intégrant le conseil économique ne sera pas retenue et, le 9 septembre 1958, la C.E. de F.O. estime que le projet de constitution qui va être soumis aux électeurs ne comporte aucune atteinte au droit syndical et qu'il confie au Parlement le soin de légiférer en matière de droit du travail et d'exercice du syndicalisme. En conséquence, elle déclare qu' « il n'appartient pas à la confédération de chercher à influencer le sens du vote que ses adhérents auront à émettre en qualité de citoyens se déterminant librement en fonction de leurs propres convictions » [104].

Commentant cette décision de F.O., "Reconstruction" écrit : « Il faut cependant noter qu'à la C.G.T.-F.O... la direction confédérale a donné un nouvel exemple de son glissement de la traditionnelle et fière indépendance syndicale à un "apolitisme" complice — par anticommunisme inintelligent — du pouvoir établi, celui d'aujourd'hui, comme celui d'hier. » Appréciation que Bothereau n'appréciera guère, parlant à propos de "Reconstruction" d'un « syndicalisme oppositionnel trop neuf et touche à tout, où l'impulsivité et le méli-mélo tiennent lieu du sens des responsabilités » [105].

Suite au vote massif en faveur du "oui" lors du référendum (79,2 %), R. Bothereau écrit que ce "oui" est une étape de notre histoire. « Prononcé à une telle majorité, il n'est pas et ne peut pas être le oui des ultras ; il n'est pas l'acquiescement de la masse à ceux qui rêvent d'aventure. Il n'est et ne peut être que le contraire du

---

103. *Id.*, 19 juin 1958.
104. *Id.*, 18 septembre 1958.
105. *Id.*, 2 octobre 1958.

non ; il est le oui à la démocratie voulue par un peuple de démocrates. »

Contrairement à ce qu'avait fait Jouhaux en 1945, la C.G.T.-F.O. se refuse à intervenir en ce qui concerne le mode de scrutin prévu pour l'élection de la future assemblée. Et lorsque les élections amènent à la chambre dix communistes, quarante-quatre socialistes, vingt-trois radicaux, mais cent trente-trois modérés et cent quatre-vingt-dix-huit U.N.R. (élus sur le nom de De Gaulle)... Bothereau analyse le résultat. Il parle « d'écrasement des ailes — plus encore de la droite que de la gauche — de la précédente législature » et de "concentration sur un centre droit » ; et il en conclut : « Nous pouvons croire que seront désormais moins faciles les additions négatives des extrêmes génératrices de crises gouvernementales dont le régime aurait pu ne pas se relever. » Il s'inquiète cependant de l'orientation économico-sociale de la nouvelle chambre [106].

Des réflexes communs à F.O. et à la S.F.I.O.

L'appréciation du "oui" au référendum, comme le "oui" à la démocratie", qui est celle de Bothereau, correspond à celle que portent les majoritaires S.F.I.O. Lors de son congrès de septembre 1958, qui voit le départ des militants qui vont constituer le P.S.A., une majorité se dégage en faveur du "oui" et dans *Le Monde* du 28 octobre, G. Mollet déclare : « Il n'y a pas de compromission possible pour un socialiste avec les tenants du bolchevisme. »

A. Bergounioux commente cette déclaration : « Dans la mesure où les forces qui soutenaient le "non" étaient pour leur plus grande part communistes, le "oui" était le contraire du non » [107].

---

106. *Id.*, 4 décembre 1958.
107. A. Bergounioux, *op. cit.*, p. 152.

Mais la convergence F.O.-S.F.I.O. s'affirme dans de nombreux autres domaines. C'est le cas notamment de l'attitude vis-à-vis de l'Europe. Le congrès F.O. d'octobre 1956 déclare : « Nous sommes... pour l'unité européenne, très exactement pour les raisons inverses qui font que la C.G.T. est contre et l'ont conduite à se dresser contre le plan Schuman, très exactement comme elle s'était dressée contre le plan Marshall, instrument de l'unité européenne. »

R. Le Bourre n'hésite pas à parler de la "mission européenne" de F.O. Après avoir souligné les difficultés de la tâche, compte tenu du grand nombre de sceptiques et du petit nombre de militants de la cause européenne, il écrit : « Nous avons été appelés non pas à porter un fardeau, mais à remplir une mission infiniment plus grande que nos personnes. »

« La démocratie économique, ne s'établira pas sans lutte et nous sommes guettés dans notre propre pays par les forces hideuses du communisme... Tout cela nous commande la fermeté, car c'est de la division des Européens, de leurs désaccords, de leur décadence économique... que l'Empire soviétique attend l'hégémonie sur notre continent » [108].

R. Quilliot, parlant de la S.F.I.O., estime que sa « vocation européenne n'a cessé de s'affirmer » et que, pour la quasi-unanimité des adhérents, « la communauté européenne représente à la fois un pas dans la voie de l'internationalisme et une étape dans la recherche de l'équilibre mondial ; économiquement, elle seule peut faire pièce à l'impérialisme biologique des U.S.A. comme à l'impérialisme idéologique de l'U.R.S.S. » [109]. Bergeron, de F.O., parle au C.C.N. de F.O. de « la vocation du mouvement syndical (qui) dépasse l'idée de patrie lorsque celle-ci devient trop étroite » [110].

C'est aussi à propos du problème algérien que se ma-

---

108. *Force Ouvrière*, 16 janvier 1958.
109. *Op. cit.*, p. 582.
110. *Force Ouvrière*, 16 mai 1957.

nifeste la convergence entre les deux organisations. Certes il y a plus que des nuances au sein de F.O. entre Bothereau qui, lors du C.C.N. de mai 1956, ne repousse aucune solution, y compris l'indépendance, ce qui provoque de violentes réactions, et le courant "Algérie française" avec Lafond et Le Bourre. Mais la résolution majoritaire du congrès d'octobre 1956 envisage d'abord « que les armes se taisent », pour pouvoir ensuite rechercher "les solutions indispensables répondant aux légitimes aspirations des populations d'Algérie" ; c'est-à-dire qu'on est proche de la position de Guy Mollet : "pacification", puis "négociations".

Par la suite, dans l'action contre la guerre d'Algérie et contre les factieux (semaine des barricades, putsch des généraux), actions contre l'O.A.S., de même que la S.F.I.O. se refuse à toute unité d'action avec le P.C.F., F.O. s'efforce de distinguer son action de celle de la C.G.T.

Ainsi, face aux "barricades d'Alger", F.O. refuse la réunion commune des centrales syndicales à l'invitation de l'U.N.E.F. et publie un appel parallèle pour un arrêt de travail le 1er février 1960. Lors du C.C.N. qui suit, en mai, le rapport considère que « la décision de grève aurait dû... être prise seulement par les confédérations libres. Or, pour des raisons qui lui sont particulières, tenant à la fois à ses oppositions internes et au rôle ambitieux qu'elle veut jouer à l'extérieur, la C.F.T.C. s'est dérobée à nos sages propositions ».

En avril 1961, face au putsch des généraux, la consigne d'arrêt de travail lancée par F.O. n'est pas donnée dans les mêmes termes que celle lancée par la C.G.T., la C.F.T.C., l'U.N.E.F. et la F.E.N. ; la confédération se refuse à tout ce qui pourrait apparaître comme un front commun, même occasionnel, avec l'organisation cégétiste. F.O. sera d'ailleurs absente tant de la manifestation du 19 décembre 1961 contre l'O.A.S. qui groupe C.F.T.C., C.G.T., F.E.N. et U.N.E.F. que de celle qui se termine tragiquement à Charonne en février 1961.

Pendant toute cette période, F.O. participe aux efforts

de regroupement de type "troisième force" impulsés par la S.F.I.O. et que nous avons déjà analysés en étudiant la C.F.T.C. : déclaration concernant les garanties à apporter aux minorités en Algérie (19 janvier 1961), rencontre avec la S.F.I.O., les radicaux... lors du putsch des généraux, dîner de l'Alma, opération tentée par le secrétaire général du S.N.I. au début de 1962. A propos de cette dernière tentative, avortée du fait du départ du P.S.U. et de la C.F.T.C., "Reconstruction" écrit : « On peut penser que dès le début de la tentative, il était prévisible que la confédération F.O. et le parti socialiste persisteraient à poser le problème des rapports avec la C.G.T., le P.C. et les organisations satellites, dans des termes rendant impossible un rassemblement aussi large et équilibré que celui tenté par D. Forestier, avec l'appui non seulement de la F.E.N., mais de la C.F.T.C. représentée dans ces tractations par A. Détraz » [111].

En février 1962, expliquant la position de F.O., R. Bothereau écrit : « Le gaullisme est un phénomène nécessairement limité dans l'espace et le temps, qui ne serait rien sans l'homme à qui il doit son nom, tandis que le communisme, lui, est une vraie organisation appuyée d'horizons internationaux. Voilà pourquoi, nonobstant le triomphe du premier, on devrait craindre plus encore la venue du second... Mais notre véritable problème bien sûr est de revivre ou de survivre entre les deux... Difficile jeu d'équilibres, tout en nuances, trop subtil sûrement pour être facilement compris » [112]. Au congrès de 1963, il précisera : « Notre problème est de revenir du gaullisme à la démocratie et non d'aller du gaullisme au communisme », une démocratie qu'il voit appuyée sur une majorité dont l'axe serait constituée par la S.F.I.O., mais qui en constituerait la gauche, qui ne saurait s'étendre plus à gauche.

---

111. Mars 1962.
112. *Revue syndicale suisse*, février 1962.

CHAPITRE III

Quand bégaie l'Union de la gauche
(1962-1970)

Les années 1962-70 sont marquées par diverses tentatives visant à redonner une certaine cohésion à la gauche fortement secouée par l'intrusion du gaullisme en 1958, et qui a agi en ordre dispersé lors du conflit algérien.

Face à l'impuissance des partis, certains tentent de revivifier la gauche à partir d'une pensée politique solide et réaliste. C'est la tâche que s'assignent au départ certains clubs, des minoritaires de la S.F.I.O. et des membres du P.S.U., à l'occasion de colloques, rencontres, etc. Des trois centrales syndicales, seule la C.F.D.T. s'engage résolument dans cette tâche, les rares minoritaires F.O. ou C.G.T. qui y participent sont plus ou moins désavoués par leurs confédérations. Mais la perspective des présidentielles au suffrage universel amène certains clubs à dévier de cette orientation première, ce qui conduira la C.F.D.T., après quelques péripéties, à une attitude de retrait.

C'est à partir des élections présidentielles de 1965 que naît la seule tentative sérieuse de regroupement de la gauche non communiste, avec la création de la Fédération de la gauche démocrate et socialiste (F.G.D.S.), tentative qui ne laisse pas la C.F.D.T. indifférente, tandis que F.O. reste dans une prudente expectative.

Mais la période est aussi marquée par la réinsertion progressive du P.C. dans le jeu politique : désistements réciproques avec la S.F.I.O. en 1962, ralliement à la candidature Mitterrand en 1965, accord de désistement avec la F.G.D.S. lors des législatives de 1967, plateforme commune P.C.-F.G.D.S. début 1968. La C.G.T. appuie de tout son poids cette évolution et prêche pour la réalisation d'un programme commun, base d'une union de la gauche. Elle tente même en 1967 d'infléchir son accord d'unité d'action avec la C.F.D.T. en un accord syndicalo-politique.

Compte tenu de ces évolutions, au début de 1968, nombre d'observateurs de la vie politique sont prêts à parier sur un possible succès de la gauche aux élections lorsque De Gaulle se retirera. Mais le mouvement de mai 1968 fait voler en éclats toutes ces constructions qui révèlent leur fragilité, et les élections de juin 1968, comme les présidentielles de 1969, manifestent le recul de la gauche et son atomisation.

La C.F.D.T. (C.F.T.C.) *face aux essais de regroupement de la gauche*

A partir de 1962, alors que l'hypothèque de la guerre d'Algérie est levée, la gauche non communiste tente par divers moyens de retrouver une certaine consistance. C'est l'objet à la fois des réunions — "colloques socialistes", "Rencontres socialistes" — mais aussi de tentatives plus élaborées de regroupement : "fédération démocrate socialiste" de Gaston Defferre, "fédération de la gauche démocrate et socialiste" autour de F. Mitterrand.

A ce propos, les syndicalistes de la C.F.D.T. (C.F.T.C.), considérés au même titre que les clubs, comme faisant partie des "forces vives", sont abondamment sollicités. En dépit des problèmes posés par l'évolution de la centrale chrétienne en "confédération française démocratique du travail" (C.F.D.T.), certains dirigeants sont engagés dans diverses opérations. Il apparaît toutefois que ceci n'est pas sans poser des problèmes d'où, après une période d'intense activité, une certaine attitude de retrait.

Il importe d'ailleurs de clarifier au sein de la C.F.D.T. l'appartenance à la gauche qui ne va pas de soi pour tous les adhérents au lendemain du congrès d'évolution. Il faut attendre 1967 pour que soit nettement reconnu comme interlocuteur privilégié la gauche non communiste.

Tout en développant ses contacts avec cette gauche non communiste, la C.F.D.T. s'efforce d'élaborer une stratégie, de réfléchir sur les moyens à mettre en œuvre pour aboutir à une transformation sociale ; c'est l'heure où certains envisagent de passer contrat avec la gauche non communiste pour favoriser son accession au pouvoir, et la mise en œuvre de réformes de structure. Cependant, les événements de mai 1968 viennent percuter de plein fouet ce type de réflexion et, en 1969, la C.F.D.T. se retrouve face à une gauche encore plus atomisée qu'auparavant.

Face au référendum sur la constitution

Après l'attentat de Petit-Clamart, De Gaulle révèle le 29 août 1962 son intention de modifier la constitution en vue "d'assurer la continuité de l'Etat". Au conseil des ministres du 12 septembre, il confirme son intention de proposer au pays de "décider, par voie de référendum, que le Président de la République sera élu dorénavant au suffrage universel". Les milieux politiques considèrent la procédure comme anticonstitutionnelle, et c'est le gouvernement de G. Pompidou qui va faire les frais de la fronde des politiciens. Il est renversé le 5 octobre 1962 par une coalition allant du P.C. aux indépendants. La réponse ne se fait pas attendre, l'Assemblée est dissoute, le 10 octobre, par le président de la République. On entre donc dans une période électorale chargée, avec la campagne du référendum, puis celle des élections législatives. On assiste alors à la constitution d'un "cartel des non" formé de la S.F.I.O., des radicaux, du M.R.P., des indépendants, rassemblement hétéroclite qui, s'il est unanime pour s'opposer, apparaît bien incapable de proposer quelque chose de constructif.

Deux conseils confédéraux et un comité national vont discuter de ce problème. Dans la ligne tracée par les congrès C.F.T.C. précédents et notamment par celui de 1961 qui renforçait sa condamnation d'un régime de plus en plus "personnel" et "autoritaire" et affirmait la volonté de la centrale de « travailler à créer les conditions d'une véritable démocratie politique... », la C.F.T.C. ne peut évidemment pas être favorable à la solution proposée par le président de la République.

C'est ce qu'exprime A. Jeanson : « Syndicalistes, nous avons noté et condamné l'évolution du régime actuel qui tend à faire le vide entre le chef et le peuple, et nous avons constaté que le référendum du 28 octobre se situe très évidemment en plein dans cette évolution »[1].

G. Declercq, tout en refusant une campagne en faveur du "non", estime que « nous sommes liés par les résolutions des congrès précédents contre le régime autoritaire et le pouvoir personnel » et propose d'émettre un "avis défavorable"[2].

Cependant le problème se complique du fait que, face à De Gaulle, il n'y a aucune alternative valable ; le "cartel des non" ne saurait être une solution. « Non, nous ne sommes pas dans le camp de ceux qui veulent revenir à l'aimable anarchie, à la caricature de démocratie de la IVᵉ, soit qu'ils le disent presque ouvertement, comme le P.C. et sa succursale cégétiste (car c'est bien à cela qu'en fait arrivent les communistes, en réclamant une constituante élue à la proportionnelle), soit qu'ils s'imaginent que le martyr qu'ils subissent aujourd'hui suffit à recouvrir leur passé d'une virginité démocratique toute neuve »[3].

Lors du C.C. du 19 octobre 1962, E. Descamps insiste sur la nécessité de ne pas condamner seulement le pouvoir personnel : « On met l'accent sur le pouvoir per-

1. *Syndicalisme*, 13 octobre 1962.
2. P.V. du C.C. du 28 septembre 1962.
3. *Syndicalisme*, octobre 1962, article de Jeanson.

sonnel, c'est exact, mais l'on oublie d'indiquer que sans le général De Gaulle, la décolonisation de l'Afrique, l'indépendance de l'Algérie, auraient coûté plus cher encore. Pense-t-on que la S.F.I.O. aurait été aussi énergique contre l'O.A.S. ? Que le M.R.P. aurait eu le courage de prendre position sans faiblesse, que certaines condamnations de militaires auraient été prononcées ? On peut dire que le pouvoir personnel est inquiétant, mais n'a-t-il pas permis de régler des problèmes ? » [4].

Le problème est d'autant plus complexe que, face à De Gaulle, il y a non seulement le vide politique, mais aussi la menace persistante de l'O.A.S. et d'une partie de l'armée ; A. Détraz s'interroge à ce propos : « Nous devons porter un jugement : ce qui est grave, c'est de savoir aujourd'hui si nous devons voter pour ou contre un homme. Nous ne pouvons que dire non à un glissement vers ce régime, mais pouvons-nous le dire ? Car du côté des partisans du "non", il y a la menace de l'O.A.S., l'armée... » [5].

Finalement le C.C. du 19 octobre va porter un "jugement défavorable" sur le projet de référendum (dix-huit pour, six contre et cinq abstentions). Ce jugement sera confirmé par le C.C.N. du 20 octobre qui tout en soulignant la volonté de la C.F.T.C. de « respecter l'entière liberté de vote des citoyens » fait confiance « aux travailleurs pour tenir compte de ces éléments d'appréciation dans le choix qu'ils auront à faire » [6].

Le comité national décide par ailleurs de se tenir « rigoureusement à l'écart de la compétition électorale » lors des prochaines législatives, tout en profitant de cette période pour présenter aux travailleurs et à l'opinion le programme des tâches prioritaires qui doivent s'imposer à la future législature.

Le succès des "oui" au référendum (62,25 %) entraîne une modification de la vie politique française dont la

---

4. P.V. du C.C. du 19 octobre 1962.
5. *Id.*
6. *Syndicalisme*, 27 octobre 1962.

C.F.T.C. va devoir tenir compte : « Dans la mesure où la vie politique prend pour axe l'élection du président de la République, il appartient à la C.F.T.C. de suivre les tentatives de regroupement qui s'effectuent en fonction de cette échéance »[7].

Premières interventions dans la campagne présidentielle

En novembre 1962, avec l'approbation des organes dirigeants, est constitué le "groupe de recherches ouvrier-paysan" (G.R.O.P.) formé d'une équipe de dirigeants de la C.F.T.C. (Jeanson, Bonéty, Détraz) et du centre national des jeunes agriculteurs (C.N.J.A.) (Debatisse, Guillaume, Mouchel). Cette association se propose d'être la "tête chercheuse" des deux organisations dans le domaine de la réflexion et de l'action politique. Le fonctionnement est axé sur quatre groupes de travail qui s'adjoignent des "experts", et il est même prévu la participation de certains syndicalistes F.O.

C'est l'époque où la défaite au référendum du "cartel des non" manifeste la défaite de la classe politique, la carence des partis traditionnels et où l'on voit fleurir les clubs-sociétés de pensée qui se méfient des idéologies, des appareils et d'une façon générale, de la cuisine électorale.

C'est le cas du Cercle Tocqueville de Lyon, "Démocratie nouvelle" de Marseille, "Citoyens 60", issu de "Vie nouvelle", club Jean Moulin, etc. Ils se veulent à la recherche de nouvelles forces politiques, de "forces vives" et vont solliciter les syndicats, notamment la C.F.T.C.

Les rencontres entre dirigeants C.F.T.C. et membres des clubs ont lieu notamment à l'occasion de débats sur la "planification démocratique", suite au rapport de G. Declercq au congrès de 1959.

Lors du C.C. du 25 octobre 1963, le secrétaire général,

---

7. Note du secteur politique pour le C.C. de février 1963.

E. Descamps, fait état des sollicitations diverses dont la confédération est l'objet dans ce domaine. A Jeanson plaide pour une réponse favorable à ces clubs, soulignant que si, en matière d'élection présidentielle, l'initiative est laissée aux seuls partis, on peut se demander ce qu'ils réaliseront avec leurs méthodes traditionnelles.

Des voix s'élèvent cependant pour émettre des réserves ; K. Gouyer souligne qu'en tout état de cause « la C.F.T.C. ne doit pas apporter sa caution à une quelconque candidature » ; R. Duvivier estime que « préparer une alternative au régime gaulliste n'implique pas une liaison avec des regroupements aux buts trop apparents » ; E. Maire n'accorde qu'une confiance limitée aux clubs, surtout au moment où la campagne est engagée... Finalement, Levard propose que, saisi d'un texte, le bureau confédéral donne éventuellement l'autorisation au G.R.O.P. de discuter avec les clubs, en vue d'une intervention avant que tout candidat soit déclaré [8].

L'idée en effet, commune aux clubs et au G.R.O.P., est d'éviter que le lancement de la campagne se fasse sous l'angle d'un programme laissant les états-majors et les appareils des partis seuls maîtres du jeu, ouvrant la porte à toutes les démagogies et permettant au P.C. de peser de tout son poids dès le départ pour bloquer les ralliements nécessaires. Il s'agit au contraire de centrer la campagne présidentielle sur quelques priorités présentées par un homme qui puisse s'appuyer sur des appareils sans être leur prisonnier.

Les tractations vont se poursuivre en novembre et début décembre ; le C.C. du 14 décembre est placé devant le problème d'un manifeste commun aux clubs et au G.R.O.P. et le bureau journalier est mandaté pour examiner favorablement la signature du G.R.O.P. au bas de ce manifeste, à condition qu'il soit publié avant le dépôt de la candidature d'un "Mr X" dont l'image a été tracée par *l'Express* et qui n'est autre que celle de G. Defferre. C'est sans grand enthousiasme que le C.C. de

8. P.V. du C.C. du 14 décembre 1963.

la C.F.T.C. donne son accord (quatorze pour, cinq contre, mais seize abstentions) [9].

Le manifeste publié le 16 décembre plaide pour une candidature unique de la gauche, pour une rénovation des partis autour de cette candidature, pour un programme de gouvernement limité aux priorités essentielles, pour un style de campagne qui ouvre un vrai dialogue politique. Le 18 décembre 1963, G. Defferre annonce sa candidature.

Tandis que G. Declercq, opposé à cette initiative, souligne que "la démocratie, ce n'est pas les vedettes" et proteste contre l'évocation par le manifeste d'un "courant chrétien" et d'un "courant socialiste" [10], A. Jeanson précise que le manifeste « n'engage pas les organisations syndicales auxquelles appartiennent les dirigeants du G.R.O.P., encore qu'elles aient été tenues au courant » [11].

La C.F.T.C. plutôt en retrait

Cependant, même si le manifeste a été publié avant l'annonce de la candidature et même si les instances C.F.T.C., en tant que telles, ne sont pas partie prenante dans l'opération, la notoriété des dirigeants qui participent au G.R.O.P. incline nombre de militants à considérer que la C.F.T.C. est plus ou moins engagée dans une opération de soutien à Defferre, d'où un certain nombre de réactions. C'est d'abord l'U.D. C.F.T.C. des Bouches-du-Rhône qui, ayant un contentieux important avec le maire de Marseille, ne saurait admettre que la centrale soutienne un tel candidat. Mais ce sont aussi des responsables de diverses régions qui, notamment à Bordeaux, ayant rencontré le candidat au cours de ses voyages, se déclarent choqués de la façon dont l'entre-

---

9. P.V. du C.C. du 14 décembre 1963.
10. *Témoignage chrétien*, 26 décembre 1963.
11. *Id.*, 2 janvier 1964.

144

tien s'est déroulé, G. Defferre n'ayant pas paru attacher à leurs problèmes toute l'importance qu'ils méritent.

Enfin nombre de dirigeants confédéraux émettent des réserves, tant sur la personnalité du candidat et sa capacité à représenter une contestation fondamentale du régime économique et politique en place, que sur la façon dont l'organisation a été engagée dans ce processus.

Le C.C. des 24 et 25 avril 1964 est conduit à discuter de la suite à donner à l'opération "manifeste", quelle attitude la centrale doit-elle avoir dans la campagne électorale présidentielle. La note présentée par A. Jeanson au nom du secteur politique propose deux solutions : L'une consiste à engager un dialogue public avec le candidat, pour mettre en évidence les points de convergence. Mais cette action aura-t-elle une efficacité suffisante ? D'où une proposition que Jeanson estime complémentaire de la première : N'est-il pas opportun que la C.F.T.C. ait des hommes à elle dans "l'appareil Defferre". Si les "forces vives" ne fournissent pas ces hommes, le candidat sera obligé de s'appuyer sur l'appareil des partis, ce qui le ligotera plus ou moins. L'appareil en question, c'est ce que l'on appelle le comité national "Horizon 80" ; ne faut-il pas y déléguer au moins deux camarades qui, en vertu des règles d'incompatibilité, renonceraient à leurs mandats syndicaux, mais resteraient en liaison de fait avec l'organisation [12].

A la veille de la transformation de la C.F.T.C. en C.F.D.T., le conseil confédéral va se prononcer contre l' « engagement direct ou indirect des responsables de l'organisation dans l'appareil de la campagne électorale » [13]. La résolution votée insiste sur le débat public. Le C.C. « estime que l'élection présidentielle doit être le moyen d'instituer dans le pays une vaste confrontation publique sur les grands problèmes politiques, économiques et sociaux » et d'en dégager le « mouvement d'opi-

---

12. Note du secteur politique au C.C. des 24-25 avril 1964.
13. Cité par *Reconstruction*, octobre 1965, p. 31.

nion suffisamment large, puissant et dynamique » réclamé par la C.F.T.C. dès 1959, « pour présenter au pays des perspectives concrètes de rénovation de la démocratie... Prenant acte du fait qu'en ouvrant la campagne présidentielle la candidature de Gaston Defferre permet d'engager cette confrontation, (le C.C.) déclare qu'il est souhaitable que ce débat public se développe : la C.F.T.C. y prendra sa part, compte tenu des positions fixées par ses instances et dans le cadre exclusif de ses responsabilités » [14].

Le conseil décide également d'accepter la demande faite par G. Defferre d'avoir avec des représentants officiels de la centrale quelques échanges de vues sur les grands problèmes économiques et sociaux.

Si la confédération refuse la participation à "Horizon 80", il n'en est pas de même du S.G.E.N. qui, au départ, était pourtant critique sur le contenu du "manifeste". Le comité national des 11 et 12 novembre 1964 (à l'unanimité moins quatre abstentions) autorise « les responsables nationaux, dont le secrétaire général, à participer aux travaux du comité national "Horizon 80", ainsi que de ses commissions, afin de prendre part à l'élaboration d'une politique assurant, dans l'affectation des ressources nationales, une priorité absolue au service public de l'Education nationale et de la Recherche scientifique ». Le comité national du S.G.E.N. précise que « cette participation doit avoir un caractère syndical et qu'elle n'implique pas l'approbation globale par le syndicat du programme éventuel d'un candidat à la présidence de la République ».

Face aux réactions que provoque cette décision, une circulaire du S.G.E.N. précise : « Le problème des rapports syndicalisme-politique n'a jamais été résolu en France par les non-communistes ; il y a des formes d'intervention à inventer et les inventions ne sont pas tout de suite comprises ! Le Comité national du S.G.E.N. a autorisé un essai » [15].

---

14. *Syndicalisme*, 2 mai 1964.
15. *Id.*, p. 37.

Dans le rapport pour ce congrès, E. Descamps consacre un chapitre aux "perspectives d'action sur le terrain politique". Il insiste d'abord sur le fait que, pour faire correctement et efficacement son métier, une organisation syndicale a besoin d'une démocratie politique qui, « se libérant de la tutelle d'un capitalisme bourgeois, prenne en charge, pour ce qui revient au politique, la construction de cette démocratie économique que nous réclamons ».

Mais il est conduit à constater que la situation n'est guère favorable : « Bouchées du côté du pouvoir, les chances d'une vraie démocratie ne sont pas, hélas ! plus ouvertes du côté des partis politiques. Il ne manque certes pas de formations politiques qui se réfèrent à la démocratie, voire même à une démocratie renouvelée, certains disent même socialiste. Mais celles qui inscrivent dans leur programme des transformations profondes de la société, ne réussissent pas à représenter une force électorale appréciable, d'autres, plus consistantes, acceptent en fait des édulcorations à leur programme qui en dénaturent complètement la portée. »

Bien que ces formations ressentent la nécessité d'une rénovation interne et d'un regroupement, depuis six ans qu'elles sont écartées du pouvoir, elles n'ont guère avancé en ce sens et rien ne laisse prévoir la réussite en ce domaine dans un proche avenir.

C'est ici, selon le secrétaire général de la future C.F.D.T., que se situe « un des aspects les plus difficiles des responsabilités politiques de notre mouvement syndical ». En effet, ces formations se retournent actuellement vers le mouvement syndical considérant que la rénovation et le regroupement politique seraient facilités si les syndicalistes acceptaient de sortir de leur réserve habituelle vis-à-vis des forces politiques et d'entrer dans le jeu.

Faut-il ne voir là que tactique visant à utiliser le mouvement syndical comme masse de manœuvre ? Certes ceci peut être le cas, mais E. Descamps considère qu'au-delà de ces arrières-pensées, « beaucoup de militants et d'hommes politiques sont sérieusement convaincus qu'il n'y aura pas de politique novatrice dans notre pays, tant que ne sera pas réalisé un nouveau type de relations entre les partis et le syndicalisme et qu'en particulier il ne peut y avoir de force de gauche suffisamment puissante à la fois pour être efficace et pour échapper à la domination du communisme, si le syndicalisme libre ne trouve pas les moyens de favoriser la constitution de cette force ».

Certes, il ne s'agit pas de "jeter aux orties notre indépendance", pas plus que d'être "les initiateurs de cette force", mais « de contribuer à créer les conditions qui lui permettront de se constituer »... « Une démission de notre part sur ce terrain politique... compromettrait pour longtemps nos chances syndicales de bâtir la démocratie économique et sociale dont nous rêvons, compromettrait la démocratie tout court »... [16].

A l'heure des présidentielles

Tandis que le S.G.E.N. va être conduit à abandonner son expérience à "Horizon 80" du fait de l'échec de la tentative Defferre, dont nous reparlerons, la confédération, devenu C.F.D.T. au congrès de novembre 1964, précise la façon dont elle entend engager le dialogue avec le ou les candidats sur les thèmes choisis par elle. C'est l'objet du conseil confédéral de février 1965 qui élabore un dossier concernant : les problèmes économiques et sociaux, la démocratisation des institutions, la force de frappe, contre laquelle la centrale a pris position, et la défense nationale, les problèmes internationaux.

Le conseil n'entend pas toutefois que la centrale se laisse, dans le domaine politique, absorber par l'échéance de décembre (les présidentielles). Il met l'accent sur la

---

16. « Evolution et perspectives de la C.F.T.C. », 1964, p. 98-99.

nécessité de « nous remettre en face de notre objectif à long terme, qui est celui de la contribution à un renouveau de la vie politique française, par la reconstruction, à partir de la base, d'un tissu démocratique »[17].

Pour ce faire, le secteur politique insiste non seulement sur l'action d'information et de formation à développer à l'intérieur de l'organisation, mais poursuivant l'idée qui a conduit à la création du G.R.O.P., il propose de pousser à la fondation et à l'animation d'équipes, à base ouvrière et paysanne, destinées à animer peu à peu la vie politique locale.

Suite aux élections municipales du printemps 1965, le secteur se sent conforté dans cette idée du fait que de nombreux militants C.F.D.T. ont présenté leur candidature, que beaucoup ont été élus et que certains d'entre eux, comme à Grenoble, dans le pays de Montbéliard, en Moselle, ont bénéficié des suffrages parce qu'ils animaient ou participaient à des expériences originales. N'y aurait-il pas dans ce fait matière à relancer le G.R.O.P. qui pourrait devenir au plan national l'animateur de ces diverses équipes de militants engagés localement dans des tâches politiques ?[18]

Mais l'heure n'est guère propice à cette relance. La scission survenue à la suite du congrès de novembre, la création d'une "C.F.T.C. maintenue", n'incitent guère à se lancer dans des improvisations qui risquent de marquer politiquement la centrale, au risque de grossir les rangs des scissionnistes ; en outre, l'échec de Defferre renforce le poids de ceux qui depuis le début prêchent la prudence. On va en avoir un exemple lors du 33e congrès.

Celui-ci se tient en novembre 1965, quelques semaines avant les présidentielles qui mettent aux prises F. Mitterrand auquel le P.C. s'est rallié, le centriste Lecanuet et le général De Gaulle, président sortant, les autres candidats faisant de la figuration.

---

17. C.C. des 25-27 février 1965.
18. Note pour le C.C. des 24-26 juin, « Situation politique ».

En dépit d'un certain nombre d'interventions invitant la centrale à se placer délibérément dans le camp de la gauche — métaux Grenoble, métaux Loire Atlantique, divers syndicats chimie (Paris, Roussillon, Michelin), d'autres encore, comme la banque de Grenoble, etc. — la C.F.D.T., tout en insistant sur les graves conséquences qu'aurait la reconduction du régime gaulliste, se refuse à faire un choix entre les deux opposants.

Le congrès demande aux travailleurs « de prendre conscience des graves conséquences qu'auraient pour eux, comme pour le pays tout entier, la reconduction du régime gaulliste ; d'exercer leurs responsabilités de citoyens en tenant compte de leurs intérêts de travailleurs et des objectifs du syndicalisme, en choisissant le 5 décembre un candidat marquant son opposition à la politique actuelle, en présentant une alternative démocratique qui engage le pays dans la voie des réformes fondamentales que comportent les orientations de progrès social, de démocratie et de paix, définies par le congrès » [19].

Au lendemain du 1er tour qui voit De Gaulle mis en ballotage avec 43,7 % des exprimés devant F. Mitterrand (32,2 %), A. Jeanson souligne l' "avertissement sévère donné au pouvoir" [20], mais l'on ne se berce pas d'illusions sur les résultats du second tour et la C.F.D.T. ne s'engage pas dans la bataille.

A la recherche de la gauche non communiste

Dans une résolution de son congrès de juin 1963, la S.F.I.O. a envisagé des contacts entre responsables nationaux du parti et personnalités diverses ressentant elles aussi "la nécessité d'une grande force socialiste". C'est un des secrétaires généraux adjoints du parti, G. Brutelle, qui est chargé de prendre les contacts néces-

---

19. *Syndicalisme*, 20 novembre 1965.
20. *Id.*, 11 décembre 1965.

saires en vue de cette réalisation qui va aboutir aux colloques socialistes. Un premier colloque se tient les 7 et 8 décembre 1963 ; il y en aura trois autres au cours du premier semestre 1964 réunissant des membres des partis (S.F.I.O. - U.D.S.R. - P.S.U. - J.R.), des coopérateurs, des dirigeants syndicaux de la C.F.T.C. et du C.N.J.A. (ceux de la F.E.N. et de F.O. se sont abstenus), des responsables de divers types de clubs. Pour *L'Express*, ces colloques présentent aux Français, "un style, des idées et des hommes neufs", une nouvelle génération est en train d'occuper le terrain ravagé. Pour *Le Monde*, une voie nouvelle est ouverte et les premiers pas sont accomplis vers "une large unité de la gauche socialiste".

Traitant de ces colloques, une note du secteur politique C.F.D.T. écrit : « Nous avions pensé que l'initiative de ces colloques était intéressante parce que le renouveau de la gauche française tient dans une large mesure au renouvellement de la S.F.I.O. elle-même. C'est pourquoi nous avions été présents à ces colloques pour y faire connaître nos préoccupations et nos perspectives » [21].

Mais ces colloques échouent, pour plusieurs raisons. D'une part, la dernière réunion bute sur le problème des frontières et des structures d'un parti socialiste renouvelé. L'idée de certains dirigeants, autour de Brutelle, est de remplacer la section locale, cellule de base du parti "par un ensemble de groupes professionnels, culturels, etc.". Mais avec Guy Mollet, maître de l'appareil, cette réforme qui permettrait notamment l'intervention des syndicalistes, n'a aucune chance d'aboutir lors du prochain congrès.

Par ailleurs, alors que certains dirigeants S.F.I.O. envisagent la fusion avec le P.S.U., l'U.D.S.R... l'attitude de la S.F.I.O. lors des élections municipales conduit le P.S.U. à annoncer sa décision de ne plus participer aux colloques.

Pourtant lors de la conférence nationale préparant le

---

21. Note pour le C.C. C.F.D.T. de février 1965.

55° congrès S.F.I.O., Brutelle traite d'un regroupement possible « de type confédéral de la gauche démocrate et socialiste ... fondé sur une charte politique commune » devant « rallier tous les éléments de la gauche démocratique, du parti radical au P.S.U. » ainsi que « cette partie de la gauche chrétienne qui a fui parfois depuis longtemps le M.R.P. et n'a pas encore trouvé son expression politique ». A cette confédération, il envisage d' « associer les organisations syndicales, coopératives ou mutualistes, aussi bien que les sociétés de pensée ». Ce projet s'oppose expressément à celui d'un "grand parti démocrate " qui inclurait le M.R.P.

C'est pourtant cette dernière idée que reprend G. Defferre qui, au printemps 1965, tente à la faveur de la campagne présidentielle de "transformer les structures de la vie politique française" et propose la création d'une grande "fédération démocrate-socialiste". Le projet en sera soumis à la fois au congrès M.R.P. et au congrès S.F.I.O. Il échouera finalement, mais un article du projet prévoyait la liaison avec les syndicalistes. « La fédération proposera de collaborer avec les coopératives, les mutualités et les syndicats, en leur offrant le choix entre une série d'options : contacts réguliers d'information et de consultation réciproques ; représentation technique des partenaires dans les Commissions d'étude de la fédération ; association aux délibérations politiques majeures ; participation à la fédération en tant que membre de plein exercice »[22].

La C.F.D.T. en tant que telle n'a pas été associée au projet de "fédération démocrate-socialiste" ; le secteur politique envisageait toutefois d'y déléguer un observateur dans la mesure où un embryon d'organisation se mettrait en place ; il n'aura pas à le faire, compte tenu de l'échec rapide du projet.

Mais entre les deux tours de l'élection présidentielle, le conseil confédéral tente de faire le point sur les actions engagées pour modifier le contexte politique. Il apparaît

---

22. *Reconstruction*, octobre 1965, p. 57.

d'abord, comme le souligne M. Gonin, que la confédération constitue en ce domaine une sorte de "plaque tour-
nante", d'où les sollicitations pour participer aux divers
colloques et les "engagements implicites" qu'on nous
demande...

Mais il apparaît aussi que tout le monde n'est pas
sur la même longueur d'onde. Faut-il agir à la fois sur
la gauche et sur le centre ou bien se préoccuper
seulement de la gauche ? Des représentants des départements de l'Est demandent « quand la C.F.D.T. a-t-elle
parlé de renouveler la gauche française ? » [23].

Enfin, on s'interroge sur les moyens de la centrale
dans le domaine politique. Alors que les uns veulent
laisser au G.R.O.P. l'entière responsabilité en ce domaine, d'autres se demandent "qu'est-ce que le G.R.O.P.
sans la C.F.D.T. ?". En face de la thèse préconisée par
le secteur politique qui comporte une action spécifique
de l'organisation, soit par elle-même, soit par des structures parallèles, type G.R.O.P., d'autres suggestions
sont formulées. Ne convient-il pas de faire "notre métier
d'organisation syndicale" et de pousser adhérents et
militants à s'engager personnellement et à militer dans
le parti politique de leur choix. Certains considèrent
aussi qu'avec la campagne de F. Mitterrand commence
à se constituer une véritable alternative au pouvoir dont
il conviendrait de tenir compte et que l'on pourrait
appuyer.

Face à ces interrogations, il est décidé de lancer une
grande enquête sur ce thème auprès des syndicats.

A l'heure de la F.G.D.S.

La "fédération de la gauche démocrate et socialiste"
(petite fédération), naît officiellement pendant la campagne présidentielle ; le combat électoral terminé, à par-

---

23. P.V. du C.C. du 16 décembre 1965.

tir de janvier 1966, la tâche de F. Mitterrand va être de structurer la fédération. Parlant d'elle, il déclare : « Si elle peut se le permettre, et je m'y efforcerai, pour ce qui me concerne, elle ira vers la fusion en un parti multiforme... Je souhaite que le parti multiforme sache combiner la représentation directe des adhérents et la représentation à deux degrés assurée par le canal des partis, des clubs, des syndicats, des sociétés de pensée, des journaux, des revues de doctrine et — ceci est important — des élus locaux. On peut concevoir une direction de ce parti où cohabiteraient les délégués élus du suffrage direct et des délégués des groupes... » A travers cette déclaration, on retrouve l'idée que l'élargissement de la gauche ne peut se faire que par l'apport de "forces neuves" attirées par la puissance du courant unitaire.

Constituée par le regroupement de la S.F.I.O., des radicaux, de la convention des institutions républicaines et de l'union des clubs pour le renouveau de la gauche, la F.G.D.S., malgré un certain renforcement de ses structures, ne parviendra pas à constituer ce parti multiforme, mais la place qu'elle occupera à gauche va conduire la C.F.D.T. à se situer par rapport à elle comme élément essentiel de la gauche non communiste.

Toutefois, la C.F.D.T. considère qu'en 1966 l'initiative "la plus intéressante" est celle du colloque de Grenoble des 30 avril et 1er mai appelé "rencontre socialiste". L'initiative a été prise par une équipe de militants occupant des postes importants dans les formations politiques et les clubs de la gauche non communiste ainsi que par des militants syndicalistes. *Syndicalisme* écrivait à ce propos : « Nous portons un intérêt particulier (aux efforts) dont Grenoble marque une première étape, d'abord parce que les problèmes économiques et sociaux, c'est-à-dire ceux qui font l'objet de nos préoccupations quotidiennes, y tiennent une place importante, mais surtout parce que se situant volontairement hors de toute stratégie politique, de toute action immédiate, Grenoble a l'ambition d'aider la gauche non commu-

niste à se donner une pensée politique solide et réaliste » [24].

Commentant le colloque auquel participaient plusieurs
dirigeants C.F.D.T., et dont l'action doit se poursuivre
par des rencontres à l'échelon régional, le rapport au
congrès C.F.D.T. de 1967 écrit : « Ainsi le colloque a
atteint son but : ni mettre sur pied une machine électorale en vue des élections législatives, ni créer des
structures politiques nouvelles (dans l'une et l'autre
hypothèse nous n'aurions pu apporter notre collaboration), mais jeter les bases d'une sorte de carrefour
permanent, un creuset où pourra s'élaborer, sans exclusive, ni intention d'interférer directement dans l'actualité politique, un socialisme adapté à notre société moderne » [25].

1967 est une année d'élections législatives. Dès décembre 1966, le C.C. se préoccupe de la façon dont la
C.F.D.T. interviendra. Après de longues discussions pour
savoir si l'on demandera aux candidats de se situer par
rapport à une sorte de "plan intérimaire" ou par
rapport à des objectifs, il est décidé de bâtir une sorte
de "programme C.F.D.T." publié dans *Syndicalisme* du
4 février 1967.

Un dossier comportant le programme et un questionnaire sont envoyés aux partis ; mais la centrale fait
des distinctions. Aux gaullistes de l'U.N.R.-U.D.T. et aux
indépendants giscardiens est jointe une lettre insistant
sur l'opposition évidente entre les propositions C.F.D.T.
et la politique de la majorité. Au P.C.F., le dossier
est envoyé sans aucun commentaire. Au P.S.U., à la
F.G.D.S. et au centre démocrate de Lecanuet est proposé, en plus du dossier, un échange de vues.

Après la présentation du programme C.F.D.T., le C.C.
de février 1967 « fait confiance aux travailleurs pour que
par leur choix de citoyens, ils fassent que du scrutin des
5 et 12 mars sorte une Assemblée décidée à prendre en

24. 4 juin 1966.
25. « Activité du secteur politique », p. 2.

charge cette politique ». Il appelle par ailleurs à tenir compte des dangers que font courir à la démocratie "les méthodes d'action politique" de l'actuel gouvernement, "de plus en plus autoritaires et intolérantes" [26].

Le recul de la majorité aux élections législatives, les progrès de la gauche suscitent des espoirs ; c'est ainsi qu'on peut lire dans *Chimie-Informations* (C.F.D.T.) : « Si la gauche politique non communiste se donne des structures démocratiques, si elle réalise son unité, si elle s'identifie davantage à la classe ouvrière, si elle sait se renouveler plus encore dans ses méthodes et ses propositions que dans ses hommes, alors tout est permis » [27]. Des espoirs certes, mais avec beaucoup de "si" !

Le choix de la gauche non communiste

Depuis janvier 1966, la C.F.D.T. pratique l'unité d'action interconfédérale avec la C.G.T.. Si l'accord C.F.D.T.-C.G.T. a permis une relance de l'action revendicative, il n'est pas non plus sans effet, selon E. Descamps, sur le plan politique. « L'accord, par la dimension nouvelle qu'il a fait prendre aux luttes, a permis aux travailleurs de se rendre compte de la nécessité d'un changement de politique. Il a par ailleurs dissipé des préjugés anticommunistes, dans certains milieux que nous influençons » [28].

Mais on peut se demander si, notamment au cours de l'année 1967, il n'y a pas un certain "changement de nature" de l'unité d'action. En effet l'unité intersyndicale se double d'un rapprochement au plan politique entre P.C. et F.G.D.S. qui développe la confusion propre à toute poussée unitaire, les responsabilités propres des partis

---

26. *Syndicalisme*, 4 mars 1967.
27. Mars 1967.
28. *Nouvelle Critique*, débat, mai 1967.

et des centrales tendant à se confondre dans une action de la "gauche unie". Par ailleurs, la C.G.T. cherche délibérément à passer d'un front syndical commun à « une alliance effective regroupant l'ensemble des forces démocratiques sur la base d'un programme commun ».

Si la C.F.D.T. n'entend pas se laisser entraîner sur ce terrain, elle ressent au cours de l'année 1967 la nécessité de renforcer la gauche non communiste. Présentant le rapport d'activité au congrès C.F.D.T. de novembre 1967, E. Descamps déclare : « Les événements politiques importants de ces deux dernières années ont mis en avant la double nécessité faite au syndicalisme de mesurer l'impact de la vie politique sur son action et de mettre en œuvre les moyens nécessaires pour peser sur elle, pour être efficace... Nous avons intérêt à ce que la gauche politique non communiste renforce son unité, définisse avec courage un programme crédible d'une gauche moderne qui entend gouverner et se donner les moyens et le dynamisme nécessaires pour s'imposer comme l'élément moteur et novateur de toute la gauche. Dès lors, notre tâche est de contribuer à créer les conditions pour qu'il en soit ainsi : faire que la vie politique nous offre un cadre de démocratie dans lequel nous puissions construire la démocratie économique et sociale qu'il est de notre responsabilité d'imaginer et de créer. Préparer pour notre part la succession du gaullisme par une alternative démocrate et socialiste. »

Commentant les débats du congrès, le président A. Jeanson, dans son discours de clôture, note, parmi les lignes de force qui en ressortent, "une clarification de notre pensée politique". Il insiste à ce propos sur la nécessité du déploiement parallèle « d'une part de l'action d'un syndicalisme, souverain sur le terrain qui est le sien, seul maître de ses décisions, d'autre part d'une action des forces politiques, elles aussi, ou elle aussi, parfaitement autonome sur son terrain, mais l'une et l'autre se référant aux mêmes principes, poursuivant des objectifs dans une large mesure analogues, sachant dès lors, dans le respect mutuel scrupuleux de leur indépendance respective et de leur personnalité, trouver les moyens d'un minimum de concertation entre elles »[29].

Du côté de la C.G.T., il semble que l'interprétation du congrès C.F.D.T. n'ait pas été exactement la même, ce qui conduit G. Séguy, s'adressant aux postiers, à considérer que rien ne s'oppose maintenant à ce que les deux centrales présentent ensemble des propositions communes aux partis de gauche en vue de l'élaboration d'un programme commun de la gauche.

D'où une mise au point d'A. Jeanson. La double exigence d'une certaine conception de la démocratie et d'une transformation des structures met la C.F.D.T. « tout logiquement en état de dialogue avec la gauche non communiste... "la gauche", parce que ni à droite, ni même au centre, nous ne trouvons réunies ces deux exigences, à la rigueur la première, au moins formellement, mais pas la seconde. "Non communiste" parce que le communisme français ne pourra nous donner satisfaction sur notre première et fondamentale exigence qu'au prix d'une évolution, sans doute amorcée, mais encore bien timide, qui le conduirait à un changement capital dans son comportement et sa pensée »[30].

Et A. Jeanson précise que si la C.F.D.T. a écrit, tant en 1967 qu'en 1965, que la gauche ne peut espérer devenir majoritaire, prendre le pouvoir et le conserver qu'en "regroupant toutes ses forces, y compris le P.C." et " en attirant à elle une partie du centre", elle affirmait dans le même temps son intérêt et sa préoccupation pour la rénovation de la gauche non communiste.

Sous une forme un peu différente, c'est la même conception qu'on trouve dans le rapport pour le congrès d'Hacuitex de 1968, rapport élaboré juste un mois avant les événements de mai 1968. Après avoir souligné que, dans certains secteurs, la gauche regroupe « plus de notables bourgeois"... que de "véritables socialistes", le rapport souligne que "des transformations profondes

---

29. *Syndicalisme,* 16 novembre 1967.
30. *Id.,* 7 décembre 1967.

s'opèrent" et il poursuit : « Toutes les forces de gauche sont indispensables pour la construction d'une société socialiste. Nous ne refusons aucun dialogue, mais notre préférence ira, pour des raisons de conception de société, aux partis politiques de gauche non communistes »...

Stratégie commune ou non ?

Après la transformation de la C.F.T.C. en C.F.D.T. lors du congrès de 1964, la centrale est en recherche de stratégie. Les années 1966-67 vont être fertiles en discussions sur ce thème. Le congrès de 1967, malgré quelques passes d'armes, ne s'est pas fixé pour but de trancher ce problème qui demande une réflexion approfondie, et c'est à l'occasion de sessions, ou lors de congrès de fédérations ou d'U.D. que s'opposent ceux qu'on appelle alors les partisans de la "stratégie commune" et ceux de "la stratégie autonome".

C'est le rapport au comité fédéral de la chimie en février 1965, présenté par E. Maire, qui lance le débat. Après avoir souligné que le syndicalisme est "seul juge de sa compétence et de l'opportunité de son action en matière politique" et qu'il existe entre syndicats et partis une différence de fonctions, il aborde la question de leur coopération qui ne saurait aller sans tension, les accords devant être "limités et révisables". « C'est dans l'égalité et l'indépendance la plus absolue que seront débattus entre les uns et les autres les moyens et la stratégie à mettre en œuvre, stratégie commune, d'autant plus facile à réaliser que la nécessité l'impose »... Qu'entend-il par "stratégie commune", il le précise un peu plus loin.

« Il apparaît bien qu'une condition de la transformation sociale est la mobilisation des travailleurs pour une nouvelle politique économique. Cette mobilisation, dans l'état présent des organisations ouvrières ne peut être menée à bien que par les syndicats. C'est dire qu'un accord est indispensable entre partis et syndicats de la classe ouvrière, non seulement sur un programme, mais aussi sur une stratégie commune. »

Celle-ci doit prévoir les moyens d'accorder aux travailleurs des satisfactions immédiates, sans toutefois déclencher un processus inflationniste, d'où la nécessité de mise en œuvre immédiate de réformes de structure accroissant le pouvoir ouvrier dans l'entreprise. Et E. Maire poursuit : « Dans un accord parti-syndicat de ce type, ce n'est pas d'une quelconque liaison organique que l'on doit attendre le respect par les partenaires des termes du contrat, mais de la conscience de leurs responsabilités des cadres syndicaux et politiques et de leurs capacités pédagogiques. »

Par la suite, à l'initiative de M. Gonin et d'E. Maire, ces idées vont se préciser, au risque d'ailleurs de se schématiser, dans ce que l'on appellera la stratégie du "contre-plan" ou du "contrat" qui comporte plusieurs phases [31].

1) Le syndicat établit ses choix et ses priorités. Le syndicat « hiérarchise et échelonne les revendications et objectifs de travailleurs » en fonction « des conditions économiques à modifier par des réformes de structure pour atteindre ces objectifs, de sa vision de la société transformée ».

2) « Ayant élaboré démocratiquement son programme cohérent, le syndicat négocie avec la branche politique non communiste du mouvement ouvrier les objectifs à court et moyen terme à atteindre. » Cette négociation doit être publique ; en outre, elle doit conduire à un accord profond de l'ensemble de l'organisation.

3) Si l'accord se réalise, un "contrat" est passé entre partenaires syndicaux et politiques. « Lorsque nous parlons de contrat nous entendons simplement l'existence d'un engagement moral des partenaires de mener

31. Pour plus de détails, « Pour une stratégie commune aux organisations du mouvement ouvrier », fédération des Industries chimiques, 1968.

la lutte pour les objectifs convergents qu'ils se sont fixés sous la forme d'un contre-plan commun. » Cet engagement réciproque est « un engagement de lutte où les partenaires agiront, les uns par la voie législative... les autres par l'action syndicale et la grève pour atteindre les objectifs fixés ».

4) L'autodiscipline, c'est-à-dire « l'effort profond et continu visant, dans la plus totale autonomie de chaque échelon de l'organisation syndicale, à la cohérence de notre comportement syndical avec nos buts ».

Telle est, sommairement présentée, cette stratégie, telle qu'elle apparaît début 1968. Les présentations qui en ont été faites par les divers partisans (chimie, P.T.T., U.D. du Rhône, de la Loire, etc.) au cours des années 1966-67 ont sensiblement évoluées, sous l'effet notamment des arguments des adversaires qui défendent une "stratégie autonome" (bâtiment avec A. Détraz, S.G.E.N. avec J. Julliard, Pays de Loire avec J. Monnier et G. Declercq). Ceux-ci n'ont pas élaboré une stratégie aussi cohérente que celle proposée par la chimie ; ils ont plutôt réagi pour contrer les propositions précédentes.

Tout d'abord, ils reprochent à la stratégie du contre-plan son "économisme" : ce qui est rationnel économiquement n'est pas toujours raisonnable socialement. Le syndicalisme n'est-il pas justement « l'art de savoir jusqu'où on peut aller trop loin » (J. Julliard) ? Les partisans de la stratégie autonome refusent de tomber dans le "mythe du contre-plan".

Sans nier l'intérêt de la planification, il faut avoir une conscience claire de ses limites, "l'histoire ne s'inscrit jamais dans des plans rationnels", et il serait dangereux pour le syndicalisme de laisser lier son action ultérieure, et déjà sa pensée d'aujourd'hui, dans une "mystique" de la planification.

J. Monnier parle de « débat public avec les forces politiques, qui ont seule mission de rechercher la cohérence économique globale »[32].

---

32. Rapport au congrès de l'U.D. du Maine-et-Loire, 1967, p. 88.

Opposition donc à un "contre-plan", mais opposition tout aussi nette à un "contrat" passé entre branche syndicale et branche politique du mouvement ouvrier. Le contrat est inutile, car en cas de victoire de la gauche, il sera temps de négocier avec le gouvernement en place, dans une bien meilleure situation de rapports de force que maintenant. Il est aussi dangereux : les syndicats ne seraient-ils pas pieds et poings liés au seul profit des partis qui auraient ainsi une assurance du côté des syndicats ?

Au lieu d'un contrat, "négociation d'état-major" risquant de conduire à une "bureaucratisation" du syndicat, les partisans de la stratégie autonome insistent sur la nécessité d'obtenir "un consensus" des travailleurs luttant pour l'arrivée d'un gouvernement de gauche au pouvoir, prêt à lui accorder leur confiance et à le défendre lorsqu'il y sera parvenu, sans pour autant que les syndicats voient leur action limitée par un contrat formel.

L'irruption de mai 1968

C'est alors que la C.F.D.T. débat de sa stratégie que surviennent les "événements" qui n'entrent guère dans ce cadre. Des deux partis avec lesquels la C.F.D.T. entretient des rapports réguliers, l'un, la F.G.D.S., ne va pas réussir à se situer, d'où son incapacité à influer sur l'événement, l'autre, le P.S.U., beaucoup plus apte à comprendre le mouvement, va en quelque sorte s'y fondre et perdre plus ou moins sa personnalité.

Quant à la C.F.D.T., dans sa majorité, elle se sent dès le départ en concordance avec le "mouvement de mai". C'est à cette occasion qu'elle va populariser l'idée d'autogestion et mettre l'accent sur les revendications de pouvoir au sein de l'entreprise. Nous n'allons pas traiter ici de cet aspect, mais seulement des rapports syndicats-partis au cours de cette période.

Après la répression policière de la nuit du 10 au 11 mai et la décision d'organiser la grève générale le 13, la C.F.D.T. prend contact avec la F.G.D.S., mais le défilé parisien du 13 est l'affaire des syndicats, et les leaders politiques, nombreux, sont "dans le rang".

Le 19 mai, alors que la grève s'étend, dans une interview à "La Croix", A. Jeanson déclare : « A l'heure où nous sommes, il est encore difficile de définir des perspectives politiques à notre mouvement. Nous savons bien pertinemment que s'il dure, s'il s'étend, il aura des perspectives politiques certaines. Nous devons être prêts à en tenir compte. »

Le 20 mai, la C.F.D.T. reçoit la visite des délégués de la F.G.D.S. qui font le tour des centrales pour rechercher, dans la perspective d'un programme commun, les revendications immédiatement réalisables. La C.F.D.T. n'envisage pas d'entrer dans ce processus et elle entend bien préciser les responsabilités de chacun ; c'est le sens de son communiqué à l'issue de la visite : « La C.F.D.T. estime que les organisations politiques ont à faire leur métier... Considérant le développement des entretiens entre la F.G.D.S. et le P.C., nous pensons que ceux-ci peuvent éventuellement se traduire entre autres hypothèses par le passage de la "Plateforme commune" à un "Programme de gouvernement" des forces de gauche. Pour la C.F.D.T., il n'est pas question de participer dans l'immédiat à une éventuelle "table ronde" commune entre les partis politiques de gauche et les centrales syndicales. »

La gauche ayant déposé une motion de censure, sa discussion le 21 mai est l'occasion pour la C.F.D.T. de réclamer, sans beaucoup y croire, un changement de politique : « Au moment où s'ouvre au Parlement un débat sur la politique économique, sociale et universitaire du gouvernement, la C.F.D.T. attend des élus de la nation qu'ils traduisent par leurs actes la volonté exprimée par des milliers de travailleurs pour obtenir un changement radical de politique. »

Le 23 mai, la C.F.D.T. reçoit le P.S.U. qui souhaite

l'avis de la C.F.D.T. sur les perspectives ouvertes par le mouvement. Il apparaît d'ailleurs que le P.S.U. est divisé, certains souhaitent développer les manifestations de masse, d'autres, comme Mendès-France, sont réservés.

Poussée par des motivations tout autant politiques que syndicales, où la volonté de s'affirmer face aux communistes est fortement présente, l'U.N.E.F. va proposer des manifestations dans les diverses villes de France pour le 27 mai. La C.F.D.T. laisse à chaque union départementale le soin de se déterminer. A Paris l'union régionale, n'ayant pu obtenir de l'U.N.E.F. diverses assurances garantissant que le meeting ne serait pas dévié de son objectif, décide de ne pas participer. Mais un certain nombre de fédérations estiment dangereuse cette abstention ; ne risque-t-elle pas d'être préjudiciable à l'avenir des rapports avec les étudiants ? C'est pourquoi le bâtiment, les services, la chimie, les cadres, la métallurgie et hacuitex délèguent, pour les représenter au stade Charléty, F. Krumnov et un cadre.

Dans un stade plein à craquer, J. Sauvageot, qui prend le premier la parole au nom de l'U.N.E.F., souligne qu'il convient de "définir une stratégie et de trouver une ligne politique". Il invite les centrales syndicales à exprimer leur point de vue. F. Krumnov lui succède et, après avoir souligné le combat commun des travailleurs et des étudiants, il déclare : « Dans les jours qui viennent, nous devrons nous retrouver pour décider ensemble par quels moyens la démocratie deviendra effective dans ce pays. » Sollicité, Mendès-France présent se récuse : « Nous sommes ici à une réunion syndicale, ce n'est pas à moi de parler. »

En fait, pour certains observateurs, il ne s'agit nullement d'une manifestation syndicale, mais d'un nouveau parti : « Un nouveau parti a vu le jour hier en France. Il ne s'agit pas d'un parti comme les autres... Il a la jeunesse. Ses membres... ne songent pas à se présenter aux élections et ils ne se sentent pas attirés par une carrière parlementaire ou ministérielle. Et pourtant ce

parti veut le pouvoir »[33]. D'autres s'interrogent sur
cette "force nouvelle" née à Charléty. Réfléchissant après
coup, le rapport au congrès d'hacuitex pose la question :
La situation était-elle suffisamment révolutionnaire pour
permettre une prise de pouvoir ? « C'est une question
qui s'est posée en mai-juin. Les forces de la gauche traditionnelle, P.C.F. et F.G.D.S., toutes orientées vers la
perspective d'une alternative purement parlementaire,
ont estimé qu'il n'en était pas ainsi. Mais ceux qui pen-
saient que, par la grève générale elle-même et l'occupation des usines, un mouvement authentiquement révolutionnaire était possible, n'étaient pas prêts et n'ont
pas trouvé suffisamment de cohérence pour en faire la
preuve. »

Face au vide du pouvoir

Réfléchissant sur le même thème, le rapport au
congrès de la chimie qui suit les événements, précise
ses divergences avec certains groupuscules apparus en
mai 1968. « Quand certains leaders prônent une révolution "blanquiste" où la minorité agissante s'empare
un jour des leviers de commande par un complot soi-
gneusement préparé et dans un moment favorable, quand
d'autres prônent la constitution d'un parti léniniste où
les "révolutionnaires professionnels" envisagent la prise
de pouvoir violente par une minorité, il est bien évident
que nos divergences sont totales. »

Il demande en outre : « Avons-nous voulu passer directement à une société autogérée par un processus révolutionnaire ? » Et répond ainsi : « Si l'on appelle révolution un processus nous conduisant sans transition à la
société autogérée, alors nous n'avons jamais envisagé de
faire la révolution. Nous avons toujours gardé présent
à l'esprit l'inéluctabilité de transformations progressi-

33. Jean Ferniot, *France Soir*, 28 mai 1968.

ves des structures de la société. Par contre, nous avons envisagé sans réserve l'éventualité du mouvement populaire obligeant le régime de pouvoir personnel à laisser la place à un gouvernement de transition. »

Ce problème d'un gouvernement de transition, il est posé le 29 mai lorsqu'on apprend que De Gaulle a quitté l'Elysée et que les "allées du pouvoir" sont étrangement vides. Au cours d'une conférence de presse, E. Descamps déclare : « La crise sociale profonde que nous vivons ne peut se régler, malgré la volonté des organisations syndicales, parce que nous sommes maintenant engagés dans une crise politique qui est une crise de régime. Nous pensons que celle-ci ne peut trouver sa solution dans les formes parlementaires traditionnelles... »

Soulignant ensuite l'incapacité de la gauche traditionnelle à intégrer les forces nouvelles qui sont apparues et le risque grave que constitue le vide politique, il poursuit : « Il est apparu à la forte majorité de nos syndicats et cadres syndicaux que nous avons pu consulter, que Mendès-France est l'homme qui est capable de garantir les droits ouvriers conquis en fait dans les entreprises au cours de ces jours derniers, d'opérer les réformes de structure indispensables, d'animer une équipe susceptible de répondre à une large aspiration de démocratisation qui est propre au monde étudiant et au monde ouvrier, et donc d'assumer, avec les partis de gauche et ces forces nouvelles, les responsabilités du pouvoir... ».

E. Descamps affirme en conclusion qu'aucun processus de transformation n'est acceptable s'il y a danger pour les libertés. « La C.F.D.T., qui a toujours travaillé pour une alternative démocratique respectant toutes les libertés fondamentales répète aujourd'hui, plus qu'hier que si des mutations profondes doivent avoir lieu dans notre société politique et dans notre société française il convient que, dès maintenant, aucune formation ou aucun groupe ne s'arroge le droit de mettre en cause certaines libertés fondamentales... »

Par la suite, dans ses publications, la C.F.D.T. souli-

166

gnera le caractère " exceptionnel " du geste d'appel à Mendès-France, geste exceptionnel répondant à une situation exceptionnelle. Le secrétaire général de la C.F.D.T. se plaçait dans l'hypothèse, vraisemblable à ce moment-là, d'un " vide politique total ", d'une vacance du pouvoir liée à une " crise du régime ", privant les syndicats " d'interlocuteurs gouvernementaux ". Une des données de la situation était, pour le bureau confédéral de la C.F.D.T. que le P.C. et la C.G.T. constituaient à ce moment précis la seule force qui se mettait en mouvement en faisant descendre ses troupes dans les rues de Paris.

Aux yeux de la C.F.D.T., un gouvernement Mendès ne permettait pas seulement des " mutations profondes ", mais garantissait que ces mutations s'opéreraient dans le respect des libertés fondamentales de tous.

Lorsque De Gaulle aura repris en main ses troupes, la C.F.D.T. refusera la création d'un comité national de vigilance républicaine, proposé par la F.G.D.S., avec des ramifications au plan des localités. De Gaulle ayant dissout l'Assemblée en vue des élections législatives, la C.F.D.T. juge sage de ne pas présenter de programme de ne pas s'enfermer dans une perspective strictement électorale qui risquerait d'être exploitée comme le choix 'entre le gaullisme et le communisme ; elle préfère dégager les idées et les forces nouvelles qui, apparues lors de la crise, devraient s'exprimer désormais sur le plan politique. « ... Refusant le dilemne que veut imposer le pouvoir dans une campagne se réduisant à un affrontement entre les gaullistes et la gauche, Mitterrand-Waldeck-Rochet, la C.F.D.T. va s'efforcer de faire que le grand courant de rénovation animé par les étudiants et les travailleurs parvienne à trouver son expression politique dans l'action de la gauche. »

Face à une gauche non communiste évanescente

Plébiscité à travers les députés U.D.R. qui, après les élections législatives de juin 1968, investissent en rangs serrés le Palais Bourbon, De Gaulle souffre pourtant d'un "référendum rentré". Il a dû remplacer celui prévu en juin 1968 par des élections législatives. Il en annonce donc un pour 1969, qui vise la régionalisation et la réforme du Sénat ; tant au niveau du Sénat que des conseils régionaux, on envisage de mélanger dans une assemblée délibérative des élus et des membres désignés par les groupes socio-professionnels.

La C.F.D.T., le 2 avril 1969, déclare ne pouvoir "répondre que non", à la fois parce que la procédure choisie n'est pas conforme à la constitution, parce que le contenu du projet de loi ne correspond pas à ses positions, parce que dès avant l'ouverture de la campagne, le pouvoir fait une utilisation abusive de la radio et de la télévision, enfin parce qu'il s'agit en fait d'un plébiscite.

Abandonné par certains des siens, De Gaulle chute, alors qu'il dispose au Parlement d'une majorité massive ; une campagne présidentielle s'engage en mai-juin 1969.

Dès le 28 avril, le bureau confédéral C.F.D.T. déclare « qu'il relève de la responsabilité première des forces politiques désireuses de présenter au pays une alternative à la fois résolument novatrice et profondément démocratique, d'élaborer le programme permettant cette alternative ». Et le communiqué précise : « l'alternative attendue ne pourra recevoir (l'appui des travailleurs) que si elle répond véritablement à la volonté de démocratisation qu'(ils) ont exprimée en mai-juin 1968, en proposant les mutations profondes qui s'imposent dans l'entreprise, dans l'économie, l'enseignement et dans toute la vie politique du pays ».

Dès le 29 avril, le secteur politique rencontre Guy Mollet, puis une délégation de la convention des institutions républicaines, une délégation du P.S.U., P. Mendès-France, R. Buron, une délégation de la S.F.I.O. A travers ces contacts, la C.F.D.T. cherche à encourager les efforts en vue d'une candidature unique de la gauche non communiste. C'est ce qu'exprime le 5 mai le bureau confédéral. « Devant l'urgence des décisions à prendre, le B.C., tient à rappeler que les travailleurs ne comprendraient pas que ces débats (ceux des diverses composantes de la gauche) n'aboutissent pas très rapidement à dégager une candidature pouvant recevoir l'appui de toutes les forces démocratiques de gauche. »

Cet appel restera vain ; quelques jours plus tard, on a quatre candidats de gauche : Defferre, Duclos, Rocard, Krivine. L'opération Mitterrand réussie en 1965 n'a pu se renouveler, la F.G.D.S. s'étant désintégrée au lendemain de mai 1968.

Dans ces conditions, la C.F.D.T. ne peut que manifester son désir (hélas bien platonique) d'un "profond changement politique" et souligner qu'il est important que « les travailleurs contribuent à la défaite du candidat de la majorité gouvernementale actuelle ». Ses vœux ne sont pas exaucés puisqu'au second tour on retrouve, face à face, Pompidou et le centriste Poher.

Fallait-il, comme le P.C., la C.G.T., le P.S.U., se réfugier dans l'abstention, en considérant selon la formule de Duclos que Pompidou et Poher, c'était "blanc bonnet et bonnet blanc". « Pouvait-on, écrit A. Détraz, après avoir dénoncé le gaullisme et sa déviation autoritaire depuis tant d'années, faire comme si ce danger devenait subitement mineur pour ne pas dire négligeable ? La confédération a voulu rester dans la logique de ses positions. Entre deux candidats dont l'un avait largement contribué pendant six ans à freiner toute politique de progrès social... la confédération a considéré qu'il s'agissait moins d'un choix que d'éliminer le plus dangereux, tant pour l'action ouvrière, le respect des libertés, que pour l'avenir de la gauche »[34].

Le B.C. décide en conséquence le 6 juin à l'unanimité (moins une abstention) de publier un éditorial dans *Syndicalisme*[35].

« ... Nous voici placés devant le second tour. Indiquons nettement que le choix qui s'impose à nous ne

34. « Orientations et positions de la C.F.D.T. en matière politique » (formation), janvier-février 1970.
35. 12 juin 1969.

correspond pas à nos exigences de transformation de la société, ni à nos perspectives de politique de progrès social et de réformes des structures économiques... »

Mais ce choix concerne l'ensemble des libertés démocratiques. « Dans cette perspective, il n'est pas possible à un républicain, à un démocrate, à un syndicaliste soucieux de sa liberté de contestation de rester indifférent au scrutin du 15 juin. Toute abstention ne peut être qu'une désertion : un refus de choisir qui aboutit en fait à choisir, s'abstenir c'est accepter ce que d'autres décideront pour vous... Ainsi, le 15 juin, il est évident que l'affrontement se situe au plan de deux politiques conservatrices, mais il n'est pas indifférent pour un démocrate de voter contre celle qui s'éloigne le plus de ses convictions... » Cette décision du B.C. va provoquer dans la centrale un certain nombre de réactions parmi les partisans de l'abstention.

Voter Poher, telle est en 1969 le seul choix qui reste à des syndicalistes qui voient s'évanouir tous leurs espoirs d'une alternative de gauche crédible. La gauche est éparpillée, entre le "nouveau parti socialiste", continuation de la S.F.I.O., la convention des institutions républicaines, le P.S.U., et nul ne voit à cette date comment peut sortir de là un grand parti socialiste.

En outre, le P.S.U., qui apparaît le plus porteur des "espoirs de mai" va poser des problèmes aux syndicalistes. En décembre 1969, on assiste à une controverse entre le P.S.U. et la fédération de la chimie C.F.D.T. Divers textes du P.S.U. semblent confiner le syndicat aux revendications immédiates, à la négociation, aux compromis, les militants politiques dans l'entreprise étant chargés de la perspective révolutionnaire. La fédération chimie, qui considère que l'autonomie syndicale consiste précisément pour le syndicat à définir sa propre stratégie, refuse une telle optique et proteste vigoureusement auprès de la direction du P.S.U. Elle est d'autant plus inquiète qu'un leader P.S.U., M. Heurgon, n'hésite pas à déclarer : « Il faut que nous intervenions, en tant que force politique à l'intérieur des syndicats et que

170

nous le disions clairement. » Approfondissant le débat dans *Chimie-Informations*, J. Moreau conclut : « Ainsi que nous l'avons maintes fois dit, la gauche en France aura prise sur l'événement et atteindra ses objectifs dans la mesure où les organisations politiques et syndicales seront capables de modifier leur comportement et de travailler ensemble sur un pied d'égalité. Nous comprenons qu'il peut être tentant, après mai 1968, de puiser dans l'histoire et les grands ancêtres pour préparer, après l'échec de 1905 (échec de la révolution russe), le succès de 1917 ; mais le monde a évolué. On n'a pas encore répondu à la question de savoir ce qu'était un parti révolutionnaire dans une société industrielle et quel devait être le rôle et la fonction du syndicat, du parti et des autres forces dans la construction d'une autre société. Fidèle à la ligne définie à ses congrès, la Fédération des industries chimiques, est, pour sa part, prête à toute confrontation et à toutes les recherches sur cette question qui concerne l'ensemble des travailleurs »[36].

C.G.T. : *une stratégie d'union de la gauche mise en échec en* 1968

A partir de 1962, à l'occasion du référendum et des élections législatives, la C.G.T., comme le P.C.F., enregistre les premiers signes d'une possible union de la gauche, c'est-à-dire de la réintégration du P.C.F. dans le jeu politique. Tout au long de la période, la centrale œuvre pour que s'élargissent les possibilités entrevues et qu'on aboutisse à un programme commun des forces de gauche.

Jusqu'à l'automne 1965, les progrès en ce sens sont faibles, et la C.G.T. met davantage l'accent sur une stra-

---

36. N° 183, janvier 1970.

tégie anti-monopoliste. Mais avec la candidature Mitter-rand aux élections législatives et la constitution de la F.G.D.S., l'espoir d'un nouveau "Front populaire" se profile à l'horizon ; il va se renforcer encore lors des législatives de 1967 et en mars 1968, avec la signature d'une plate-forme commune P.C.-F.G.D.S.

Prenant appui sur l'accord d'unité d'action conclu en janvier 1966 avec la C.F.D.T., la C.G.T. tente en 1967 d'entraîner cette dernière dans un front syndicalo-poli-tique, à l'occasion de la lutte contre les ordonnances remettant en cause la sécurité sociale. La C.F.D.T. renâ-cle et, après son congrès de 1967 qui met l'accent sur ses affinités avec la gauche non communiste, elle est accusée par la C.G.T. d'être un obstacle à la réalisation de l'union de la gauche, une nostalgique de la "troisième force".

Cependant les événements de mai 1968 viennent per-cuter de plein fouet la stratégie mise en œuvre depuis 1962. Refusant de la remettre en cause, P.C.F. et C.G.T. tentent vainement d'utiliser les grèves pour accélérer le processus, pour obliger leurs partenaires politiques et syndicaux à souscrire à un programme commun. Ils échouent, et le recul de la gauche aux élections de 1968, l'effritement de la gauche non communiste en 1969, rejet-tent dans un avenir plus ou moins lointain la réussite d'une stratégie qui n'est nullement abandonnée.

Un rassemblement aux contours plus ou moins nets

Face à la volonté de De Gaulle de faire élire le prési-dent de la République au suffrage universel, le P.C.F. appelle dès le 9 septembre 1962 à "l'union de tous les démocrates contre le plébiscite". L'éditorial du *Peuple*, début octobre, assimile le "oui" demandé au peuple à un « acte de renoncement explicite à ses droits et de sou-mission inconditionnelle à un dictateur tout puissant ». Il souligne que les travailleurs prendront leur place « aux

172

côtés de tous les démocrates et républicains pour faire échec à la tentative de De Gaulle ».

Le rapport de Krasucki au C.C.N. d'octobre 1962 remarque que « le fait nouveau, le fait prometteur, c'est l'étendue et la vigueur qu'ont pris cette fois l'opposition au plébiscite » : l'ensemble des formations politiques, à l'exception des "inconditionnels" de l'U.N.R., a pris position pour le "non". Et le rapporteur insiste sur le fait que « souvent on retrouve une argumentation qui rejoint la nôtre à de nombreux égards, y compris de la part de formations qui ont soutenu la mise en place du régime en 1958... Des hommes et des femmes sont amenés à poser les questions de l'union autrement qu'ils le faisaient par le passé, à se prononcer contre les exclusives ». Contrairement à la C.F.T.C. qui, défavorable à la solution gaulliste, refuse cependant d'être comprise dans le "cartel des non", la C.G.T. se félicite de la « convergence de l'action de toutes ces forces pour le non ».

Pour H. Krasucki, ce fait n'est pas seulement une réaction démocratique, mais la conséquence de la prise de conscience de la nocivité du pouvoir des monopoles. Cette prise de conscience, c'est d'abord, bien sûr, celle de la classe ouvrière, mais aussi d'autres couches « victimes des monopoles : les paysans notamment, ainsi que les classes moyennes des villes ». Les prévisions faites par la C.G.T. à ce propos, lors de ses congrès de 1959 et 1961, « ont commencé à entrer dans la vie et elles déterminent déjà les changements politiques importants » [37].

En dépit de cette évolution, les "non" ne regrouperont que 37,7 % des suffrages exprimés ; toutefois la C.G.T. se console en constatant que De Gaulle "a perdu 5 millions de suffrages" [38] par rapport au référendum de 1958 approuvant la constitution [39].

37. *Le Peuple*, 1-15 novembre 1962.
38. Rapport d'orientation, congrès C.G.T., 1963, *Le Peuple*, 11-20 mars 1963.
39. On notera que la C.G.T. compte large (17,6 millions de oui en 1958, 13,1 millions en octobre 1962).

Ce qui apparaît à la C.G.T. le plus encourageant, c'est "le regroupement des forces démocratiques, leur union", au deuxième tour des élections législatives qui suivent, "sur des candidats communs, et le succès d'un grand nombre d'entre eux" [40]. On se félicite de la décision de Guy Mollet appelant entre les deux tours à des désistements réciproques entre socialistes et communistes.

Deux mois après les élections, se tient à Gennevilliers la conférence nationale du P.C.F. qui souligne que la renaissance démocratique et nationale ne peut être menée à bien par un seul parti, fut-il le P.C.F., mais qu'elle exige « une alliance loyale sur la base d'un programme démocratique commun entre le parti communiste et les autres partis démocratiques et notamment avec le parti socialiste » (3-4 février 1963). Cette nécessité d'un programme est affirmée en mai dans le rapport de Frachon au congrès C.G.T. : « Nous pensons qu'il y a actuellement entre ces partis (P.C. - S.F.I.O. - P.S.U. - radicaux et autres)..., ainsi qu'avec d'autres couches sociales de la population et les syndicats eux-mêmes, assez de points communs pour marcher ensemble vers un renouveau de la démocratie dans notre pays et pour la réalisation d'un programme d'action économique et sociale ». Et l'orateur affirme la volonté de la centrale de participer à l'établissement de ce programme.

Le rassemblement envisagé est du type anti-monopoliste. B. Frachon insiste sur les « couches sociales victimes de la spoliation des monopoles », couches « qui ne peuvent, ni n'ont envie de s'intégrer dans les organisations syndicales ouvrières, mais qui sont influencées par des partis, des organisations politiques et économiques qui représentent leurs intérêts ». Les paysans sont l'objet d'une particulière attention [41].

Devant les métallos de la région parisienne, lors de l'assemblée qui marque la "rentrée sociale", en 1964, B. Frachon revient sur ce thème qui caractérise un an

40. *Le Peuple*, 11-20 mars 1963.
41. *Le Peuple*, 11-31 mai 1963.

plus tard le rapport au congrès C.G.T. de 1965. « Il est nécessaire, déclare L. Mauvais, de mettre fin à la domination des monopoles et de substituer au pouvoir personnel un régime de démocratie. Pour cela, la classe ouvrière a besoin de s'allier avec les autres couches populaires, victimes de la même politique des monopoles et du pouvoir, avec tous ceux qui aspirent au progrès social »[42]. Comme l'indique le document d'orientation pour ce congrès, « c'est la base sociale du rassemblement des forces démocratiques pour lequel se prononce la C.G.T. »[43].

Réactions à la candidature Defferre

Dès 1963, alors que divers clubs et des journaux comme *L'Express* envisagent le lancement d'une candidature à la présidence, le P.C.F. réagit. Lors du C.C. d'octobre, Guyot lance un avertissement : « A ceux qui placent le choix d'un candidat commun à la présidence de la République avant l'entente sur un programme, nous leur disons qu'ils se trompent. »

En janvier 1964, Defferre, qui s'est déclaré candidat, précise qu'il n'engagera pas de pourparlers avec le P.C.F. Il entame alors un tour de France où il se propose de rencontrer diverses organisations, et notamment les organisations syndicales. C'est à ce propos que la C.G.T. va réagir. La C.A. de février 1964 approuve la décision prise par les U.D. de Gironde et de l'Aude de refuser l'invitation du candidat et d'avoir ainsi évité de « donner, même en apparence, l'appui ou la caution de la C.G.T. à la candidature de Gaston Defferre ». Après avoir souligné la liberté en matière politique de chaque adhérent, le communiqué déclare que la C.G.T. "en tant qu'organisation" ne saurait « accepter de soute-

42. *Id.*, 20 mai 1965.
43. *Id.*, 15 mars 1965.

nir une quelconque candidature qui ne reposerait pas sur un accord sans exclusive des forces démocratiques et syndicales réalisés sur un programme commun » [44].

Le rapport de Berteloot au C.C.N. de juin 1964 revient sur le problème. Il note d'abord que les résultats des élections cantonales et d'une législative partielle montrent « une évolution des masses par rapport au gaullisme, en même temps que les grandes possibilités ouvertes au rassemblement des forces de gauche ». Encore faudrait-il, pour que ceci puisse s'exprimer véritablement, que des perspectives claires et précises soient ouvertes, ce qui, selon le rapporteur n'est pas le cas de la candidature Defferre ; il parle à ce propos d'"équivoque" de « manœuvres qui rappellent par trop les mœurs de la IV° République » [45].

Comme exemple de rassemblement allant dans le bon sens, il cite le comité national contre la force de frappe au sein duquel siègent des représentants des partis (P.C., S.F.I.O., P.S.U., radicaux), des syndicats (C.G.T., F.E.N., U.N.E.F., S.G.E.N.), de la ligue des Droits de l'Homme, de nombreuses organisations de jeunesse et de divers mouvements démocratiques. Il regrette au passage que ni la C.F.T.C., ni F.O., n'aient donné leur adhésion bien que la première se soit prononcée contre la force de frappe.

Le ralliement à la candidature Mitterrand et les suites

Defferre retire sa candidature le 25 juin 1965 et, le 9 septembre, F. Mitterrand annonce la sienne, après un entretien avec G. Mollet, M. Faure et D. Mayer. Le 16, il reçoit l'appui de la S.F.I.O. Le 21, il présente ses sept options et lance un appel à l'union de tous ceux qui "se reconnaissent de gauche", ajoutant que ce serait une faute grave qu'il y ait des candidatures de division. Il souhai-

---

44. *Id.*, 1-15 mars 1964.
45. *Id.*, 1-15 juillet 1964.

te que d'autres trouvent dans sa déclaration « assez de concordance pour estimer que mieux vaut se battre ensemble que d'aborder la lutte dans les conditions que désire le pouvoir ».

Le 23 septembre, le P..C se rallie à cette candidature, constatant que « les options présentées par M. Mitterrand, tant en politique intérieure qu'en politique extérieure comprennent de nombreux objectifs qui figurent dans le projet de programme du parti communiste ».

Le 15 octobre, la C.A. de la C.G.T. considère comme un progrès le fait que « des partis et organisations de l'opposition démocratique apportent leur appui à la candidature de François Mitterrand. Certes les options qu'il a définies ne comprennent pas tous les objectifs et revendications pour lesquels lutte la C.G.T. », mais la centrale se retrouve dans plusieurs des options annoncées. Pour la C.G.T., c'est une avancée vers l'établissement d'un programme commun qui reste son objectif, une avancée qui est un « encouragement et un élément de confiance pour les démocrates et plus particulièrement pour les travailleurs... » [46]

Dans le rapport au C.C.N. C.G.T. de novembre, Mascarello est encore plus précis. Après avoir noté que la C.A. a constaté un fait : l'accord des forces démocratiques sur une candidature de progrès et qu'elle s'en est réjoui, il ajoute : « Si cela doit être interprété comme un appel à voter Mitterrand, souhaitons que les plus larges masses ouvrières s'en inspireront » [47].

Il souligne par ailleurs que cette candidature, "facteur d'union", porte en elle des développements ultérieurs de renforcement de l'unité d'action des forces ouvrières, dans les entreprises ou les localités.

Au lendemain du premier tour de scrutin où le candidat unique de la gauche, avec 32,2 % des voix, met De Gaulle en ballotage (43,7 %), B. Frachon exprime la satisfaction de la C.G.T., soulignant que ce sont en

---

46. *Id.*, 1-15 novembre 1965.
47. *Id.*, 16-30 novembre 1965.

général les centres ouvriers qui ont apporté le pourcentage de voix le plus élevé à F. Mitterrand. Il appelle les militants à faire tout ce qui est en leur pouvoir entre les deux tours pour assurer "la victoire de la démocratie et du progrès social". Ce ne sera pas suffisant pour assurer le succès.

Mais quinze mois plus tard, il y a une autre échéance avec les élections législatives. Malgré la pression exercée par le P.C.F. et la C.G.T., pression que ces deux organisations s'efforcent de développer à la base, la F.G.D.S. refuse toujours la discussion d'un programme commun. Inaugurant la bourse du travail de Vierzon le 23 novembre 1966, B. Frachon déclare que la C.G.T. considère « comme une grande faiblesse que les partis de gauche ne soient pas encore parvenus à un accord sur un programme ». Pour hâter cette réalisation, *Le Peuple*, début décembre, publie un appel en ce sens signé à titre personnel par des militants C.G.T., C.F.D.T., F.O. et F.E.N.

Il n'y aura pourtant pas de programme commun, simplement l'affirmation de convergences, lors d'une rencontre P.C.-F.G.D.S. le 13 décembre, convergences qui justifient un accord de désistement réciproque. Et le 8 mars 1967, entre les deux tours, le bureau de la C.G.T., après s'être félicité des résultats du premier tour, affirme que « le rassemblement des formations de gauche pour le deuxième tour est salué par les travailleurs comme un *nouveau pas en avant* vers la solution que posent aujourd'hui les revendications syndicales auxquelles le pouvoir s'oppose brutalement. C'est pourquoi, conscients de l'enjeu du deuxième tour, ils ne manqueront pas de participer massivement au succès des candidats uniques de la gauche » [48].

Dans son rapport au congrès de 1967, L. Mauvais, faute de programme commun, se contente de l'accord de décembre 1965, soulignant qu'il comportait « de nombreux objectifs communs, y compris certaines des

---

48. *Id.*, 16-31 mars 1967.

revendications que nous formulons » et qu'il constitue
« une base d'action commune au-delà des élections ».

Mais la C.G.T. ne saurait s'en satisfaire ; tout au long
de l'année 1967, elle va, comme nous le verrons, exercer
une pression sur la C.F.D.T. pour passer d'un accord
d'unité d'action syndicale à un accord syndicalo-politique en vue de l'élaboration d'un programme commun.

Si cet effort vis-à-vis de la C.F.D.T. aboutit à un échec,
par contre, l'amélioration des rapports P.C.-F.G.D.S.
conduit à un accord, sinon sur un "programme", du
moins sur une "plate-forme", le 24 février 1968.

Début mars, la C.A. de la C.G.T. se félicite de la publication de cette plate-forme. « Elle la considère comme
une nouvelle et importante étape dans le rassemblement
des forces de gauche en vue d'offrir à notre pays une
alternative démocratique et répondant aux intérêts des
travailleurs. »

Dans le texte, la C.G.T. relève plus particulièrement
« la volonté commune affirmée d'affaiblir les positions
qu'occupent les grandes féodalités économiques dans
l'Etat et dans la Nation, de réformer les institutions et
de démocratiser l'économie par un ensemble de mesures
comprenant notamment une extension des nationalisations, leur gestion démocratique, dans le cadre d'une
planification au service de la Nation. »[49]

De l'unité d'action syndicale à l'action politico-syndicale

Dans le rapport au congrès C.G.T. de 1967[50], L. Mauvais insiste sur l'importance des progrès de l'union de
la gauche : « Ils renforcent la confiance des travailleurs
et leur combativité, ils favorisent l'unité syndicale et la
lutte pour les revendications. Il ne fait pas de doute que
si les grands mouvements revendicatifs unitaires de l'année écoulée ont contribué aux progrès de l'union des

49. *Id.*, 16-31 mars 1968.
50. *Id.*, 1-30 juin 1967.

partis de gauche, de leur côté, ces progrès, l'accord et le succès aux élections législatives, ont contribué à donner une plus grande confiance et un plus grand élan aux grèves et mouvements revendicatifs que nous connaissons notamment depuis le début de l'année. »

Il y aurait une sorte de lien dialectique entre progrès de l'union de la gauche et progrès de l'action ouvrière.

Cette constatation n'est pas nouvelle, mais ce qui est nouveau en cette année 1967, c'est l'effort qui va être développé par la C.G.T. pour entraîner la C.F.D.T. dans une action commune avec les partis de gauche. L'action contre les ordonnances et notamment contre celles qui transforment le système de sécurité sociale, est l'occasion de cet effort. A la suite de la grève générale du 17 mai 1967, le processus se met en marche.

Le 3 août, dans *L'Humanité*, on trouve côte à côte un communiqué de la C.G.T. qui appelle à développer l'action pour "contraindre le pouvoir à renoncer à ses objectifs rétrogrades" et un article de W. Rochet et F. Billoux conviant tous les travailleurs à agir pour faire échec aux mesures du pouvoir. Le lendemain est publié un communiqué commun P.C.-F.G.D.S. ; les deux formations se déclarent « résolues à participer en commun à la lutte des forces sociales et politiques afin de faire échec aux projets gouvernementaux ».

En octobre, c'est en sens inverse que ce genre d'appel se renouvelle. Le C.C. du P.C. à Vitry demande le 18 octobre un renforcement de l'action revendicative, tandis qu'un communiqué commun F.G.D.S.-P.C. appelle au "développement de l'action unie des masses populaires". La C.G.T. y fait écho : sa C.A. se joint "à l'appel lancé par le P.C.F. et la F.G.D.S." et demande que tout soit mis en œuvre « pour donner à la lutte des travailleurs une dimension nationale ».

Mais c'est en décembre que la pression sur la C.F.D.T. va se faire la plus forte. Dans *L'Humanité* du 7 décembre, R. Buhl considère que le niveau atteint par le développement des luttes appelle la participation des partis : « Nous en sommes parvenus à un stade de l'évolution politique où, à la C.G.T., nous avons la conviction que la grande masse des travailleurs ressent la nécessité d'un dialogue entre les organisations syndicales et les partis politiques de gauche. »

La réponse du P.C. est immédiate et, le lendemain, le bureau politique « apporte le soutien actif de tous ses militants et militantes, de ses élus, de sa presse aux luttes en cours, à la préparation et à la pleine réussite de la journée nationale interprofessionnelle du 13 décembre »[51]. Concrètement, ceci se traduit par la décision des fédérations communistes de la région parisienne de participer officiellement au défilé organisé en commun par la C.G.T. et la C.F.D.T. Celle-ci va réagir violemment contre l'installation de fait de dirigeants politiques, aux côtés des dirigeants syndicaux, dans les tribunes érigées place de la Bastille.

La Vie ouvrière souligne quelques jours plus tard la signification de cette journée qui marque une étape dans la progression vers un front syndicalo-politique. « Ajoutons — et ce n'est pas le trait le moins important de cette journée... — que tous les partis de gauche ont apporté leur soutien à la lutte des travailleurs et qu'on vit dans plusieurs villes, à commencer par Paris, des représentants de ces partis dans les défilés »[52].

Un mois plus tard, H. Krasucki revient sur cette idée qu'à partir d'un certain seuil atteint par l'action syndicale, on ne progresse dans la réalisation des objectifs qu'en élargissant l'action aux partenaires politiques.

Lors du comité national C.F.D.T. d'avril 1968, E. Descamps dénonce cette volonté cégétiste qui s'insère dans le cadre de la stratégie du P.C.F. « Depuis mai (1967), la C.G.T. était plus préoccupée de la réalisation d'une vaste opération de caractère politique tendant plus à mobiliser les masses qu'à rechercher la plus large concertation des forces syndicales... » Et il commente : « Si on peut admettre qu'il ne s'agit pas de consignes directes

---

51. *L'Humanité*, 8 décembre 1967.
52. 20 décembre 1967.

du P.C.F. sur la C.G.T., nous observons que, du fait d'analyses et de conceptions identiques, les militants syndicaux adhérents au P.C.F. tendent à utiliser les motifs de mécontentement à des fins d'action de masse de caractère unitaire et politique dans le cadre de la tactique et de la stratégie du P.C.F. »[53].

La C.F.D.T. dénoncée comme obstacle à l'unité de la gauche

A partir de la lutte pour la reconquête de la sécurité sociale, il s'agit d'aller plus loin, vers une rencontre commune entre syndicats et partis de gauche, visant à examiner l'ensemble des problèmes des travailleurs, en somme l'ébauche d'un programme commun. Cependant l'affaire n'apparaît pas encore mûre, comme l'écrit R. Buhl, qui examine les implications de l'action cégétiste dans le domaine politique. « Il nous apparaît éminemment souhaitable, dans le souci de l'efficacité, que les responsables de la C.G.T. et de la C.F.D.T. soient reçus ensemble par une délégation comprenant les représentants de tous les partis de gauche. L'affaire ne paraît pas encore mûre, mais nous ferons, pour notre part, tout pour qu'il en soit ainsi le plus rapidement possible... »[54]

L'obstacle à ce dialogue, R. Buhl le voit dans la volonté affirmée par la C.F.D.T., lors de son dernier congrès, de "personnaliser" son action. Ce souci est, d'après le dirigeant cégétiste, particulièrement affirmé dans les déclarations selon lesquelles « les formations et groupes de la gauche non communistes seraient considérés comme les partenaires privilégiés de la C.F.D.T. Il y a là résurgence d'une idée caressée par certains et qui aurait pour objectif la création d'un rassemblement syndical autour de la gauche non communiste ». Et il conclut :

---

53. *Syndicalisme*, 29 avril 1968.
54. *Le Peuple*, 16-30 décembre 1967.

« Bien entendu une telle tactique est en contradiction avec l'accord C.G.T.-C.F.D.T. qui y fait obstacle (la C.G.T. n'a pas de partenaire privilégié) » ! ! ! [55] A. Berteloot va revenir sur cette question lors du congrès des cheminots, fin janvier 1968. Il dénonce la volonté des cédétistes de revenir à leurs vieux démons en cherchant à constituer une "troisième force" qui viserait à cantonner P.C. et C.G.T. dans le rôle de force d'appoint. « Au total on assiste, sur le plan syndical, à la conjonction d'éléments disparates dont le dénominateur commun demeure la méfiance maladive à l'égard de la C.G.T. et qui trouvent d'ailleurs leur pendant dans le domaine politique où se font jour certaines tentatives pour rallier des éléments du centre en contrepoids à l'extrême gauche. Tout cela rappelle de vieilles idées et formules fondées sur l'espoir de confiner la C.G.T. et le P.C. dans un simple rôle d'appoint d'une sorte de "troisième force", seule investie du pouvoir de décision... » [56].

En avril 1968, E. Descamps ayant affirmé le refus de la C.F.D.T. d'être "utilisée par le parti communiste", analyse ainsi la position des non-communistes de la C.G.T. : « Pour les non-communistes de la direction confédérale C.G.T., l'habitude d'un travail en commun avec des responsables du P.C., l'absence de contacts suivis avec d'autres expressions politiques, les conduisent en définitive à des positions proches ou analogues à celles des membres communistes du bureau confédéral » [57]. Cette déclaration déplait aux dirigeants cégétistes qui considèrent toujours comme une calomnie l'affirmation que leur politique est calquée sur celle du P.C.F.

D'où des réactions brutales de Krasucki et Berteloot. Au congrès de l'union régionale parisienne C.G.T., le premier après avoir rappelé les "regrettables déclarations" du "camarade" Descamps, souligne qu'il s'agit là d' « arguments anti-communistes qu'on aurait pu croire

55. *Id.*, 16-30 décembre 1967 (rapport au C.C.N.).
56. *Id.*, 1-15 février 1968.
57. Déclaration à *Paris-Match*.

relégués au triste musée des accessoires des temps de division qui ont fait assez de tort... la C.F.D.T. freine, déclare Krasucki, le regroupement des forces de gauche et préconise un retour aux vieilles pratiques d'avant 1958 qui ont laissé un si mauvais souvenir » [58].

Retour avant 1958 pour Krasucki, mais retour en arrière encore plus lointain pour Berteloot qui considère que les arguments ne sont autres que ceux développés par les hommes que la C.G.T. a longtemps assimilés aux traîtres, les scissionnistes de 1948 : « En fait, le secrétaire général de la C.F.D.T. reprend ni plus ni moins les vieux slogans lancés contre la C.G.T. par les promoteurs de la scission syndicale en 1948... » déclare-t-il devant le congrès de l'U.D. du Gard fin avril [59].

Quand le parti cherche à infléchir la dynamique revendicative

Comme l'expliquent *les Cahiers du Communisme*, le parti doit intervenir constamment dans l'action revendicative, tâche première du syndicat : « Les cellules d'entreprises doivent faire preuve d'une grande activité pour soutenir les revendications, aider les travailleurs à renforcer leur action, en leur montrant que le combat est nécessaire et qu'il n'est pas d'autres chemins pour obtenir satisfaction... Parfois certains pensent que la cellule et le journal n'ont pas à intervenir au cours d'une lutte qu'ils ont d'ailleurs contribué à préparer par leurs explications. Le parti n'aurait de rôle à jouer que sur les grands problèmes et par temps calme. A notre avis, il doit au contraire intervenir en permanence, ce qui ne veut pas dire n'importe comment » [60].

Mais cette action continue à la base n'exclut nullement les interventions du sommet, notamment lorsque

---

58. *Le Peuple*, 15-30 avril 1968.
59. *Id.*, 1-15 mai 1968.
60. *Cahiers du Communisme*, décembre 1966.

le noyau dirigeant juge que l'action s'oriente dans un sens contraire aux intérêts du P.C.F. C'est ce qui apparaît dans les premiers mois de 1968. A Caen, en janvier, les grèves de la Saviem manifestent une détermination toute particulière de la part de jeunes travailleurs, employés comme O.S., sans qu'on tienne compte des diplômes qu'ils ont acquis. La flambée de violence qui se manifeste inquiète le P.C.F., tout autant que le type de revendications mises en avant.

Analysant cette période, B. Badie écrit : « Le début de l'année 1968 avait... placé le P.C.F. devant une situation difficile. D'une part la combativité ouvrière augmentait de façon sensible... D'autre part, à mesure qu'elle se développait, cette combativité était de moins en moins contrôlée par le P.C.F. et la C.G.T. : des grèves comme celles de la Saviem révélaient le développement de luttes nouvelles ; le processus unitaire aboutissait à des résultats décevants... » [61]

Aussi, le C.C. du P.C.F. réuni en avril à la Courneuve n'hésite pas à critiquer les orientations prises par les luttes et dénonce en termes voilés une tactique trop unitaire qui laisse de côté les objectifs définis par le P.C. Pour pallier des risques, on va privilégier les actions à la base en y renforçant la participation des organisations communistes locales. « Comme pour refléter ces nouvelles dispositions, les mois de mars et d'avril furent marqués par la succession de quatre-vingt-six débrayages dans la seule usine Renault de Billancourt » [62], et le P.C.F. va en quelque sorte ériger en modèle ce type d'action. Devant la section communiste de Billancourt, G. Marchais explique : « Naturellement, il ne nous appartient pas ici de décider de l'orientation de la C.G.T. dans l'usine... Mais il est tout à fait normal que les communistes qui assument des responsabilités dans cette grande organisation de masse, aux côtés des non-communistes, nous fassent partager leurs problèmes, leurs préoc-

61. B. Badie, *op. cit.*, p. 121.
62. *Id.*

cupations, leurs expériences. Or, après avoir entendu ces camarades, je le dis franchement, l'activité du syndicat C.G.T. à la Régie mérite d'être retenue comme un exemple pour beaucoup d'entreprises de la métallurgie » [63].

La tactique des débrayages répétés que G. Marchais donne comme modèle permet à la fois de remettre au premier plan des "revendications justes", c'est-à-dire essentiellement de type économique, capables de rassembler la grande majorité des travailleurs, d'autre part de permettre un recrutement de syndiqués cégétistes et d'adhérents communistes. C. Poperen reviendra quelques jours plus tard dans *France Nouvelle* sur la nécessité du retour à la lutte d'atelier, comme moyen d'éviter la recherche de "revendications particulières" susceptibles de faire dévier l'action.

Au comité central de la Courneuve le 18 avril, G. Ansart, après avoir rappelé la nécessité de mettre au premier rang les revendications salariales, constate que le processus unitaire a entraîné un relâchement dans la mise en œuvre de tâches d'éducation politique : « Dans ces conditions, on enregistre, au cours des luttes, la faiblesse ou tout simplement l'absence de la lutte politique et idéologique de la part des organisations du parti. » Rappelant que, selon M. Thorez, l'un des buts de l'action revendicative est justement de permettre aux militants communistes de diffuser leurs projets et leurs idées auprès des grévistes, il insiste sur la nécessité de travailler au renforcement des activités du parti au sein du syndicat pour "orienter, éclairer les syndiqués". Enfin il dénonce une conception "opportuniste" de l'unité, l'unité à tout prix.

On ne peut que noter le parallèlisme avec le discours de B. Frachon devant les ouvriers de l'arsenal de Toulon le 2 avril 1968. Ayant insisté sur la nécessité de ne jamais sacrifier le programme de la C.G.T. aux "revendications communes", il souligne qu'une telle pratique

---

63. *France Nouvelle*, 2 mai 1968.

tend à se développer dangereusement et qu'il importe de corriger cette déviation : « Faut-il donner à penser que nous accordons moins d'importance à notre programme et à tout ce que nous avons propagé dans la classe ouvrière qu'aux revendications contenues dans l'accord d'unité d'action ? »

Ainsi apparaît-il qu'à la veille de mai 1968, P.C. et C.G.T. s'efforcent à la fois de réorienter l'action pour mieux maîtriser son développement et de privilégier les revendications du programme cégétiste ou communiste en mettant une sourdine à l'unité d'action avec la C.F.D.T.

A l'heure de la grève de masse (mai 1968)

B. Badie, traitant des rapports P.C.-C.G.T. au cours du mouvement de mai 1968, parle d'une "totale symbiose" unissant le parti et son organisation de masse : « Un tel résultat est dans la logique de la stratégie communiste : la grève de masse est en effet considérée comme le lieu privilégié de la réconciliation des objectifs revendicatifs ouvriers et des objectifs politiques partisans. Il est donc naturel que la direction de cette grève revienne au parti seul. Il est de même normal que l'autonomie syndicale vienne à diminuer à mesure que la dimension des luttes tend à croître »[64].

A l'heure où P.C.F. et C.G.T. commencent à réorienter leur action au niveau le plus bas et sur des objectifs économiques, le mouvement étudiant vient jeter la perturbation, d'où une volonté de s'en distinguer nettement aussi bien à la C.G.T. qu'au P.C.F.

Dans *L'Humanité* du 3 mai, G. Marchais ne mâche pas ses mots : « Comme toujours lorsque progresse l'union des forces ouvrières et démocratiques, les groupuscules gauchistes s'agitent dans tous les milieux... Non satisfaits

---

64. B. Badie, *op. cit.*, p. 161.

de l'agitation qu'ils mènent dans les milieux étudiants — agitation qui va à l'encontre des intérêts de la masse des étudiants et favorise les provocations fascistes — voilà que ces pseudo-révolutionnaires émettent maintenant la prétention de donner des leçons au mouvement ouvrier... Ces faux révolutionnaires doivent être énergiquement démasqués. »

Le 7 mai, dans une conférence de presse, G. Séguy rappelle la solidarité entre étudiants, enseignants et classe ouvrière qui repose sur des principes et une longue tradition « qui nous incitent justement à n'avoir aucune complaisance envers les éléments troubles et provocateurs qui dénigrent la classe ouvrière, l'accusent d'être embourgeoisée et ont l'outrancière prétention de venir lui inculquer la théorie révolutionnaire et diriger son combat ».

Il convient en outre d'affirmer la personnalité de la jeunesse ouvrière par rapport à la jeunesse étudiante et A. Berteloot, dans *L'Humanité* du 8 mai, présentant le "festival de la jeunesse travailleuse", organisé par la C.G.T., déclare : « S'il y a mécontentement chez les étudiants, la situation est encore pire chez les jeunes travailleurs. »

Cependant dans les jours qui suivent, on note une nette évolution, face à la répression policière dont sont victimes les étudiants, évolution qui se manifeste tant par certains communiqués, tel celui de la section P.C. de Renault-Billancourt qui, dès le 9 mai, réclame la réouverture des facultés, que par la participation de la C.G.T. à l'organisation de la riposte massive du 13 mai, que soutient aussitôt le P.C.F. Mais, dès l'annonce du projet d'action commune, *L'Humanité* entreprend un sérieux effort pour insérer les demandes propres aux étudiants dans un vaste ensemble où dominent les revendications classiques à caractère socio-économique [65].

Très rapidement, le P.C.F. et la C.G.T. sont alertés sur le degré de combativité de la base et, dès le 16, la C.G.T.

---

65. *Id.*, p. 93-94.

donne des consignes souples : réunion sur le lieu de travail pour déterminer les conditions d'entrée dans la lutte ; les militants sont appelés à prendre toutes les initiatives de nature à élever le niveau de l'action.

Pour certains observateurs, les consignes souples de la C.G.T. n'excluent nullement des consignes strictes données dans certains secteurs-clés par l'intermédiaire du P.C.F. Annie Kriegel explique ainsi que, devant la menace de débordement, le parti « déclenche l'agitation ouvrière pour la jeter en travers et y noyer l'agitation étudiante », en prenant la précaution « d'assigner au mouvement social des objectifs strictement revendicatifs et d'isoler les travailleurs, soit dans les usines, soit chez eux, soit dans la rue, où ne fut pas renouvelée la difficile épreuve du 13 mai ». Selon cet auteur, « seule la mise en branle de la puissante fédération des cheminots dont on sait qu'elle est depuis des décennies dirigée par les communistes, et celle à Paris des syndicats de la R.A.T.P. pouvait — parce que ce sont des secteurs névralgiques et centralisés — entraîner dans leur sillage les autres corporations » [66].

Cette intervention du P.C. n'est pas exclue par G. Lefranc qui note : « L'idée a été formulée que, par l'intermédiaire de ses cellules d'entreprise, le P.C.F. a pu lancer le mouvement, sans que l'autorité de la C.G.T. se trouvât engagée au départ. Le but aurait été de rappeler à tous que la classe ouvrière est la seule classe révolutionnaire » [67]. Quant à *la Révolution prolétarienne*, elle rapporte que le 16 mai, c'est l'organisation communiste qui, au sein des centres de tris postaux, a pris l'initiative du mouvement, sans même consulter la C.G.T. [68]. On peut discuter tel ou tel point de ces affirmations, mais non le fait que, dès le 16 mai, le P.C.F. est un agent actif de contagion.

Dans quel but ? Le 17 mai, le P.C.F. assigne son rôle

---

66. *Les communistes français*, Le Seuil, 1968, p. 244.
67. *Le mouvement syndical de la Libération à mai-juin 1968*, Payot, 1969, p. 233.
68. Juillet-août 1968, p. 162.

à la grève : soutenir un processus d'organisation politique de la gauche, capable « d'offrir une solution de rechange, d'ouvrir une perspective aux millions de Françaises et de Français qui aspirent au changement »[69]. Autrement dit, « soutien d'un processus unitaire permettant d'assurer le changement politique, mais rejet de toute forme de grève générale révolutionnaire »[70].

S'inspirant du Front populaire et voulant poursuivre le processus enclenché par la réalisation au début de 1968 d'une plate-forme commune avec la F.G.D.S., le P.C., comme la C.G.T., veut faire pression sur ses partenaires de la gauche pour arriver à la réalisation d'un programme commun, seul moyen pour hâter l'arrivée de la gauche au pouvoir. D'où l'organisation dès le 18 de "comités d'action pour un gouvernement populaire" dont le rôle est de capter l'énergie revendicative et de la canaliser pour en faire le soutien d'un processus de « relève démocratique du pouvoir ». D'où aussi la volonté de la C.G.T. d'éviter « toute entreprise de diversion, tout mot d'ordre irresponsable, aventurier et provocateur » (communiqué du 20 mai) et de maintenir un contenu revendicatif strictement traditionnel.

Saisir les opportunités

A la fin de la seconde semaine de grève générale, il apparaît que le P.C.F. n'a pas recueilli les fruits escomptés ; pas plus la F.G.D.S. que la C.F.D.T. ne se sont ralliés à une stratégie de Front populaire avec programme commun de gouvernement. « D'autre part, le P.C.F. semblait éprouver de plus en plus de mal à tenir le mouvement en dehors de la "contagion gauchiste". Certains événements révélaient un renforcement de l'ultra-gauche qui pouvait affaiblir le contrôle du parti communiste sur certains aspects de l'action de masse. On ne

---

69. *L'Humanité*, 18 mai 1968.
70. B. Badie, *op. cit.*, p. 99.

peut pas notamment sous-estimer, écrit B. Badie, l'appréhension, voire la peur, que l'annonce du meeting de Charléty avait provoquée chez les communistes. Le P.C.F. accueillit donc avec sympathie l'ouverture des négociations de Grenelle qui pouvaient apporter une fin honorable au conflit[71]. »

Sur l'attitude cégétiste lors de ces négociations, les interprétations divergent. Certains, comme B. Badie, soulignent les compromis auxquels consent la délégation, comme si, sous-estimant la combativité de la base, P.C. et C.G.T. souhaitaient conclure au plus vite, pour que cesse le mouvement, au moins dans certains secteurs clés. D'autres, on contraire, comme G. Lefranc, font état de coups de téléphone qu'aurait reçus G. Séguy en cours de négociation, l'appelant à durcir sa position et à allonger la liste de ses demandes, comme si l'on voulait, dès le dimanche 26 mai, accentuer la crise du pouvoir gaulliste en faisant achopper la négociation.

Quoi qu'il en soit, le lundi 27, à l'heure où on ne peut plus exclure l'éventualité d'une vacance du pouvoir, le P.C.F. et la C.G.T., qui jusqu'alors ont refusé de se placer de leur propre initiative dans la perspective d'une révolution à court terme, ne peuvent s'abstenir de profiter d'une situation qui semble se présenter spontanément. Si l'on suit sur ce point l'analyse d'Annie Kriegel, le parti est donc conduit à manœuvrer, pour contrarier les formules de succession qui ne lui conviennent pas, pour s'affirmer comme partie prenante dans l'exercice d'un pouvoir qu'une "conjoncture aberrante lui mettait dans les mains".

C'est à partir de là qu'il faut interpréter non seulement le jeu serré avec Mendès-France et Mitterrand le mardi 28 mai, mais aussi la puissante démonstration du mercredi 29 à Paris où le bureau politique du P.C.F. défile derrière le bureau de la C.G.T., aux cris de "gouvernement populaire", où « sont jetés sur le pavés des bataillons ouvriers dont l'allure n'est plus, de la Bastille

---

71. B. Badie, *op. cit.*, p. 99.

à Saint-Lazare, celle d'aimables promeneurs attentifs à leur santé » [72]. Dans son compte rendu du lendemain, *L'Humanité* donne un caractère nettement politique au récit de la manifestation, mettant l'accent, non sur les slogans revendicatifs, mais sur les slogans politiques : "Gouvernement populaire", "La V° au trou", La VI° c'est nous", "La voilà, la vraie, la seule grande force révolutionnaire"...

Mais la reprise en main par De Gaulle, le 30 mai, et l'annonce des élections, mettent un terme à cet épisode. Dès le 31 mai, le bureau politique du P.C. souligne que le régime est décidé à exploiter le désordre pour différer les élections ; il conclut donc à la nécessité de défendre les élections contre le régime [73]. Faisant écho à cette préoccupation, G. Séguy peu après affirme : « qu'afin de lever toute équivoque quant aux objectifs qu'elle poursuit, la C.G.T. n'entend gêner en rien le déroulement de la consultation électorale. C'est l'intérêt des travailleurs de pouvoir exprimer dans le cadre des élections leur volonté de changement » [74].

Si début juin un accord peut être conclu à l'E.G.F. et dans les services publics pour mettre fin à la grève, il n'en est pas de même dans d'autres secteurs importants. Se dessine alors l'un des axes de la campagne gaulliste. Le parti du général est le seul recours contre le P.C.F., "parti du désordre et du totalitarisme" qui maintient la France en grève. Le P.C.F. s'insurge contre ces accusations. Le 5 juin, le B.C. C.G.T. définit la position à tenir en matière de grève : « Partout où les revendications essentielles ont été satisfaites, l'intérêt des salariés est de se prononcer en masse pour la reprise du travail. » Il dénonce l'intransigeance des représentants du grand patronat et montre que ce sont eux les responsables de la prolongation des grèves.

Dans son éditorial de *L'Humanité* du lendemain, E.

---

72. Annie Kriegel, *op. cit.*, p. 245.
73. B. Badie, *op. cit.*, p. 102.
74. *L'Humanité*, 1ᵉʳ juin 1968.

Fajon réfute la propagande tendant à faire croire que le P.C.F. s'oppose à une conclusion rapide des grèves ; s'appuyant sur le communiqué C.G.T., il affirme que c'est l'intérêt des travailleurs de reprendre le travail là où ils ont obtenu satisfaction. « Toute autre attitude fournirait à De Gaulle le prétexte qu'il attend, qu'il espère, pour éviter la consultation du peuple ».

Le P.C.F. tente alors de renforcer son image de "parti de l'ordre" qui ne saurait donc effrayer l'électeur. La C.G.T. joue sur le même registre. Rapportant devant le C.C.N. des 13 et 14 juin, G. Séguy donne l'interprétation officielle de l'action de la C.G.T. en mai : « L'opinion publique bouleversée par les troubles et les violences, désorientée par les positions équivoques et le laisser-aller de l'Etat, a vu, en la C.G.T., la grande force tranquille qui est venue rétablir l'ordre en organisant l'arrêt général du travail et l'occupation des usines... » Et il ajoute que, si la C.G.T. était sortie de son rôle d'organisation syndicale, « nous nous serions aliéné, pour longtemps, la sympathie des autres catégories de la population laborieuse (les non salariés) qui apprécient en nous le sérieux, l'autorité et le sens des responsabilités »...

En dépit de tout cet effort, les élections du 23 juin marquent un net recul de la gauche (P.C., 20,03 % au lieu de 22,51 ; F.G.D.S., 16,50 % au lieu de 18,96) ; seul le P.S.U. progresse un peu (3,94 au lieu de 2,21). Si bien qu'au lendemain du premier tour la C.G.T. s'efforce de faire cesser rapidement les "queues de grève", notamment chez Citroën. H. Krasucki, qui intervient à ce propos, montre bien le lien entre la nécessité de conclure et l'échéance électorale, s'opposant ainsi à la C.F.D.T. qui ne juge pas satisfaisant l'accord passé : « Chacun comprend que les derniers événements, je veux dire les résultats des élections d'hier, élargissent singulièrement le problème. Le pouvoir a tenté de présenter les grèves comme une entreprise de subversion, pour effrayer une partie de la population... Les travailleurs tireront la leçon des événements d'une autre façon, à l'occasion du deuxième tour des élections. Pour faire barrage à la réaction, pour empêcher que soient remis en cause les résultats acquis par leur lutte, ils se mobiliseront pour assurer le succès des candidats uniques de l'union des forces de gauche » [75].

Ne pas se laisser prendre aux "pièges" du gauchisme

Avant 1968, la C.G.T. ferraille déjà contre les divers "gauchistes" baptisés généralement "trotskystes". Ainsi, en 1965, des exclusions ont lieu chez Renault et à la S.N.C.A.S.O. à Nantes. Mais avec les "événements de mai", le phénomène prend une ampleur beaucoup plus grande qui appelle toute l'attention des dirigeants C.G.T.

Lors du conseil général de la F.S.M. (Fédération syndicale mondiale) en décembre 1968, G. Séguy dénonce les opportunistes de gauche (anarchistes et trotskystes) et de droite et ajoute : « Il est remarquable de constater comment les uns et les autres se rejoignent dans l'anticommunisme et l'antisoviétisme. » Ils se rejoignent aussi « pour contester à la classe ouvrière son rôle dirigeant dans le combat contre les monopoles et l'impérialisme, pour la démocratie et le socialisme (et) — pour nier sa mission historique dans la transformation de la société ».

Parlant aux syndicalistes C.G.T. de Pamiers en avril 1969, le secrétaire général de la C.G.T. leur explique que, dans la "fièvre et les passions" du printemps 1968, on peut comprendre que « certains cerveaux se soient laissés entraîner dans un tourbillon qui aurait pu connaître une fin tragique si les militants de la classe ouvrière n'avaient pas conservé leur sang-froid »... Mais le temps ayant fait son œuvre, la confusion dans les esprits doit être dissipée.

En conséquence, « aujourd'hui, dépouillé de ses ori-

---

75. *L'Humanité,* 25 juin 1968.

peaux révolutionnaires dont il fut affublé, le fameux phénomène gauchiste apparaît tel qu'il n'a jamais cessé d'être, une vulgaire entreprise de division des travailleurs et de démolition de leur meilleure et plus puissante organisation syndicale, une entreprise utilisant une poignée de traîtres à la classe ouvrière et agissant pour le compte de ses pires ennemis ».

Après avoir souligné que la centrale est ouverte au dialogue avec tous ceux qui en son sein émettent des objections, il met en garde les trublions : « Toute tentative visant à miner de l'intérieur ou de l'extérieur l'organisation syndicale de classe qu'est la C.G.T. ne peut être que le fait de la réaction et sera par conséquent traitée comme telle. »

A. Sainjon (fédération des métaux) reprend ce thème au congrès C.G.T. de 1969 affirmant que le gauchisme est souvent « utilisé par la bourgeoisie à grands renforts de publicité, lorsque cela s'avère nécessaire », comme une de ses "armes défensives".

Les gauchistes risquant de séduire la jeunesse, il faut montrer la voie à celle-ci, comme l'explique au congrès de 1969 un responsable de l'U.D. de Paris : « Sans flatterie aucune et sans condescendance, mais en militants responsables, nous indiquons à notre jeunesse la voie à suivre qui est pavée tout à la fois de patience et de réalisme, mais aussi de vertus et d'enthousiasme révolutionnaires. Une telle voie est décriée par certains théoriciens qui, étrangers à la classe ouvrière, sont toujours prêts à faire la révolution avec le courage des autres... Ces étranges doctrinaires d'une anarchie rétrospective et réactionnaire, il nous faut, avec savoir-faire, les démystifier aux yeux de la jeunesse » [77].

Le journal du P.S.U. ayant publié en octobre 1969 une "tribune libre" invitant les militants à constituer des noyaux à l'intérieur des organisations syndicales, G. Séguy proteste dans une lettre adressée le 13 octobre à Michel Rocard. « Dans la mesure où l'une de ses "tribu-

---

77. Compte rendu, in extenso, des débats du 37e congrès.

nes libres" s'en prend dans des termes calomnieux à notre organisation et préconise son noyautage à des fins politiques particulières, vous admettrez sans doute la légitimité de notre protestation... L'entreprise anti-syndicale contre laquelle nous avons réagi n'a strictement rien de commun avec notre conception d'un dialogue permettant l'échange constructif d'idées ou la confrontation d'opinions différentes. »

Quand s'éloigne la perspective
d'un "programme commun"

Dans le même temps où elle est confrontée aux divers groupes gauchistes, la C.G.T. voit s'éloigner la perspective d'une union de la gauche fondée sur un programme commun qui serait accepté par les partis de gauche et soutenu par les syndicats. Parmi ces derniers, c'est la C.F.D.T. qui, sur ce point, est l'objet des plus sévères critiques.

Lors du troisième anniversaire de l'accord C.G.T.-C.F.D.T. de 1966 — accord qui est en veilleuse, sinon défunt — G. Séguy recense les divergences avec la C.F.D.T. : réformisme de celle-ci, refus de sa part, alors qu'elle prône l'autogestion, d'envisager sérieusement les problèmes de la propriété privée et du pouvoir politique... « La C.F.D.T. se déclare, certes, favorable à une alternative démocratique, mais en fait, elle s'évertue à la rendre impossible en assortissant sa position d'une exclusive anticommuniste qui la place régulièrement du côté des combinaisons dites de "troisième force" dont les travailleurs ont toujours fait les frais... Ainsi devenus politiciens, après avoir longuement prôné l'apolitisme du syndicalisme, les dirigeants C.F.D.T. se retrouvent tantôt en compagnie des gens de droite du P.D.M. (centristes de Lecanuet), tantôt en compagnie des plus fieffés protagonistes de l'anarchie, comme ce fut le cas au sabbat de Charléty. Mais dès lors qu'on est dominé par la volonté de tenir les communistes en respect, on n'est pas regardant pour ce qui est de la qualité de ses alliés » [78].

L'année 1969 est pourtant riche en élections qui pourraient être l'occasion pour la gauche d'affirmer son unité. Certes, comme la C.F.D.T. et comme F.O., la C.G.T. dit "non" au référendum sur le sénat et la régionalisation, dont l'échec entraîne le départ de De Gaulle. Mais c'est après que les choses se gâtent, le parti socialiste en déconfiture se révélant incapable de dégager un candidat susceptible de rassembler les morceaux de la gauche éclatée.

Dès le 27 avril, la C.G.T. annonce qu'elle a entrepris un certain nombre de démarches susceptibles d'aider à atteindre son objectif déjà ancien, l'unité de la gauche sur la base d'un programme commun. Et le rapport de Duhamel au C.C.N. de début mai souligne que « la C.G.T., pour sa part, se refuse à appeler les travailleurs à soutenir aveuglément une candidature qui, non seulement n'aurait pas l'agrément de toutes les forces démocratiques, mais qui au surplus ne reposerait pas sur un accord politique général prenant en compte les revendications fondamentales de la classe ouvrière ».

G. Séguy, intervenant lors de ce même C.C.N., est beaucoup plus net : il dénonce la candidature Defferre comme une candidature de division (et appelle ainsi indirectement à se rallier à la candidature Duclos). « En mai 1968, déclare-t-il, ce fut l'opération Charléty, fomentée autour de la personne de Mendès, sur un fond d'anticégétisme et d'anticommunisme que nous ne saurions oublier. En mai 1969, c'est l'opération Defferre qui ruine l'immense espérance populaire d'Union de la gauche » [79].

Duclos n'arrivant qu'en troisième position au premier tour des élections, la C.G.T. se trouve placée devant le choix Pompidou ou Poher. Comme le P.C.F., elle va appeler à l'abstention, consigne que Séguy explique ainsi le 29 mai à Nanterre : « Il est dans l'ordre normal des

---

78. *Le Peuple*, 15-30 mai 1969.
79. *Id.*, 15-30 mai 1969.

choses que l'O.A.S. et les pétainistes se soient ralliés à la candidature de Poher, mais il serait contre nature que des bulletins de vote des travailleurs côtoient ceux des Bidault, Soustelle, Tixier-Vignancourt et consorts... Les travailleurs n'oublient pas davantage les responsabilités des diviseurs de la gauche : Defferre et Mendès dont le but essentiel est visiblement d'être partie prenante d'une alternative qui leur permettrait de retrouver le bon vieux temps où ils partageaient le pouvoir avec la droite, sur le dos de la classe ouvrière et des autres catégories de la population laborieuse. »

Ces virulentes attaques contre Defferre et Mendès montrent que l'on est loin de l'union de la gauche ; pourtant l'attitude prise par le P.C.F. et la C.G.T. lors de l'intervention des troupes du pacte de Varsovie en août 1968, aurait pu faciliter les choses :

— le 21 août, le P.C.F. « exprime sa surprise et sa réprobation à la suite de l'intervention militaire en Tchécoslovaquie » ;

— vers la même heure paraît le communiqué C.G.T. qui, après avoir souligné l'intérêt des salariés français pour les récentes mesures économiques et sociales en cours d'application en Tchécoslovaquie, déclare que « les travailleurs français ne peuvent que déplorer l'actuelle intervention militaire en Tchécoslovaquie » et que, « dans ces graves circonstances, le Bureau de la C.G.T. souhaite que, dans les plus brefs délais, le peuple tchécoslovaque puisse se déterminer en toute indépendance ».

Si les termes des communiqués restent modérés, surtout celui de la C.G.T., il n'en reste pas moins que c'est la première fois qu'un recul est pris face aux initiatives de l'U.R.S.S. Une telle prise de position aurait pu, s'il n'y avait eu le contentieux de mai 1968 entre communistes et cégétistes d'une part, gauche non communiste d'autre part, encourager un rapprochement.

Il n'en fut rien à la fois parce que la gauche non communiste, plus que jamais divisée, était dans l'incapacité d'exploiter cette occasion et que, d'autre part, P.C. et C.G.T., après une première réaction critique, ne remirent jamais en cause le processus de normalisation qui se développe, à partir du début 1969, en Tchécoslovaquie.

F.O. en difficulté avec la gauche non communiste

Le désistement réciproque de certains socialistes et communistes, aux législatives de 1962, est pour F.O. un premier signal d'alarme : le P.C.F. n'est-il pas en train de se réinsérer dans le jeu politique, avec tous les risques que cela comporte. Dès cette époque, la confédération est donc réticente vis-à-vis de l'orientation du socialisme, et ce malaise va s'accroître avec l'accentuation de la tendance à la bipolarisation de la vie politique. Il n'y a cependant pas rupture avec la S.F.I.O., mais clivage entre les objectifs de la confédération et ceux du mouvement socialiste en pleine fermentation.

Cette cassure est d'autant plus nette qu'au début de cette période, ceux qui "repensent le socialisme" se situent dans des milieux — clubs, minorités socialistes, P.S.U., militants de la C.F.T.C. qui deviendra C.F.D.T. — avec lesquels les militants F.O., qu'ils soient de la majorité ou de la minorité, plus ou moins trotskyste ou anarcho-syndicaliste, ne se sentent guère en harmonie. D'où une attitude de retrait vis-à-vis de toute proposition nouvelle, le refus d'envisager la moindre incursion dans le domaine politique, une volonté de ne pas choisir, au moins confédéralement, entre le gaullisme et une opposition qui apparaît alors aux militants F.O. tout aussi dangereuse, sinon plus.

Il faudra la tentative gaullienne d'instaurer un sénat regroupant des élus et des représentants des groupes socio-professionnels pour que F.O. intervienne en 1969 dans une consultation politique, au nom même du risque de politisation du syndicalisme que comporte le projet.

Toute la période des années 1962-68 est caractérisée par une intense fermentation qui, comme nous l'avons dit, se manifeste par le développement et le regroupement des "clubs", qu'il s'agisse des clubs "sociétés de pensée" ou des clubs de combat politique comme la "convention des institutions républicaines", par la multiplication des "colloques", des "rencontres" qui visent à "repenser le socialisme", à réfléchir sur un certain nombre de moyens, comme "la planification démocratique", mais aussi à réexaminer la place respective des partis et syndicats dans un processus de transformation de la société. Ce phénomène de fermentation est au cœur du renouveau de la gauche, en dépit des divergences d'analyse des participants, aussi divers que les "jeunes cadres" de certains clubs, les militants syndicaux, principalement C.F.D.T. (C.F.T.C.), et les militants politiques du P.S.U. ou de la minorité S.F.I.O Or, non seulement F.O., pour l'essentiel, reste à l'écart de ces tentatives, mais encore, les quelques militants qui s'y risquent se voient condamnés à la fois par la majorité et par des minoritaires qui se disent anarcho-syndicalistes. Ceci est particulièrement net au congrès de 1963.

A la veille du congrès, L. Rioux [80] parle du courant des "novateurs" ou "jeunes Turcs" dans lequel il range M. Labi (chimie), R. Cottave (cadres) et A. Laval (métallurgie) ; ils sont, dit-il, appuyés par des dirigeants plus anciens, et notamment Sidro de la puissante fédération des employés. En réalité, il y a plus que des nuances parmi ces "novateurs". Dans *France Observateur* [81], M. Labi constate la dégénérescence des partis, « coques vides, ballottées par les flots, ne collant pas à la réalité et n'entraînant aucune force vive derrière eux ». En conséquence, les syndicats doivent revendiquer le pouvoir économique : « Le syndicalisme français se retrouve de plain-pied aujourd'hui, en conformité avec son

---

80. *France Observateur*, 22 août 1963.
81. *Id.*, 14 novembre 1963.

histoire et sa vocation, dans la revendication vers le pouvoir économique et social. Un pouvoir qui est une bonne part de tout le pouvoir... »

R. Cottave qui sera un des participants actifs du colloque socialiste de Grenoble en 1966, aux côtés de P. Mendès-France, M. Rocard et de responsables C.F.D.T., pense pour sa part, sans aller aussi loin que M. Labi, qu'il convient de réexaminer les rapports réciproques entre partis et syndicats en tenant compte notamment de ce qui se passe à l'étranger. Intervenant lors du congrès de 1963, il déclare : « Nous vivons dans une atmosphère gaullienne que je caractériserais volontiers de la manière suivante : un œil sur le passé, l'autre sur le nombril, et le reste du monde n'a plus qu'à nous entendre ! Je ne crois pas pour ma part que Force Ouvrière évoluera seule. Je ne crois pas que la réponse soit entièrement chez nous » [82]. C'est donc un plaidoyer à la fois pour que F.O. ne se referme pas sur elle-même, considérant qu'elle a la solution et que celle-ci consiste essentiellement dans la fidélité au passé, et pour que les contacts internationaux qu'elle a soit l'occasion d'une réflexion sur une autre articulation possible entre syndicalisme et politique. Sidro estime quant à lui que l'évolution actuelle du monde capitaliste « ne peut conduire à ce que nous appelions autrefois le contrôle ouvrier et qu'aujourd'hui nous baptisons d'un autre terme qui garde la même finalité ; la participation effective des travailleurs à une gestion non seulement économique, mais politique de la société ». Face à l'amoindrissement des corps intermédiaires voulu par le régime gaulliste, « c'est notre mouvement syndical qui le premier apparaît comme la véritable expression du pays allant des salariés à des couches de plus en plus grandes », d'où la responsabilité de ce mouvement dans la situation actuelle.

A. Laval n'entend pas, pour sa part, remettre en cause

---

82. Compte rendu sténographié des débats, p. 88.

la conception traditionnelle du syndicalisme F.O., ce qu'il cherche, c'est comment intégrer dans le syndicalisme toutes ces couches nouvelles de techniciens dont l'importance s'accroît dans la société.

Face à ces "novateurs" les oppositions sont diverses. Les uns leur reprochent d'aller réfléchir à l'extérieur du mouvement alors qu'ils ont toute possibilité de le faire en son sein : « Nous sommes un peu effrayés de constater que de plus en plus il y a des militants qui ne se contentent pas de l'expression libre et totale qui est pourtant permise au congrès, dans les C.C.N., dans la tribune libre même du journal confédéral et qui se réunissent en séminaires, en colloques, en conciles, voire en conclaves... » (Rouzier, P.T.T.) [83].

D'autres les accusent de vouloir "intégrer" le syndicalisme dans l'Etat. "L'intégration" c'est l'épouvantail que l'on brandit pour repousser toute novation et, sous ce terme, on trouve les éléments les plus variés. « Pour moi, déclare Hébert (anarcho-syndicaliste de Loire-Atlantique), l'intégration c'est par exemple ce qu'un camarade écrit dans un texte : « Il faut décentraliser le pouvoir de l'Etat et rénover le Conseil économique et social »... Je dis que ces formules-là... conduisent à l'intégration du syndicalisme dans l'Etat... L'intégration, c'est aussi la reconnaissance de la section syndicale d'entreprise. Cela rappelle les fameux syndicats professionnels et les fameux syndicats-maisons... » [84]

Cette nocivité de la reconnaissance de la section syndicale d'entreprise est soulignée par plusieurs orateurs : Dercourt (employés), Renard (métaux), Lambert (employés de Brest). Ce dernier attaque particulièrement Labi, accusé de formuler la même demande que le représentant des "Jeunes Patrons" et M. Bloch-Lainé [85].

Mais d'autres thèmes comportent un risque d'intégration ; c'est le cas, selon certains orateurs, de la "planifi-

83. Congrès F.O., compte rendu, p. 55.
84. *Id.*, p. 32.
85. *Id.*, p. 146.

cation démocratique". Felce (transports) déclare : « Mendès-France, au regard de la planification et de la domestication syndicale, ne me paraît pas plus rassurant que Chalandon. Jules Moch ne me rassure pas davantage que Debré. Je dis toute ma pensée, Lebrun de la C.G.T. ne me rassure pas plus que notre camarade Cottave » [86]. Hébert, lors du C.C.N. de novembre 1962, avait déjà souligné : « Nous devons commencer par dénoncer cette escroquerie qu'est la mystique de la planification démocratique. »

Et Bergeron, au congrès de 1966, déclare dans son rapport : « Gardons-nous, mes chers camarades, des technocrates qui veulent mettre la vie en formule. Leur utopie tend toujours, à un moment où à un autre à devenir totalitaire... C'est pourquoi nous ne pouvions être d'accord avec les dirigeants de la C.F.D.T. lorsqu'ils prônèrent ce qu'ils appellent la "planification démocratique", pas plus qu'avec ceux qui pensent que le mouvement syndical devrait proposer un contre-plan... Un tel système ne mènerait-il pas vers la transformation de nos syndicats en espèce de police du travail ? J'ai dit cela à Mendès-France lorsqu'il vint me voir il y a quelques mois pour m'exposer ses conceptions très proches d'un tel système » [87]. Il ne saurait donc être question pour la C.G.T.-F.O. de s'engager dans un processus de rénovation de la gauche non communiste ; l'on s'en tient à la traditionnelle politique de présence.

Risques de bipolarisation

La position de retrait par rapport à cette fermentation politique est d'autant plus grande que certains éléments de cette gauche qui "se repense", ainsi que des traditionnalistes de la S.F.I.O., ne rejettent plus l'idée d'une alliance de fait avec le parti communiste et que se trou-

---

86. *Id.*, p. 135.
87. *Id.*, p. 19.

ve ainsi mise en cause l'idée d'une "troisième force" sur laquelle F.O. s'était construite.

Entre les deux tours des élections de novembre 1962, G. Mollet ayant appelé à des désistements réciproques S.F.I.O.-P.C.F., Bothereau est conduit à faire la mise au point suivante : « Aux ignares, aux distraits et aux malveillants, il nous faut opposer le démenti le plus catégorique. Non, la confédération F.O., ni ses militants, n'ont eu avec la C.G.T. de contacts d'aucune sorte en parallèle de certaines consignes ou alliances, ou tactiques électorales... » [88]

La C.G.T., s'efforçant de profiter de l'occasion pour relancer ses avances en direction de F.O., en février 1963, Bothereau réaffirme son opposition à tout front unique : « Nous ne sommes pas, pour notre part, disposés à nous laisser enrôler dans les batailles des fronts uniques qui ne cessent de nous solliciter sous mille prétextes... Nous resterons solidement implantés dans notre sol pour que le syndicalisme ne soit ni bolchevisé, ni pendu... » [89]

La critique vis-à-vis de la nouvelle tactique socialiste va se faire plus précise dans le bulletin aux militants de juin 63. L'éditorial traite de "certains partis" qui « n'envisagent d'autre issue pour se renouveler et se rajeunir que dans le soutien de leur programme et le partage de leurs soucis électoraux par une force politique dont ils n'ignorent pas la duplicité ni les agissements passés » (l'allusion au P.C. est claire). L'éditorialiste est d'autant plus inquiet que l'on envisage d'enrôler les syndicats dans l'opération.

Ce qui l'amène à affirmer : « Force Ouvrière n'est pas encore décidée — non pas encore — à absoudre aussi facilement et aussi légèrement un parti totalitaire dont toute l'action ne fait que retarder l'émancipation ouvrière. Elle n'est pas mûre pour un néo-front populaire, fût-ce par groupements interposés... » [90]

---

88. *F.O.*, 28 novembre 1962.
89. *Id.*, 13 février 1963.
90. *F.O.-Informations*, n° 128, juin 1963, p. 595.

Le rapport au congrès de 1963 va revenir sur le risque de bipolarisation qu'entraîne une telle tactique. Le danger que court la France à brève échéance, c'est « un écartèlement voulu par l'extrême gauche communiste qu'étofferait un front populaire et voulu aussi par l'autre aile qui pourrait vite devenir en quelque sorte fascisante pour se cramponner au pouvoir si l'homme venait à disparaître qui aujourd'hui le détient » [91].

Lors du congrès de 1963, quelques très rares orateurs dénonceront l'anticommunisme qui est le ciment de la centrale. Ainsi Marçot de l'E.D.F. : « Tout se passe comme si on voulait éviter les vrais problèmes. On déclare préférer le contrat à la loi, les conventions collectives à l'intervention de l'Etat, afin, dit-on, de ne pas politiser le mouvement syndical. Dans le même temps, se fait une espèce de conditionnement à la seule lutte contre le P.C. sans même essayer de soustraire à son influence une masse de travailleurs » [92].

Et Le Mée (U.D. des Côtes du Nord) déplore une fois de plus que "l'élément essentiel" sur lequel est fondée « l'action syndicale de F.O. soit l'anticommunisme, cet anticommunisme ridicule et attardé »... « Syndicalisme libre, interroge-t-il ? Oui ! Alors libérez-vous de cet anticommunisme que la droite la plus classique a elle-même abandonné... » [93].

Au lendemain de la signature de la plate-forme commune P.C.-F.G.D.S., lors du C.C.N. F.O. Aurin (Lot-et-Garonne) souligne que si la C.G.T. et le P.C.F. ont pu organiser, à l'occasion du 1er mai, leur défilé à Paris, c'est qu'ils ont été "dédouanés" par De Gaulle d'abord, puis par G. Mollet, enfin par F. Mitterrand.

La marche vers l'union de la gauche n'est donc guère appréciée au sein de la centrale qui pourtant n'a pas soutenu la tentative de Defferre visant à regrouper S.F.I.O. et M.R.P. en mai-juin 1965. Analysant ce fait, A. Bergounioux écrit : « Apparemment le projet de "Gran-

91. *Id.*, n° 132, octobre-novembre 1963, p. 1 100.
92. *Id.*, n° 162, p. 95.
93. *Id.*, p. 111.

de fédération" redonnant naissance, autour d'un programme réformiste moderne, aux espoirs d'une "troisième solution" durable, aurait dû lui valoir appui de la C.G.T.-F.O. Malgré la sympathie de quelques dirigeants, il n'en fut rien. Car cette tentative, quelles que soient ses difficultés politiques propres, ne pouvait au fond que briser l'appareil traditionnel de la gauche : la reprise dans la campagne des thèmes de la planification démocratique manifestait l'influence des "clubs" et par là de la C.F.D.T. » [94].

Les rapports F.O.-S.F.I.O.

L'évolution vers l'union de la gauche n'entraîne pourtant aucune rupture entre F.O. et S.F.I.O., mais les rapports entretenus montrent de part et d'autre une incompréhension certaine.

En 1964, R. Quilliot, membre du comité directeur de la S.F.I.O., est conduit à expliquer sa position sur le problème syndical : « ... Le drame français, écrit-il, c'est que l'indépendance syndicale, phénomène souhaitable en lui-même... y aboutisse à une rupture complète entre les organisations socialistes et les syndicats, au point que les premières ne peuvent trouver un militant ouvrier qui accepte des responsabilités politiques sans encourir les foudres syndicales. Or je ne connais pas un pays au monde où l'on puisse se passer de responsables politiques quels qu'ils soient. »

Il montre ensuite que dans les faits l'indépendance syndicale n'est pas ce que l'on croit : « Il est bel et bon de reprocher aux politiques de frustrer les syndicaux de leur victoire. Mais mon expérience m'a appris que les syndicaux recouraient plus souvent qu'on ne le dit à l'appui des politiques et j'en sais qui refusaient de voter mais qui, en d'autres temps, n'hésitaient pas à

94. *Op. cit.*, p. 157.

appuyer sur le bouton de ma sonnette pour m'inviter à régler les problèmes que je leur aurais volontiers laissés. Mes camarades parlementaires auraient sur ce point bien des révélations édifiantes à faire ! Tant il est vrai qu'il y a souvent loin des principes aux actes » [95].

C'est en 1967 que les rapports entre syndicalistes F.O. et socialistes vont devenir plus conflictuels. En mai, G. Mollet, plaidant pour un rapprochement F.O.-C.G.T., compte tenu des changements intervenus dans le P.C., se voit répondre par A. Bergeron que « ces changements ne paraissent pas suffisants pour prendre un tel risque », mais c'est la divergence d'attitude vis-à-vis des ordonnances remettant en cause la sécurité sociale qui est l'occasion de polémiques. Alors que la F.G.D.S. prend une position de lutte ouverte, F.O. accepte finalement, malgré une certaine grogne, de s'insérer dans le nouveau système paritaire. D'où, vers la mi-octobre, dans les colonnes du *Populaire* une polémique — à mots couverts — mais sans ménagements entre un dirigeant F.O. et l'ancien ministre socialiste C. Pineau.

Parlant de la situation des militants F.O. au sein du parti socialiste, Martial écrit : « Il y a maintenant au parti socialiste des adhérents de seconde zone : ce sont les militants F.O. ! Dans les sections du parti, le malaise s'installe aussitôt que l'un de ces malheureux laissés pour compte tente de s'exprimer en tant que syndicaliste Force Ouvrière... L'exemple de la C.F.D.T. où il n'y a pas — ou si peu — de membres du parti socialiste est, en revanche, loué. Tout se passe comme si le P.C. avait déjà partie gagnée. L'opération "salami" qui consiste à diviser les adversaires, à les couper les uns des autres, comme des tranches de saucisson, pour les mieux faire disparaître, cette opération tant pratiquée par l'école stalinienne bat son plein... Les arguments de la mauvaise conscience socialiste se résument en une phrase : F.O. est en arrière de la main » [96].

---

95. *La révolution prolétarienne*, avril 1964.
96. *La nation socialiste*, novembre 1967.

Cette situation va avoir un écho lors du C.C.N. F.O. de décembre 1967. P. Felce souligne que la bataille de l'abrogation des ordonnances a donné lieu à une condamnation de notre action par la F.G.D.S. et le parti socialiste et que beaucoup de militants ont vu dans le comportement de la confédération un virage sérieux.

Bergeron explique que, depuis, F.O. a rencontré la S.F.I.O., le parti radical et le P.S.U., mais que le contexte actuel ne facilite pas l'action de la confédération. Aurin estime toutefois que, malgré les difficultés, il faut maintenir les contacts avec les milieux socialistes qui, sur un plan certes différent, mais également nécessaire, partagent la même conception humaine que F.O. Gisselaire (services publics et de santé) est déçu, car si l'on ne pouvait attendre autre chose des communistes, en revanche, « il y a aussi des agissements que nous ne pouvons accepter d'autres organisations politiques qui devraient être plus compréhensives à notre égard, car elles représentent un idéal qui est aussi le nôtre » [97].

La polémique va rebondir à propos d'un éditorial de C. Fuzier dans *Le Populaire*. Selon lui, le syndicalisme ne jouit plus de « la permanente et intellectuellement confortable position de l'opposant, jamais responsable de la marche de l'Etat ». Et il pose une question pertinente : « Le syndicalisme peut-il traiter de la même façon une République dont le président est De Gaulle et celle dont le président serait François Mitterrand ? »

Mais cette question est suivie aussitôt d'une réponse qui montre son imperméabilité au problème de l'indépendance syndicale. « Comment... le syndicalisme, écrit-il, peut-il être aujourd'hui autre chose que le prolongement du politique et demain, dans un régime fondamentalement nouveau, plus qu'un rouage de l'Etat ? » [98].

La réponse ne va pas tarder, c'est d'abord Felce qui précise que « la nature du syndicalisme est d'être un pouvoir autonome qui se distingue autant de ceux qui détienne le gouvernement que de ceux qui aspirent à

97. *F.O.-Hebdo*, 20 décembre 1967.
98. 9 janvier 1968.

le conquérir. Nous formons, écrit-il, une organisation de gouvernés décidés à se faire respecter et écouter par les gouvernants quels qu'ils soient. Nous ne saurions prendre envers ces gouvernants d'autre engagement que celui de contester leurs projets et leurs actes chaque fois qu'ils ne seraient pas conformes aux aspirations légitimes des travailleurs salariés. » Quant à Bergeron, se gardant de répondre à la première question, il affirme : « Il faut qu'on sache, une fois pour toutes, que nous n'accepterions jamais que le mouvement syndical devienne un rouage de l'Etat, quel que soit son caractère, et non plus qu'il soit le simple prolongement du politique » [99].

"Apolitisme" ?

Lors du C.C.N. de novembre 1962, Cahn (U.D. d'Ile et Vilaine) explique : « A l'époque de la scission, il était nécessaire de nous prononcer pour un syndicalisme libre. Mais nous avons trop souvent laissé croire que notre devise d'"apolitisme" signifiait "antipolitisme". Si bien que l'ensemble de nos adhérents n'est plus au fait de ces problèmes » [100].

Au congrès de 1963, Lubin (enquêtes économiques) est beaucoup plus sévère ; pour lui, le refus de prendre position fait apparaître F.O. « d'une façon permanente comme un appendice du pouvoir » et il demande : « Peut-on rester soi-même dans le cadre de cette prudence excessive qui faisait hier se pencher le bureau confédéral sur le lit de souffrance et d'agonie de la IV° République et qui aujourd'hui semble avoir les mêmes attentions à l'égard de la V°... » [101]

Mais au sein de la centrale, de telles interventions se heurtent aussi bien aux majoritaires qu'à un certain nombre de minoritaires de type anarcho-syndicaliste, qui

99. *F.O.-Hebdo*, 25 janvier 1968.
100. *F.O.*, 14 novembre 1962.
101. Compte rendu sténographié, congrès 1963, p. 50.

voient d'un mauvais œil l'intervention du syndicalisme lors des élections. Cela n'empêchera pas Hébert de soutenir, en Loire Atlantique, lors des municipales de 1965, la liste d'André Morice qui s'était illustré quelques années auparavant comme un farouche défenseur de l'Algérie française !

Toutefois, lors des présidentielles de 1965, le débat va être plus serré. Dès le C.C.N. de mai, Broussard, de l'U.D. du Bas-Rhin, intervient pour demander que la confédération se prononce, non pas en disant pour qui voter, mais en indiquant que « voter pour les tenants du pouvoir personnel, ce n'est pas favoriser notre syndicalisme ». Bergeron, appuyé par Hébert et Dehove (Seine-Maritime), souligne la nécessité d'être prudent : « Préservons l'organisation syndicale. Ne commettons pas d'erreur. Ne nous engageons pas dans une galère qui ne fera que diviser la classe ouvrière. » Et, pour éviter toute divergence inutile, il obtient le report du congrès au-delà des présidentielles [102].

Le débat rebondit cependant au C.C.N. de novembre, mais malgré l'intervention de quelques membres demandant de voter contre le pouvoir personnel, une large majorité considère qu'il "faut laisser les citoyens décider librement", observer "une stricte neutralité", "garder son indépendance", "condamner la politique économique, mais ne pas aller au-delà", surtout "ne pas donner notre appui à un candidat" car selon le représentant des ports et docks, "on nous prépare un second coup de Prague".

Résumant les interventions, Bergeron souligne qu'il ne faut rien faire qui puisse affaiblir l'organisation. « Je me rends compte, dit-il, des inquiétudes de certains et je me garde de porter des jugements. Mais si nous allons trop loin dans l'expression de nos conceptions, nous risquons de nous trouver partagés, diminués. A travers le problème actuel se pose celui de l'avenir de notre organisation. »

---

102. *F.O.*, 19 mai 1965.

Dans le communiqué adopté en conclusion, le C.C.N., après avoir réaffirmé qu'en démocratie « l'exercice du pouvoir exige un partage et un équilibre entre l'Exécutif, le Législatif et le Judiciaire... fait confiance aux adhérents... pour que le jour venu, en tant que citoyens, ils agissent en conformité avec les conceptions, les buts et les positions nettement affirmées par la confédération » [103].

Dans l'éditorial de *F.O.-Informations* qui suit ce C.C.N., on analyse la société actuelle comme marquée par un renforcement des pouvoirs de l'Etat menaçant les libertés politiques et restreignant le champ des initiatives particulières. Puis l'éditorialiste poursuit : « Le gaullisme, par la conception qu'il se fait du pouvoir, y trouve un élément naturel et s'efforce d'écarter les intermédiaires. Il n'est pas sûr, convenons-en, que des méthodes politiques différentes, plus soucieuses peut-être de réalisations sociales, plus attentives aux besoins des populations, ne conduiraient pas aux mêmes affrontements, dès lors que l'Etat systématiserait ses interventions et concentrerait ses moyens. En d'autres termes, pour critiques que soient les agissements du pouvoir actuel, il ne suffit pas d'y mettre fin par un changement de dirigeants... » [104]

Des fédérations F.O. ne seront pas aussi balancées dans leurs communiqués. Ainsi le cartel F.O. de la fonction publique, à la veille du vote « appelle les fonctionnaires et assimilés luttant pour leur dignité et leurs droits à conformer leur acte de citoyen à leur condamnation de la politique du pouvoir actuel. »

Quand F.O. dit "non"

Au cours du mouvement de mai 1968, "F.O." va veiller à éviter toute politisation. Le 18 mai, la C.E. « invite les

103. 24 novembre 1965.
104. *F.O.-Informations*, n° 154, novembre 1965.

syndicats F.O. à se manifester partout dans l'action revendicative. Elle leur demande de faire preuve d'initiative et de fermeté... et de s'opposer à toutes tentatives de politisation et à toutes formes de provocations ».

Le 29 mai, alors que le pouvoir apparaît à l'abandon, "F.O." se garde de toute incursion dans le domaine politique : « La situation sociale trouve des prolongements politiques qui ont conduit certaines organisations à évoquer des formules et à citer des noms. La confédération F.O. ne s'estime pas en droit d'avancer sur ce plan des solutions qu'il appartient, au contraire, aux formations politiques de rechercher. »

Quelques responsables F.O. s'étaient pourtant engagés à plein dans le mouvement, tel Labi de la chimie qui prit la parole au meeting de Charléty et qui, lors du C.C.N. suivant, critiqua vivement la position confédérale.

Lors du congrès F.O. de 1969, les intervenants reviendront peu sur les "événements de mai 1968" ; la question de l'heure, c'est le projet de référendum sur la transformation du Sénat et la régionalisation. Sur ce point, la position de F.O. est fixée depuis décembre 1962 ; à l'époque on parle déjà de fusion du Sénat et du conseil économique en un seul organisme. Lors du C.C.N. de décembre 1962, Bothereau déclare à ce propos : « Cette fusion des deux assemblées serait évidemment un moyen bien honnête de trucider le Sénat... Mais nous ne pouvons pas accepter les responsabilités législatives, parce que nous sommes représentants de certains intérêts particuliers, bien que légitimes, qui peuvent entrer en conflit avec l'intérêt général. Et c'est au politique qu'il revient alors d'arbitrer. » Et Bothereau conclut à l'issue des débats : « Le plus grand danger actuel, c'est l'intégration du syndicalisme dans l'Etat. Ce serait la disparition de l'organisation. »

La résolution générale du congrès F.O. de 1963, après avoir rappelé la nécessité de la politique de présence, « condamne par contre toute initiative qui aurait pour conséquence de l'engager dans la voie du corporatisme et de l'absorption et notamment de la participation des

212

Reserved

Class	Coach	Seat
	D	10

BACK	to direction of travel

Between

FLYMOUTH
EDINBURGH

0725 FLY-H2D
13 MAR 93

Penalty for unauthorised
removal of this label £200

Penalty for unauthorised
occupation of this seat £50

représentants syndicaux à des organismes détenteurs du pouvoir législatif ou exécutif. »

Le congrès de 1969 renouvelle cette condamnation et demande en conséquence aux travailleurs de répondre "non" au référendum. Il affirme en outre « qu'en aucun cas, les organisations F.O. ne sauraient participer à des organismes de type corporatif ».

Commentant cette décision, A. Bergeron explique : « Certains ont vu dans la résolution votée par le congrès confédéral une prise de position politique. Et ils en ont tiré la conclusion d'un changement d'orientation fondamentale de Force Ouvrière. Or, il s'agit au contraire d'une confirmation de l'indéfectible attachement de la confédération aux principes qui sont à la base de sa constitution et de son action depuis vingt-et-un ans » [105].

Lors des présidentielles qui suivent, F.O. se contente de rappeler les revendications essentielles des travailleurs, laissant au citoyen la responsabilité de son vote. A la veille du premier tour, A. Bergeron écrit : « Nous n'entrerons pas dans le jeu des pronostics. Nous ne noterons pas "les engagements" pris par les uns et par les autres durant la campagne électorale. Nous dirons simplement que, quel que soit le nouveau président, il devra sérieusement tenir compte de la leçon du passé... » [106]

105. *F.O.-Magazine*, avril 1969.
106. *F.O. Hebdo*, 29 mai 1969.

CHAPITRE IV

Quand la gauche s'unit puis se sépare
(1970-1981)

Sur le plan de la politique de gauche, la période peut être scindée en trois. Jusqu'au printemps 1972, la division entre partis est encore la règle. Tandis que le P.C. marche dans la ligne tracée par le manifeste de Champigny (décembre 1968), le P.S., après une tentative d'A. Savary pour le renouveler, est pris en main par F. Mitterrand au congrès d'Epinay, et on s'oriente vers des discussions programmatiques avec le P.C., alors que le P.S.U. tente un impossible rassemblement des "forces révolutionnaires".

La période qui va ensuite jusqu'en septembre 1977 est celle du programme commun avec des actions communes P.C.-P.S.-M.R.G., mais aussi des controverses parfois très fermes, d'autant plus qu'à partir de 1974 survient la crise et que le P.C.F. se pose la question : est-il dans l'intérêt du parti d'entrer dans un gouvernement qui serait appeler à "gérer" la crise ?.

Enfin c'est l'époque de la rupture, le repli du P.C.F. sur "la classe ouvrière", les accusations de "réformisme" portées contre ses partenaires et un horizon politique qui apparaît bouché en ce qui concerne une nouvelle union de la gauche.

La C.G.T. qui, depuis 1963, réclame avec le P.C. l'union de la gauche sur un programme commun, va évidemment apporter son soutien à celui-ci, d'où, de 1972 à 1977, l'accent mis sur une action revendicative globalisée et politisée, cherchant plus dans certains cas la dénonciation des gouvernants en place que la satisfaction des revendications, ce qui sera d'ailleurs reconnu par G. Séguy au congrès de Grenoble en 1978. Suite à la rupture de l'union de la gauche, la centrale aligne ses positions sur celles du P.C., en ce sens qu'elle en rend le P.S. seul responsable. Toutefois des débats au sein de la C.G.T. montrent que l'alignement ne se fait pas sans peine, et ce n'est qu'à partir de 1980, avec le refus de condamner l'intervention soviétique en Afghanistan que la centrale va durcir ses positions et se replier sur "la classe ouvrière", en même temps qu'elle accentue son alignement sur l'Est.

La C.F.D.T. qui, en 1970, a élaboré des perspectives d'un socialisme démocratique et une stratégie pour y accéder, est obligée de tenir compte à partir de 1972 de l'existence du programme commun. Refusant d'y adhérer, elle imagine une stratégie "d'union des forces populaires" pour tâcher de rassembler les autogestionnaires et les autres. Mais après la rupture du programme commun, elle met l'accent sur ce qu'on appellera au début le "recentrage" visant à développer l'action au plus près des travailleurs, afin d'éviter tout espoir inconsidéré dans une transformation politique.

Quant à F.O., elle reste à l'écart de tous ces types de rassemblements et l'union entre socialistes et communistes n'est pas sans lui poser de sérieux problèmes, son anticommunisme restant toujours aussi virulent.

La C.G.T. : de l'union de la gauche au repli sur "la classe ouvrière"

Après mai 1968, tout en s'efforçant de mieux différencier son action de celle du P.C.F., la C.G.T. précise la nature de ses liens avec lui, les champs d'actions propres et les fonctions différentes des partis et syndicats. Dans le même temps, elle s'affronte à divers groupes politiques, maoïstes et trotskystes. Mais la nouveauté essentielle, c'est qu'elle voit enfin réalisé, en juin 1972, un objectif que le P.C.F. et la centrale poursuivaient depuis dix ans, la signature d'un programme commun de la gauche. Elle s'empresse d'y apporter son appui sans toutefois entraîner avec elle ses partenaires syndicaux.

De 1972 à 1977, l'action de la C.G.T. va s'insérer dans cette stratégie d'union de la gauche, mais elle est aussi percutée par la volonté du P.C., notamment en 1975, de pallier son déclin relatif par rapport au P.S. en intervenant de façon plus ouverte dans les entreprises et les conflits.

A l'heure de la rupture du programme commun en septembre 1977, la confédération, qui avait auparavant lancé des avertissements au parti socialiste, aligne ses positions sur celles du P.C.F. et considère que les socialistes sont responsables de la cassure de l'union de la gauche.

Tandis que le P.C.F. durcit ses positions, abandonne sa stratégie antimonopoliste et se replie sur la "classe ouvrière", au sein de la C.G.T., l'évolution n'est pas d'emblée évidente. Le congrès de Grenoble, en décembre 1978, semble marquer une volonté de retour à des positions plus "syndicales", une volonté d'élargissement.

Mais Grenoble n'apparaît que comme une parenthèse ; au sein des dirigeants communistes de la C.G.T., c'est la "tendance dure" qui l'emporte et, à partir de janvier 1980, avec le refus de prise de position à propos de l'invasion de l'Afghanistan, il y a en fait alignement sur le P.C.F., notamment lors des présidentielles de 1981.

Une organisation de masse à compétence limitée

Dans la conception léniniste, le syndicat, pour jouer pleinement son rôle d'organisation de masse du parti qui constitue l'avant-garde, doit s'en distinguer, et pour ce faire, disposer d'une autonomie suffisante. Ce mode

216

de relation permet d'éviter une "politisation des syndicats" qui affaiblirait l'union des travailleurs et porterait atteinte à la vigueur de l'action revendicative, et une "syndicalisation" du parti qui ouvrirait la porte à des éléments déliquescents et instables qui "alourdiraient son action d'avant-garde" [1].

Or, lors des événements de mai 1968, la liaison P.C.-C.G.T. est clairement apparue, la "politisation du syndicat" a été nette, il convient donc de remettre les choses en place. Analysant le congrès C.G.T. de 1969, des sociologues écrivent : « La C.G.T. s'est efforcée de mieux différencier son action de celle du parti communiste... Elle a, en même temps, reconnu plus clairement ses liens avec lui... Le dernier congrès a discuté ouvertement de l'apport en idées comme en pratique, du parti au syndicat. Il est clairement entendu que la C.G.T. n'a pas à prendre de responsabilité de gouvernement. Il est clairement entendu aussi qu'elle peut contribuer à faire "avancer" la démocratie » [2].

Mais elle ne se considère pas comme ayant compétence pour élaborer une stratégie globale de transformation de la société. En 1971, dans les "Thèmes de réflexion sur les perspectives d'un socialisme pour la France", la centrale de G. Séguy, traitant de la définition, du contenu du socialisme, des voies et moyens pour y parvenir, estime que « c'est aux partis politiques qui se fixent pour but le socialisme qu'incombent les responsabilités essentielles. En tant qu'organisation de masse, regroupant les travailleurs ayant des conceptions diverses, la C.G.T. n'entend pas se substituer à ces partis et ne se fixe pas pour tâche de répondre à tous les problèmes qui se posent en vue du socialisme. Mais elle considère qu'à partir des problèmes qui relèvent de la compétence des organisations syndicales, celles-ci ont à apporter leur propre contribution qui est importante à l'œuvre d'éla-

---

1. B. Badie, *op. cit.*, p. 21 à 28.
2. J.D. Reynaud, S. Dassa, J. Dassa, P. Maclouf, « Les événements de mai-juin 68 et le système de relations professionnelles » in *Sociologie du travail*, n° 2, 1971.

boration à laquelle est intéressé l'ensemble des forces qui luttent pour le socialisme »[3]. C'est affirmer clairement, qu'en matière de perspectives et de stratégie, le rôle essentiel incombe aux partis, les syndicats n'ayant à intervenir que dans un certain nombre de domaines.

D'où les débats avec la C.F.D.T. En effet, pour celle-ci, surtout depuis son congrès de 1970, l'un des critères essentiels de l'indépendance syndicale, c'est la possibilité pour l'organisation d'élaborer sa propre stratégie globale de transformation de la société. Tout en considérant que partis et syndicats ont des fonctions différentes, la C.F.D.T. ne saurait admettre une limitation de son champ d'action, un partage des domaines entre partis et syndicats, une subordination à une stratégie élaborée par d'autres.

En 1971, lors des discussions C.G.T.-C.F.D.T. sur le socialisme, les dirigeants cégétistes insistent sur les différences de conceptions entre les deux centrales : « Il ressort du texte de la C.F.D.T. que tout en se refusant à participer à l'élaboration d'un programme commun de la gauche, elle se considère à responsabilité et compétence égales avec les partis pour discuter d'un "projet socialiste" commun. La C.G.T. ne saurait contester à la C.F.D.T. le droit de choisir sa voie en cette matière. Mais, pour sa part, la C.G.T. n'entend pas substituer ses responsabilités à celles des partis politiques, notamment à propos des problèmes qui revêtent un caractère idéologique. Elle tient à préserver son caractère et son rôle d'organisation syndicale ouverte à tous »[4]. Cette déclaration d'abstention à propos des problèmes à caractère idéologique est pour le moins curieuse de la part d'une organisation qui se veut de "lutte de classe", une lutte qui s'élargit à l'échelle internationale où s'affrontent deux camps, et deux seulement, la C.G.T. se situant dans le "camp socialiste".

Cette limitation du champ de compétence n'est pas

---

3. Texte cité dans *Syndicalisme*, 4 novembre 1971, p. 28.
4. *Le Peuple*, 1er décembre 1971.

218

propre aux seuls communistes de la C.G.T. Intervenant lors du congrès de 1975, P. Carassus, membre de la C.E. de la C.G.T. et militant du P.S., cherche à clarifier le rôle du parti et celui du syndicat : « La base de l'activité syndicale, c'est selon nous, la défense des revendications des travailleurs. Ce qui suppose un travail de masse pour que ces revendications puissent s'exprimer, ce qui suppose aussi la responsabilité de la conduite et de la coordination de l'action pour les faire aboutir. Le syndicat ne peut, pour autant, se désintéresser de la nature du pouvoir et de la lutte pour la conquête de ce pouvoir par la classe ouvrière. Mais, ajoute-t-il, contrairement aux positions défendues par certaines organisations C.F.D.T., ce n'est pas là sa responsabilité première ou une responsabilité qu'il partagerait à égalité avec les partis politiques. Cette responsabilité, y compris dans les entreprises, incombe en effet en premier lieu aux partis politiques » [5].

Dans ces conditions, la C.G.T. ne peut qu'emprunter aux partis les éléments de stratégie et quand nous disons aux partis, c'est en fait essentiellement au P.C.F., dans la mesure où les militants communistes, qui constituent la presque totalité des dirigeants des fédérations et des unions départementales C.G.T., considèrent que c'est le seul parti révolutionnaire, le parti de la classe ouvrière.

En 1976, H. Krasucki met bien en évidence le lien entre C.G.T. et P.C. qui constituent les "deux jambes" de la classe ouvrière : « La classe ouvrière doit intervenir de tout son poids. Elle a besoin pour cela d'un parti communiste bien organisé influent et disposant des cadres nécessaires, de cadres compétents et disponibles. Et elle a besoin d'un puissant syndicat de masse, de lutte de classes : d'une grande et active C.G.T. Il lui faut les deux pour être solide sur les deux jambes » [6].

Lors du congrès C.G.T. de 1969, dénonçant l'anticommunisme, A. Berteloot explique qu'il est « inconséquent

---

5. Compte rendu, in extenso, du 39ᵉ congrès C.G.T.
6. *France Nouvelle*, n° 29, mars 1976.

dans la mesure où cela reviendrait à nier l'apport idéologique du P.C. pour la réalisation d'objectifs conformes aux intérêts des travailleurs, irréaliste, puisque cela conduirait à la mise à l'écart des forces qui sont, et de loin, les plus représentatives de la classe ouvrière » [7].

Stratégie anti-monopoliste

P.C. et C.G.T. analyse le capitalisme actuel de la même façon. En 1960, la conférence des quatre-vingt-un partis communistes formulait ainsi la définition du C.M.E. (capitalisme monopoliste d'Etat), phase ultime de l'impérialisme « Les contradictions de l'impérialisme ont accéléré la transformation du capitalisme de monopole en capitalisme monopoliste d'Etat. En renforçant le pouvoir des monopoles sur la vie nationale, le C.M.E. réunit la puissance des monopoles et celle de l'Etat en un mécanisme unique destiné à sauvegarder le régime capitaliste, à augmenter au maximum les profits de la bourgeoisie impérialiste par l'exploitation de la classe ouvrière et le pillage de larges couches de la population. » En décembre 1968, dans le manifeste de Champigny, le P.C.F. fait une analyse du C.M.E. sensiblement dans les mêmes termes, et le document d'orientation du congrès C.G.T. de 1969 souligne que le C.M.E. « combine les moyens des monopoles et ceux de l'Etat et aboutit à coordonner leur action dans tous les domaines essentiels et avant tout contre les travailleurs et les masses populaires ».

Lors du congrès C.G.T. de 1975, le document d'orientation constate que ce phénomène s'est encore accentué : « Le pouvoir giscardien pousse plus avant l'interprétation et la conjonction des moyens de l'Etat et des monopoles au service de ces derniers, c'est-à-dire le capitalisme monopoliste d'Etat. »

En fonction de cette analyse commune, P.C.F. et C.G.T.

---

7. Compte rendu du 37ᵉ congrès C.G.T.

développent la même stratégie antimonopoliste. Le mani- *Union de la Gauche.*
feste de Champigny du P.C.F. souligne qu' « ainsi s'ac-
centue et s'aggrave la contradiction qui oppose, avec la *in rassemble-ment*
classe ouvrière, l'immense majorité de la population à
la grande bourgeoisie capitaliste et ses commis. Ainsi se
développe les bases d'une communauté d'intérêt de toutes les couches sociales victimes des monopoles et de
leur politique, et les possibilités de leur rassemblement
autour de la classe ouvrière »[8].

Au congrès C.G.T. de 1969, H. Krasucki définit comment la C.G.T. conçoit le pouvoir démocratique et les
moyens d'y parvenir : « Le pouvoir démocratique pour
lequel nous luttons ne peut être qu'un pouvoir basé sur
l'alliance de toutes les forces intéressées à la transformation de la société. La classe ouvrière est certes la force
décisive dans ce combat, et pourtant, par ses seules
forces, elle ne peut y parvenir. Elle doit être capable de
rassembler d'autres couches sociales victimes elles aussi
de la domination des monopoles et de leur politique »[9].

La volonté de la C.G.T. d'aller vers le rassemblement
anti-monopoliste va entraîner de nombreux débats avec
la C.F.D.T. Ainsi, en novembre 1973, la C.G.T. propose
un très large rassemblement "contre la vie chère"
groupant syndicats et partis et envisage même des
ouvertures en direction de la fédération nationale des
syndicats d'exploitants agricoles (F.N.S.E.A.) et des chambres de commerce pour des actions communes. La
C.F.D.T., favorable à une action sur ce thème, s'oppose
en revanche à un rassemblement aussi hétéroclite ; pour
elle, « une action claire exige un adversaire clairement
désigné. Les responsables et les bénéficiaires de l'inflation sont le gouvernement et le patronat, grand et petit,
pas seulement celui des monopoles ». Elle réclame un
rassemblement de classe et ne s'oppose pas à la présence
de paysans ou de commerçants, à condition qu'ils donnent leur accord à une action anti-capitaliste ; par contre,

---

8. *L'Humanité*, 7 décembre 1968, p. 7.
9. Compte rendu intégral du 37e congrès C.G.T.

« de par leur nature, la F.N.S.E.A. ou le Cid-Unati de G. Nicoud ne peuvent se retrouver dans le rassemblement des forces populaires »[10].

Un compromis sera finalement trouvé et le 8 novembre 1973, sept organisations estiment nécessaire d'engager dans tout le pays une vaste campagne d'information et d'action sur trois thèmes : « assurer le pouvoir d'achat, stopper la hausse des prix, s'attaquer à l'inflation et aux causes de vie chère ». A la C.G.T. et à la C.F.D.T. se sont joints la F.E.N. et quatre partis : P.C.F., P.S., P.S.U, radicaux de gauche

Le 6 décembre, lors de la journée nationale d'action, les trois organisations syndicales lancent un mot d'ordre de grève générale que les quatre partis soutiennent. Au cours de la campagne, la C.F.D.T. se plaint à plusieurs reprises des commentaires faits par *L'Humanité* et visant à présenter l'action comme ayant un caractère anti-monopoliste, de type "rassemblement des mécontents".

La C.G.T., pour sa part, relève "l'attitude hostile" d'organisations C.F.D.T. tant à l'égard des partis que vis-à-vis d'organisations de commerçants, d'artisans ou de paysans, attitude, "de nature à limiter le rassemblement".

Au congrès de 1975, G. Séguy insiste à nouveau sur l'alliance anti-monopoliste en direction des artisans, commerçants et paysans : « Le chantage au pétrole ne passant plus très bien depuis le scandale des compagnies pétrolières, ce sont les commerçants et artisans qui servent de boucs émissaires de la vie chère. Nous comprenons la colère qui s'est emparée d'eux et nous souhaitons qu'elle les amène à réfléchir à l'erreur que la majorité d'entre eux ont commise en votant en mai 1974 pour ceux qui les accusent aujourd'hui de malhonnêteté. C'est à partir de cette prise de conscience que des convergences d'intérêts communs pourront prendre corps et aboutir à une coopération positive »[11].

---

10. *Syndicalisme*, n° 1471, novembre 1973.
11. Compte rendu intégral du 39ᵉ congrès C.G.T.

La stratégie anti-monopoliste conduit à la médiation nécessaire du parti à qui revient la fonction de gestion des relations extérieures à la classe ouvrière au sens strict.

C'est d'ailleurs ce qui est écrit dans un cours de l'école du parti communiste : « La classe ouvrière ne peut parvenir seule à vaincre la grande bourgeoisie. Elle doit réaliser son alliance avec toutes les victimes des monopoles. Là aussi, seul un parti politique peut s'adresser à toutes ces couches, déterminer à chaque étape des objectifs communs à leur lutte » [12].

Stratégie d'union de la gauche

Selon le "manifeste de Champigny", « l'objectif principal, à l'étape actuelle, est et reste... le remplacement du pouvoir gaulliste des monopoles par une démocratie politique et économique avancée, ouvrant la voie au socialisme ». D'où « la volonté des communistes de travailler à l'entente de toutes les forces ouvrières démocratiques sur la base d'un programme commun avancé, susceptible d'être appuyé par la majorité du peuple français et d'ouvrir la perspective du renouveau » [13].

Le document d'orientation du congrès C.G.T. de 1969 contient un chapitre intitulé "pour une démocratie économique et politique", mettant l'accent, comme le manifeste, sur les nationalisations, leur "gestion démocratique" et la nécessité d'un plan démocratique... Et lors du congrès, à l'automne 1969, G. Seguy rappelle les positions que la C.G.T. développe depuis plusieurs années : « Nous nous prononçons pour une confrontation, sans condition préalable, qui permettrait à toute la gauche et au mouvement syndical de définir en commun le contenu d'une nouvelle politique, son étendue et ses limites, et d'abou-

12. B. Badie, *op. cit.*
13. *L'Humanité*, 7 décembre 1968.

tir à un accord général ayant valeur d'engagement pour tous » [14].

Il faudra attendre juin 1971, et le succès de F. Mitterrand au congrès d'Epinay du parti socialiste, pour que réapparaisse la possibilité de s'entendre sur un programme commun. Alors qu'A. Savary, leader de l'éphémère "nouveau parti socialiste", n'envisageait que des alliances circonstancielles avec le P.C.F., tant que n'auraient pas été réduit l'écart idéologique entre les deux partis par un dialogue à longue échéance, F. Mitterrand propose une stratégie fondée sur une alliance avec le P.C., sur la base d'un programme de gouvernement, afin de présenter aux Français une union de la gauche crédible en tant que solution de remplacement aux gouvernements de droite. La dynamique unitaire est conçue comme un moyen de renforcer le P.S.

Après deux mois de négociations, le 26 juin 1972, l'accord sur le programme commun est conclu entre le P.C.F. et le P.S. Dès le 10 juillet 1972, la C.E. de la C.G.T. définit la position de la centrale à l'égard du programme. Elle dit d'abord son accord sur le contenu : « L'ensemble des revendications sociales des travailleurs, communes aux organisations syndicales, y sont prises en compte. » En outre, « résolument orienté contre la domination des monopoles capitalistes, le programme prévoit des mesures de nationalisation assez étendues pour permettre à la société de disposer des leviers de commande indispensables au départ... Il définit des méthodes de gestion démocratique assurant la participation réelle des travailleurs »...

La C.E. insiste ensuite sur le fait que cette signature crée une situation nouvelle et offre l'issue démocratique que la C.G.T. appelle de ses vœux depuis si longtemps : « Il constitue une base de rassemblement, d'union et de lutte commune des travailleurs, des masses populaires et des forces politiques, syndicales et sociales qui ont intérêt à la réalisation de ces objectifs. » En conséquen-

---

14. Compte rendu intégral du 37ᵉ congrès.

ce, la confédération « soutiendra le programme commun et participera activement à la lutte pour le faire triompher ». En novembre de la même année, Caille, devant le C.C.N. explique que l'appui au programme commun n'est nullement susceptible de mettre en cause l'indépendance syndicale : « Bien au contraire, car en ayant plus de moyens, les syndicats pourront mieux jouer le rôle qui est le leur pour faire valoir les revendications. »

Au congrès de 1975, G. Séguy réaffirme la nécessité de prolonger l'action revendicative sur le terrain politique : « Dans ces conditions, le renforcement de l'Union de la gauche, son action commune pour accéder au pouvoir et appliquer le programme commun, restent la seule perspective réaliste et accessible pour tous ceux qui veulent réellement battre la droite et substituer à la politique actuelle une politique démocratique et progressiste. »

En conséquence, la C.G.T. va s'efforcer d'entraîner ses partenaires syndicaux dans le soutien au programme commun. S'adressant aux cégétistes parisiens lors du meeting de "rentrée" en septembre 1972, G. Séguy déclare : « Rien ne peut plus être comme avant ; nul ne peut faire comme si le programme commun n'existait pas ; cela est valable, en tout premier lieu pour l'ensemble du mouvement syndical représentatif. Nous souhaitons que les organisations syndicales s'entendent pour soutenir le programme de la gauche sur la base de leurs préoccupations syndicales communes... Les syndicalistes qui, à l'instar des gauchistes, donneront plus d'importance à leurs réserves sur le programme qu'à leur soutien et jetteront ainsi la suspicion sur l'unité de la gauche, apporteront volontairement ou non de l'eau ou moulin de l'adversaire de classe. Ceux-là s'exposeront à être désavoués par les travailleurs. »

C'est un avertissement qui, face à l'insuccès des tentatives de la C.G.T. en ce domaine, est renouvelé au congrès de 1975 : « Nous ne cachons pas qu'il nous paraît préjudiciable aux intérêts des travailleurs que la C.F.D.T. et la F.E.N. s'en tiennent à une attitude réservée à l'égard du programme commun, et que, sous couvert d'autogestion, les premiers n'aient pas renoncé à susciter des clivages au sein de la gauche et du mouvement syndical dont l'inspiration n'est pas étrangère à certaines réminiscences d'anticommunisme » [15].

Vis-à-vis des "groupuscules"

Dans les années qui suivent mai 1968, trotskystes et maoïstes développent des actions au sein des entreprises et tentent aussi de constituer des fractions au sein des syndicats.

Ce sont les maoïstes qui sont les plus opposés aux "chefs syndicalistes". La "gauche prolétarienne" écrit à ce propos : « Redisons bien ce qu'est la position correcte vis-à-vis des syndicalistes... Nous sommes impitoyables à l'égard des chefs syndicalistes... nous devons critiquer sans concessions la pratique syndicaliste ; montrer qu'au bout il y a la trahison, des clopinettes, ou bien la Pologne » [16].

L'action entreprise par un groupe maoïste à Boulogne-Billancourt se termine en février 1972 par le meurtre de l'un des siens, P. Overney, tué par un membre de la police privée de Renault. Les "maos" répliquent le 8 mars en enlevant un cadre de chez Renault.

Commentant ces événements, lors du congrès C.G.T. de 1972, Sylvain, délégué du syndicat Renault, développe l'idée d'un vaste complot gauchiste : « L'activité gauchiste a été encore une fois, dans ce complot géant, l'arme favorite des hommes au pouvoir. Dès la rentrée, avec une poignée d'individus de l'extérieur et une autre poignée embauchée en connaissance de cause à l'intérieur... l'organisation de provocations se succèdent avec une

---

15. Compte rendu intégral du congrès C.G.T. de 1975.
16. *Cahiers prolétariens*, janvier 1971.

grande rapidité... tout est mis en place pour favoriser les affrontements physiques... beaucoup croient que chez Renault, c'est un cirque permanent. Il est évident qu'un tel climat n'est pas de nature à aider le développement des luttes. Cela arrange le patronat. Ceux que l'on appelle les gauchistes font le même travail, avec les mêmes méthodes que la C.F.T. chez Citroën... ». Et l'orateur conclut : « Voilà pourquoi nous avons déclaré : c'est un complot d'une envergure géante organisé par le pouvoir, la direction et les groupes gauchistes. »

Commentant, lors de ce même congrès, la polémique engagée avec la C.F.D.T. à propos du meurtre de P. Overney, G. Séguy constate dans son rapport introductif : « La C.F.D.T. ne veut pas que les chefs du gauchisme soient accusés de trahir la cause des travailleurs ; nous non plus ! Mais pour des raisons différentes : on ne peut trahir une cause que si on l'a épousée : les maîtres à penser du gauchisme n'ont jamais épousé celle de la classe ouvrière » [17].

La C.G.T. aura aussi maille à partir avec les trotskystes de "Lutte ouvrière" dont un certain nombre seront exclus, et avec ceux de la "Ligue communiste" qui, dissoute en 1973, se transformera en "Ligue communiste révolutionnaire". Celle-ci recommande dès 1969 l'entrisme dans les syndicats et la constitution de tendances, consigne qu'elle renouvelle à diverses reprises, notamment lors de son congrès de 1974 : « Dans les syndicats, nous visons à construire une tendance large regroupant les travailleurs avancés sur une orientation de lutte de classe... Si nos forces nous interdisent de proclamer nationalement une telle tendance dans la C.G.T. comme dans la C.F.D.T., nous pouvons avancer dans la construction de pôles tendanciels locaux plus ou moins stables ; de tels pôles se définissent bien sûr essentiellement sur les questions de pratique syndicale. »

Face à ces prétentions, lors d'une intervention à Bordeaux le 11 juin 1971, le secrétaire général de la C.G.T.

---

17. Compte rendu intégral du 38ᵉ congrès C.G.T.

met les choses au point : « Cette consigne (d'entrisme) nous donne l'occasion de préciser que si personne, au sein de la C.G.T., ne saurait être inquiété pour ses opinions politiques ou ses croyances religieuses, nul ne peut s'y livrer à une tentative fractionnelle pour le compte d'une idéologie particulière ou d'une formation politique donnée. A plus forte raison, toute tentative de saper l'autorité et la cohésion de la C.G.T., de l'intérieur, verra se dresser comme un seul homme tous les syndiqués de la C.G.T., trop attachés à l'unité de leur organisation syndicale pour y laisser des éléments, suspects d'intelligence avec l'ennemi, y porter atteinte » [18].

Contre le gauchisme, le rapport Moynot du printemps 1970 a recommandé de faire jouer à plein la démocratie syndicale : « On a souvent donné des responsabilités à des camarades au seul vu de leur activité immédiate sans qu'ils se soient prononcés clairement et publiquement sur les perspectives de l'action. L'instauration d'une large discussion ne laisse pas la place à la moindre duplicité pour les responsables syndicaux. Et c'est là une chose excellente. »

L'influence de mai 1968, les pratiques gauchistes, l'attitude de certaines sections C.F.D.T., autant d'éléments qui font que, dans les années 1969-1973, on note une multiplication des actions que la C.G.T. qualifie des "minoritaires". Ainsi, au C.C.N. des 26-27 mai 1970, Krasucki insiste sur la nécessité de « maintenir fermement nos positions contre les activités de minorités, contre les violences provocatrices qui n'engendrent que la division, l'isolement et font le jeu du pouvoir et du patronat ».

Cependant, dans un certain nombre de cas, la C.G.T. s'engage dans de telles actions aux côtés des "gauchistes" pour tenter de canaliser l'action. C'est ce qui se passe notamment chez Renault, lorsque le 30 janvier 1973, la grève démarre au département 38 de Billancourt. Dès le premier jour, la C.G.T. participe au comité de grève avec la C.F.D.T., F.O. et les gauchistes ; elle signe des

---

18. *Le Peuple*, 1-15 juillet 1971.

tracts communs. Mais le 8 février, elle publie seule un tract où elle qualifie de "succès" le compromis intervenu et soutient la reprise du travail, tout en condamnant "le quarteron d'énervés téléguidés de l'extérieur" qui appelle à la poursuite de la lutte.

L'intervention du P.C.F. dans les grèves

Lors de cette grève Renault qui se situe dans une priode précédant les législatives de mars 1973, le P.C.F. reste totalement à l'écart du mouvement, il n'y consacre ni tracts, ni articles de journaux [19]. Face à un mouvement qui risque d'être une gêne pour son activité électorale, il s'efface totalement devant la C.G.T. qui profite du conflit pour montrer dans des tracts l'intérêt du programme commun et la nécessité de rejeter "toute invitation à l'aventure" afin de protéger les chances d'un succès électoral de la gauche.

Mais à d'autres périodes, on assiste au contraire à un effacement de la C.G.T. derrière le P.C.F. C'est ce qui se passe à partir de la fin de 1974 et en 1975, lorsque le P.C.F. lance une campagne offensive en direction des entreprises, visant à le faire apparaître, face au P.S., très faible sur ce terrain, comme "le parti des luttes". Il s'agit de contrebalancer l'influence croissante du P.S. au sein de l'électorat. Du même élan, on cherche à donner une nouvelle vigueur à l'activité des cellules d'entreprises, notamment en dégageant un certain nombre de cadres communistes de leurs responsabilités au sein des sections syndicales C.G.T. Ainsi, en juillet 1975, A. Halbeher, qui était jusqu'alors secrétaire du syndicat C.G.T. Renault, devient secrétaire de la section communiste de la Régie Renault. Notons aussi que les dirigeants du P.C.F., Marchais en tête, vont faire du porte à porte dans les entreprises, pour discuter avec les

---

19. B. Badie, *op. cit.*, p. 109-110.

travailleurs, ce qui provoque les réactions du patronat et du ministre de l'Intérieur.

Un certain nombre de conflits sont caractéristiques de cette évolution. Ainsi le conflit Grandin à Montreuil, qui va durer de février à octobre 1975 et se traduire par un demi-succès : une partie des licenciées sont reprises. Voici comment *L'Humanité* rend compte de cette action : « Notre parti, ses militants, ses élus, ont fait corps avec cette lutte dont ils ont pris l'initiative ; avec celle des ouvrières, de leur syndicat C.G.T., c'est aussi sa victoire » [20].

Quelques jours plus tard, le quotidien du P.C.F. revient sur ce conflit : « Sans le parti communiste, jamais nous n'aurions fait ce que nous avons fait » ; ce sont les ouvrières de Grandin qui le disent.. Au départ les ouvriers de Grandin n'ont rien d'exceptionnel — le syndicalisme y est organisé, mais faible — dans la plupart des cas on refuse "la politique"... Quand éclate le drame, on est soit abasourdi, soit amené à dire "tout est foutu"... Avec ses forces, le parti va se dresser. C'est justement la période où l'on vient de décider d'agir résolument avec les ouvriers... Avec *L'Humanité* va se forger ce que l'on appelle la "conscience ouvrière"... Avec les communistes de Montreuil, la ville "entoure l'usine". Le comité de ville du P.C.F. informe, agit ; le fruit des collectes est remis aux ouvrières... Le parti est aussi un "combattant" infatigable. Avant l'été, des ouvrières peuvent "perdre le moral"... Les communistes sont là... » [21]

Lors du conflit Renault de fin décembre 1975, au cours duquel la direction décide le déménagement des outils du département 12-50 de l'Ile Seguin, *L'Humanité* parle du rôle "déterminant du parti" pour contrer cette initiative de la direction. « Il faut dire que tôt, mardi matin, dès 6 heures, la section Renault du P.C.F. déclenchait une grande campagne pour la restitution des outils de presse, mais aussi dans le même temps, pour que cessent ces

---

20. *L'Humanité*, 1ᵉʳ octobre 1975.
21. *Id.*, 10 octobre 1975.

actes contre les libertés et la nationalisation. En quelques heures, au pied levé, des milliers et des milliers de signatures étaient recueillies... A tel point qu'on peut se demander si ce n'est pas devant l'ampleur de cette campagne que la direction, jusque là hésitante, a amorcé la réintégration... » [22]

D'autres exemples pourraient être cités, mais voyons plutôt comment le P.C.F. conçoit dans les entreprises le rôle respectif des cellules et des sections syndicales. Les travailleurs, nous dit *L'Humanité* du 3 février 1975, ne mesurent pas toute l'étendue de la crise capitaliste et ses causes profondes. « C'est pour cela que l'intervention de notre parti est indispensable. C'est pour cela que ses organisations et ses élus se trouvent au premier rang des luttes pour l'emploi, qu'ils les organisent, qu'ils expliquent partout le pourquoi et le comment des choses, permettant ainsi aux travailleurs de dépasser le strict problème du chômage et des revendications immédiates qu'il implique, de mettre en cause le régime du grand patronat, de connaître les solutions fondamentales avancées par le programme commun... »

Reprenant cette idée dans *France Nouvelle* [23], C. Poperen précise que ces « explications ne sont pas données pour déboucher sur du vent, mais sur l'action. Chez Renault, cette démonstration confrontée à la réalité se traduit par une élévation de conscience, un niveau de combativité que les syndicats prennent en compte pour conduire en toute indépendance la lutte revendicative... »

« Là où il me semble, poursuit-il, que l'intervention du P.C. est indispensable, c'est dans la compréhension de la nature exacte de la crise, du développement de ses contradictions... Ce n'est pas faire injure aux syndicats, mais respecter leur liberté d'action et de mouvement, leur vocation même, que de dire qu'ils ne peuvent aller au bout de l'explication et de la solution politique... » En somme, tout comme Lénine, C. Poperen considère

---

22. *L'Humanité*, 31 décembre 1975.
23. 31 mars 1975.

que le syndicat ne peut apporter aux ouvriers qu'une "conscience trade-unioniste", d'où la nécessité d'une avant-garde, le parti, seul capable par sa "science" de faire progresser les travailleurs vers une conscience politique.

De nouveau, en 1979, on verra le P.C.F. intervenir directement dans les luttes au sein des entreprises pour en prendre la direction, ce qui n'ira pas sans susciter quelques réactions parmi des militants de la C.G.T.

Face à la rupture du programme commun

Dès avant la rupture qui se produit le 22 septembre 1977, le P.S. est accusé par le P.C.F. d'envisager de mener "une politique à la Soarès, à la Schmidt ou à la Callaghan", c'est-à-dire une politique "social-démocrate" et, pour ce faire, d'envisager de faire cavalier seul aux élections ou de s'allier au centre dans une stratégie de "troisième force". C'est ce que le P.S. nomme la "stratégie du soupçon" de la part du P.C.F.

Au sein de la C.G.T., on manifeste aussi des inquiétudes. Lors du C.C.N. de mai 1977, R. Buhl s'interroge au sujet d'un compte rendu d'un séminaire de réflexion du P.S. sur une stratégie en trois temps. Telle qu'elle est présentée dans cet article, c'est, selon le rapporteur C.G.T., « le renvoi aux calendes grecques de la mise en application des orientations fondamentales contenues dans le programme commun et concernant notamment les modifications des structures économiques... » Au début de septembre 1977, alors que les discussions sur l'actualisation du programme piétinent, G. Séguy s'adresse aux travailleurs parisiens lors du meeting de rentrée et, sans nommer le P.S., l'accuse d'être tenté de regarder vers le centre plus que vers la gauche. « A six mois des élections législatives, il n'est pas permis de faire quoi que ce soit qui puisse être exploité par l'adversaire. Nous avons souvent évoqué le danger d'une opération "troisième force" de triste mémoire... Nous plaçant du point de vue des intérêts de la classe ouvrière, l'essentiel, pour nous est que le gouvernement de gauche dispose des moyens économiques indispensables à la satisfaction des revendications des travailleurs. Si pour cela il s'avère nécessaire, comme la C.G.T. le propose, de procéder à deux ou trois nationalisations supplémentaires et de faire payer davantage les riches, les travailleurs n'y trouveront rien à redire... »

Déjà assez claire avant la rupture, la position de la C.G.T. devient sans ambiguïté, lorsque celle-ci est consommée, elle s'aligne sur les positions du P.C.F. Tandis qu'à Paris, certaines sections de la C.G.T. vont manifester devant le siège du P.S. pour exprimer leur réprobation, le B.C. de la C.G.T. publie dès le 22 septembre un communiqué dans lequel il prend nettement position contre les conceptions du P.S. en matière de nationalisations.

Dans une intervention, J.-L. Moynot explique que « tous les raisonnements qui prétendent établir qu'on peut contrôler totalement l'économie à partir de la possession des actions des grandes sociétés et du crédit bancaire s'inscrivent dans la règle du jeu actuel », c'est-à-dire du jeu capitaliste. Il souligne que si la C.G.T. « est intervenue sur ce point précis où la discussion entre les partis de gauche a manifesté un désaccord complet qui est — à l'évidence — la cause de l'arrêt des négociations, c'est parce qu'il s'agit précisément de l'élément le plus fondamental sans lequel elle n'aurait jamais soutenu le programme commun en 1972 ».

La C.E. du 4 octobre 1977 confirme les positions prises par la direction confédérale, mais deux membres de la commission votent contre, il s'agit de deux membres du parti socialiste, Germon et Carassus. Dans le même temps, la direction confédérale reçoit un certain nombre de protestations. Ainsi des syndicalistes cégétistes de la fédération de Paris du P.S. publient-ils un communiqué dans lequel ils protestent contre la « violation des statuts de la C.G.T. », qui proclament l'autonomie vis-à-vis des partis et « contre l'actuelle distribution de tracts et les tentatives de pression contre le P.S. ».

Par ailleurs, six militants de la Loire-Atlantique dont deux maires adjoints de Nantes envoient à G. Séguy une motion rendue publique protestant contre l'attitude des instances de la C.G.T., tendant à accréditer la thèse selon laquelle le P.S. est seul responsable de la rupture à gauche. Ils s'attirent une réponse de G. Séguy les accusant de violer les statuts, en organisant au sein de la centrale un embryon de tendance.

Face à cette petite fronde, la direction cégétiste publie alors un manifeste : "Il faut que vive le programme commun" visant à élever le débat, à réfléchir sur les possibilités pour la C.G.T. de jouer "un rôle unitaire, constructif ou plus modestement utile" (G. Séguy).

Le bilan du débat dans les entreprises, sur ce texte, est fait lors du C.C.N. extraordinaire du 7 décembre 1977. Une rencontre avec les partis de gauche est décidée ; il s'agit « d'exposer à chaque parti les positions de la C.G.T. sur le programme commun, son actualisation, les mesures qu'elle estime indispensable à son efficacité et ses préoccupations sur la crise survenue dans la gauche, avec la volonté de contribuer à les surmonter ».

Dès lors, le parallélisme entre les positions C.G.T. et P.C. ne peut que s'accentuer et l'opposition au P.S. apparaître de plus en plus clairement. La rencontre avec le P.C., indique *Le Peuple*, a fait « ressortir que, partant l'une et l'autre d'une analyse voisine de la crise, les deux organisations aboutissent chacune à des conclusions et des propositions convergentes ».

Tandis que si les positions exprimées par le P.S. « confirment des convergences sur un certain nombre d'objectifs fixés par le programme commun, elles suscitent des interrogations sur certains points et font apparaître des divergences sérieuses, notamment sur plusieurs mesures sociales importantes et sur les moyens des transformations démocratiques ».

234

Lors de la campagne électorale pour les législatives de mars 1978, G. Séguy intervient, en personne, au meeting communiste de Gentilly, et appelle à voter pour le P.C.F. Dans le même temps, la C.G.T. critique sévèrement le chiffrage du programme par le parti socialiste : « En exprimant clairement ses critiques sur le chiffrage du programme du parti socialiste, la C.G.T. a confirmé qu'elle ne cautionnerait jamais une politique qui demanderait aux travailleurs la poursuite des sacrifices et consisterait à gérer la crise et à ménager le capital » [24].

Les critiques vis-à-vis du P.S. et l'appui apporté au P.C. provoquent au sein de la centrale de nouvelles contestations. Celles-ci portent sur le fait que "la C.G.T. est apparue comme le porte-parole d'un courant politique". En juin 1978, neuf dirigeants cégétistes adhérents au parti socialiste adressent une lettre à la direction confédérale soulignant que « des centaines de milliers de travailleurs syndiqués qui se reconnaissent dans le courant socialiste se voient en permanence agressés par leur direction syndicale ».

La direction tente d'abord d'assimiler les contestataires à une "tendance organisée", à "une fraction" et il est certain que le type de réactions de militants socialistes, qui se regroupent en fonction de leur appartenance politique, facilite cette assimilation. Mais elle doit constater qu'à divers niveaux se manifeste la volonté d'expression des opinions divergentes au sein de la centrale. D'où finalement, pour la préparation du congrès de Grenoble, la décision de multiplier les réunions à la base et d'ouvrir dans la *Vie Ouvrière* et *Le Peuple* une grande tribune de discussion, afin de maintenir le débat à l'intérieur de l'organisation et d'éviter, comme cela

---

24. C.E. du 28 février 1978.

s'est passé pour le P.C., que les contestataires n'utilisent des organes extérieurs.

La lecture des tribunes montre que le débat tourne essentiellement autour d'un point : l'interprétation du programme commun. Les opposants à la direction confédérale reprochent à la C.G.T. d'avoir "épousé la thèse du P.C." ; ils font remarquer qu'aucun congrès de la C.G.T. n'a jamais pris position sur le problème des filiales d'entreprises nationalisées. Et pour éviter que se renouvelle une telle prise de position partisane, ils dénoncent le fait que, seule, la tendance communiste ait droit de cité dans la centrale et souhaitent une plus large ouverture aux socialistes dans les organes dirigeants.

Face aux opposants, les tenants de la ligne confédérale interviennent essentiellement pour dénoncer les opposants qui ne sont que quelques "autogestionnaires réformistes" et qui ne rêvent que de "fractions", de "tendances", alors que l'on sait tout le mal qu'a fait à la C.G.T. le développement de la tendance F.O. au lendemain de Libération. Ils reprochent aussi aux contestataires de ne pas avoir assimilé le programme de la C.G.T.

Si la direction confédérale laisse la parole aux contestataires, elle n'entend pas pour autant faire son autocritique en ce qui concerne son attitude suite à la rupture. Le document d'orientation réaffirme la justesse de la position : « La victoire lors des élections de mars 1978 était possible, à condition que se maintienne l'alliance, sur une base claire et sans équivoque, ayant pour objectif de promouvoir les changements décisifs au plan politique, économique et social. C'est à partir de ces orientations de classe et du contenu résolument anticapitaliste du programme commun que la C.G.T. a été amenée à constater notamment à l'occasion de ses entretiens avec les partis de gauche, l'apparition de divergences profondes avec les positions adoptées par le P.S. et le M.R.G. La C.G.T. s'est efforcée avec mesure, mais fermeté, de surmonter ces obstacles et de préserver le contenu avancé du programme sans lequel il est illusoire de parler de changement. » Et le paragraphe se conclut en demandant au congrès d'approuver son action sur ce point précis.

Les positions prises lors de la rupture ne sont donc nullement remises en cause. Mais G. Séguy, analysant l'action de la C.G.T. dans les années précédentes, critique dans son rapport introductif la façon dont a été conçu le soutien au programme commun. Il parle à ce propos d'une « vue idéaliste du changement et d'une certitude en la victoire électorale de la gauche à laquelle tout fut subordonné, y compris dans une certaine mesure, la satisfaction des principales revendications ». Le fait que, durant la période, le programme de la C.G.T. se soit effacé derrière le programme commun a contribué, selon lui, à entretenir la confusion, et cela a eu des conséquences négatives au niveau de l'action revendicative.

Dans ce contexte, les luttes revendicatives « se rattachaient à la perspective du changement et ont pu donner l'impression d'une action revendicative très globalisée, s'éloignant des préoccupations quotidiennes et immédiates des travailleurs qui relèvent de la responsabilité première du syndicat ».

L'autocritique porte aussi sur le fonctionnement interne de la centrale, et le secrétaire général constate que « la composition de nos organismes de direction ne reflète pas toujours correctement la diversité de la C.G.T., les courants de pensée qui la traversent ». Il dénonce le risque du travail entre militants ayant tous la même opinion politique · « Ces situations ne cultivent-elles pas un esprit de supériorité, le sentiment que nous sommes les uniques dépositaires de la vérité révolutionnaire, l'intolérance envers les idées différentes, la réticence au débat démocratique ? » Il cite diverses raisons expliquant cette situation, mais ajoute que « ces raisons ne sauraient cependant justifier le renoncement à l'élargissement nécessaire de nos organismes de direction ».

Est-ce l'annonce d'une "ouverture" de la C.G.T., d'une distanciation par rapport au P.C. En réalité le phénomène le plus intéressant manifesté à Grenoble, ce n'est pas la contestation de quelques socialistes, mais le fait que le débat se situe entre communistes de la C.G.T. Cependant dans la mesure où le P.C.F. va durcir sa position, écarter délibérément les contestataires, l'aggiornamento entrevu à Grenoble ne sera qu'un feu de paille et les opposants à la ligne actuelle de la C.G.T. parleront bientôt d'orientations opposées à celles du 40° congrès.

Quand le P.C.F. précise ses liens avec la C.G.T.

En mars 1979, le P.C.F. publie un texte-déclaration sur ses relations avec le mouvement syndical et notamment la C.G.T. où, dans le cadre de la préparation de son 23° congrès, il réaffirme ses rapports privilégiés avec cette centrale[25].

Après avoir affirmé, ce qui est rituel, son attachement à l'indépendance syndicale, il en vient au "rôle irremplaçable du parti". C'est d'abord le constat que l'activité du syndicat et celle du parti ne s'opposent pas. Mais quelles sont les activités respectives de chacun ? En ce qui concerne le syndicat, le parti n'entend pas lui disputer « les responsabilités qu'il assume dans la conduite des luttes revendicatives. Nous ne prétendons limiter en rien — s'il la juge utile — son intervention dans le domaine politique, car on ne peut, aujourd'hui moins que jamais, séparer les questions sociales et économiques de la politique du patronat, du gouvernement et de l'action de l'Etat ».

Mais cette intervention du syndicat dans le domaine politique se situe dans des limites bien précises ; en effet, « le parti assure un rôle qui lui est propre et dans l'exercice duquel aucune autre organisation ne saurait se substituer à lui : celui d'animer, de conduire la lutte pour imposer un changement de politique, un change-

___

25. *L'Humanité*, 29 mars 1979.

238

ment de société »... « Les syndicalistes qui aspirent à un tel changement ne peuvent que considérer qu'ils l'amplifient et la prolongent. » Il n'est donc pas question qu'ils en prennent l'initiative, qu'ils élaborent une stratégie, ils doivent se couler dans le moule de la stratégie du parti.

Pour le P.C.F., le syndicat a encore un autre rôle, celui d'être une école de formation de la conscience de classe. « Se fixant comme mission première, fondamentale, de défendre les intérêts communs à tous les salariés, le mouvement syndical a contribué, au cours des décennies de luttes, à limiter les empiètements et les méfaits du capital... Elargissant grâce aux succès de son action le champ de ses prérogatives, il est devenu une grande école de lutte et de formation de la conscience de classe, une grande école de démocratie et de solidarité internationale des travailleurs ». Mais cela n'est possible que dans la mesure où les communistes jouent pleinement leur rôle au sein des organisations syndicales, en les faisant bénéficier de leurs lumières : « Ce qui guide l'activité des communistes, c'est de tout faire pour que le syndicat dont ils sont membres serve bien les intérêts des travailleurs. Ceux-ci apprécient leurs compétences, leur dévouement, leur combativité, leur fermeté face à l'adversaire de classe. C'est sur ces bases qu'ils portent les communistes aux directions de leurs syndicats. »

Quant aux rapports avec la C.G.T., le P.C.F. se défend d'exercer sur elle une hégémonie et juge offensante pour la C.G.T. et ses nombreux militants l'accusation selon laquelle elle ne serait qu'une courroie de transmission du parti. Les rapports entre les deux organisations sont selon le document, « le résultat des liens tissés par l'histoire d'innombrables luttes et de positions de classe communes »... Suit un historique sommaire des périodes majeures de relations entre les deux organisations, et la conclusion : « Une telle histoire crée naturellement des liens d'une qualité particulière. »

« De ces combats communs résulte la force des rapports d'amitié et de solidarité noués entre les organisations et les militants de la C.G.T. et du parti communiste français. Notre parti ne ménagera aucun effort pour que ces relations se poursuivent et s'enrichissent encore, dans l'intérêt des travailleurs et du pays. » C'est donc un appel au renforcement des liens entre les deux organisations.

Lors du conseil national du P.C.F. d'octobre 1979, G. Séguy revient sur cette question des rapports P.C.F.-C.G.T. « Il est absurde de vouloir nier ou dissimuler le fait qu'il existe de nombreuses convergences entre la C.G.T. et le P.C.F. Cela ne résulte pas d'une subtile préméditation des communistes exerçant d'importantes responsabilités dans la C.G.T. Cela provient d'une réalité qui fait que, sur le plan syndical, le P.C.F. ne rencontre qu'une authentique organisation syndicale de classe : la C.G.T. (et s'il en est ainsi, à l'avantage des travailleurs de chez nous, les communistes français y sont pour quelque chose). Réciproquement, quand la C.G.T. parle de ses relations et envisage éventuellement des alliances avec les formations politiques, elle ne rencontre qu'un parti authentiquement révolutionnaire : le parti communiste français. »

Ce conseil national est consacré à l'activité du parti au sein des entreprises et, à ce propos, G. Séguy souligne combien il compte sur l'activité des communistes pour développer une action syndicale au plus près des travailleurs : « Il est important que les communistes militant dans les entreprises entendent et comprennent l'appel que leur a lancé G. Marchais lors du dernier comité central, pour qu'ils participent activement à l'application des orientations du 40° congrès de la C.G.T., pour une action syndicale plus combative, à la fois plus démocratique et plus unitaire, plus près des travailleurs, pour une C.G.T. plus forte, plus efficace dans le combat de classe. »

Au cours de ce même conseil national, G. Marchais réaffirme, comme C. Poperen le faisait en 1975, que le syndicat ne saurait donner aux travailleurs que des réponses partielles : « Personne d'autre que le parti communiste dans l'entreprise ne peut faire la clarté sur les conditions de l'union et les impasses dans lesquelles elle risque de se fourvoyer. Ce n'est pas le syndicat qui peut démontrer, comme cela est indispensable, l'orientation à droite du parti socialiste. Ce n'est pas le syndicat qui peut expliquer quelles conditions on peut rassembler durablement les forces démocratiques et créer ainsi les conditions du changement politique. »

Haro sur le "réformisme" et ancrage dans le "camp socialiste"

Le 23° congrès du P.C.F. en mai 1979 a été marqué par la remise à l'honneur de "l'union à la base" qui n'est pas sans rappeler quelque peu la stratégie "classe contre classe" d'avant 1934 ou du début des années 1950. Il n'est plus question, dans le document préparatoire, de conclure d'emblée des accords au sommet avec d'autres formations politiques ; des accords pourront se produire, mais c'est à partir de "l'action en bas" qui a et conservera toujours "un caractère décisif" que mûriront de tels accords.

Dans son rapport introductif, G. Marchais souligne combien le programme commun a créé des illusions et engendré la démobilisation. « L'idée, dit-il, s'est répandue que tous les problèmes étaient réglés, que le parti socialiste avait changé du tout au tout. » Or comme le souligne le document préparatoire, le P.S. est et demeure un parti "réformiste" à qui nous « ne posons pas comme préalable de devenir un parti révolutionnaire comme le nôtre » ; l'avancée vers un changement véritable ne pourra donc se faire que dans la mesure où le P.C.F., "pôle révolutionnaire", sera suffisamment fort pour entraîner le P.S. dans la bonne direction et l'union à la base, dont les entreprises vise justement à renforcer "le parti de la classe ouvrière".

Selon la conception communiste du "réformisme"

les partis ou organisations qu'il catalogue ainsi sont, par nature, condamnés à osciller constamment entre l'attraction vers la bourgeoisie et l'attraction vers le parti de la révolution. Il y a donc toujours de leur part un risque de trahison, et l'alliance avec de tels partenaires est pour les communistes un travail toujours à recommencer, une lutte de tous les instants pour les maintenir à flot et les empêcher de sombrer dans la collaboration de classe. L'union est un combat ; s'allier avec le "réformisme", c'est toujours lutter contre lui, ce qui a été parfois oublié lorsque le programme commun était en vigueur[26].

Il est très caractéristique de constater que la C.G.T. utilise, tout comme le P.C., le concept de "réformisme". Déjà à la veille du congrès C.F.D.T. de 1976, *Le Peuple* parle de la "nature ambivalente" de la centrale, "de ce mélange d'évolutions positives et de pesanteurs négatives". Mais en 1980, la C.G.T. juge que les pesanteurs négatives l'ont emporté : « La C.F.D.T. tourne de plus en plus le dos à la lutte des classes pour s'enliser dans les chemins de la collaboration de classes... C'est un constat. Au nom du réalisme, la C.F.D.T. apporte de plus en plus son concours à la mise en œuvre du consensus. Elle s'avance vers la réalisation d'un front réformiste »[27].

Pour redresser la barre, pour la réamarrer au pôle de "lutte de classes" qu'est la C.G.T., il faut relancer l'union à la base. « Nous avons toujours dit que l'union était un combat qui concernait l'ensemble des travailleurs, que le pire était d'en faire une affaire de sommet, d'état-major... »

Et Lomet recommande une intense campagne d'explication auprès des travailleurs, tandis que dans le même temps « nous devons résolument faire des propositions unitaires à nos camarades de la C.F.D.T. et placer toute notre démarche sous la responsabilité et le contrôle des

---

26. Voir à ce propos *Histoire du réformisme en France*, éd. Sociales, 1976.
27. Rapport de Lomet au B.C. C.G.T., *Le Peuple*, 1-15 février 1980.

travailleurs » [28]. On retrouve donc le même type de démarche que préconisait le P.C.F.

Mais la réalisation de l'unité d'action n'a de sens que pour la "défense des intérêts de classe des travailleurs", ces intérêts étant définis dans la perspective d'une lutte de classe internationale où s'affrontent deux camps et deux seulement. C'est ce que souligne Laroze dans son rapport au C.C.N. C.G.T. de mai 1980 : « Fondamentalement la situation internationale est dominée par l'évolution du rapport des forces entre les luttes de la classe ouvrière dans différents pays capitalistes, le socialisme tel qu'il existe, les mouvements de libération nationale (d'une part) et, (d'autre part) l'impérialisme. » Il s'agit donc de choisir son camp ; si l'on n'est pas solidaire des pays socialistes (tels qu'ils existent), l'on ne peut être que dans le camp de l'impérialisme !

Certes, souligne Laroze, il y a des contradictions, des clivages, mais « les différences, les contradictions qui existent par exemple au sein des forces progressistes, ne les empêchent pas d'avoir objectivement des intérêts communs à défendre face à l'impérialisme. Cela les incite de ce fait à se rapprocher pour des actions communes ».

Si c'est au nom du bilan "globalement positif" des "pays socialistes" et du fait que tous "les pays socialistes" sont responsables du maintien du socialisme dans les pays où il a été instauré, que le P.C.F. a approuvé l'intervention soviétique en Afghanistan, c'est au nom de sa conception de la lutte de classe que la C.G.T. a refusé de la condamner. Le B.C. déclare à ce propos : « Nous avons, pour notre part, à nous déterminer en fonction de nos conceptions fondamentales, de nos principes de classe et de solidarité internationale. Dans cet esprit, le contenu de notre prise de position se distingue radicalement de ceux émanant d'organisations qui, explicitement ou implicitement, ont

---

28. *Le Peuple*, 1-15 février 1980.

soutenu et soutiennent encore les interventions impérialistes et colonialistes, ou d'autres qui pratiquent systématiquement l'amalgame » [30].

C'est au nom du même principe qu'en août-septembre 1980, lors de la création de "Solidarité", la C.G.T. s'est bien gardée d'être en avance par rapport aux officiels polonais.

La C.G.T. face aux "présidentielles" de 1981

Suite à la réunion de la C.E. du 5 novembre 1980, où la question des présidentielles est abordée, G. Séguy déclare : « Si la C.G.T. est indépendante vis-à-vis des partis, elle n'est pas neutre. Nous combattons donc contre le pouvoir en place, et, s'il est admis que nous ne prendrons pas position pour ou contre l'un des candidats de gauche, la C.G.T. se situera par rapport à son programme et ses revendications. » Mais à partir de quelles revendications la C.G.T. va-t-elle se déterminer ?

Au C.C.N. de décembre, le débat a lieu sur le fait de savoir si l'on fait simplement référence aux orientations de la centrale ou bien si l'on en donne un résumé précis ; c'est cette seconde thèse qui l'emporte et G. Séguy, présentant à la presse les résultats des délibérations, insiste sur le fait que l'ensemble constitue un tout cohérent. Il y est non seulement question des revendications (salaire, emploi, conditions de travail, liberté), mais aussi de réformes économiques (importance des nationalisations), « opposition claire et nette, dans le cadre de notre lutte pour la paix, contre la course aux armements, à l'installation des fusées américaines en Europe... analyse du contenu de classe que nous faisons de l'Europe du grand capital qui détermine notre hostilité à son élargissement et notre hostilité à la politique d'intégration européenne ». L'accent est donc mis ostensiblement sur

---

30. *L'Humanité*, 9 janvier 1980.

les problèmes de défense et les problèmes internationaux qui constituent les points de clivage entre le P.C. et le P.S.

G. Séguy ne s'en cache d'ailleurs pas lorsqu'il évoque le "concert d'imprécations" qui, depuis la C.E. du 5 novembre, gravite autour du thème : "La C.G.T. s'apprête à faire campagne pour le parti communiste". Et il déclare à ce propos : « Beaucoup de ceux qui, par anti-communisme, ressassent cette affirmation à longueur d'articles, d'émissions de radio ou de télévision, sont persuadés qu'ils nuisent à l'autorité de la C.G.T. En vérité, ils participent involontairement à attirer l'attention de ceux qui auraient pu ne pas s'en apercevoir, sur une réalité qui fait que, dans beaucoup de domaines, il existe effectivement des convergences réelles entre la première centrale syndicale nationale et le parti communiste français. »

Des dirigeants cégétistes vont d'ailleurs participer esqualité à la campagne du P.C.F. C'est le cas de G. Séguy qui, le 10 février, préside un meeting communiste dans le 13ᵉ arrondissement à Paris puis accompagne G. Marchais à Toulouse et déclare à cette occasion qu' « il y a convergence entre Giscard et Mitterrand pour continuer à gérer la crise pour le compte des profits du grand capitalisme... »[31]. C'est le cas d'H. Krasucki qui écrit dans *Les cahiers du communisme* : « Dans l'élection présidentielle... qui d'autre que le candidat communiste G. Marchais représente le changement ? Qui d'autre représente une garantie authentique pour la classe ouvrière, pour tous les travailleurs, pour les gens de condition modeste, pour que leurs intérêts soient bien défendus ?... Au soir du 26 avril, une seule chose comptera en réalité pour juger de la volonté de changement... Ce sera le résultat de G. Marchais... »[32]

Le 26 mars, *L'Humanité* publie une liste de responsables cégétistes appelant à voter pour G. Marchais ; leurs

31. *Le Monde*, 7 avril 1981.
32. Février 1981.

noms sont suivis du titre de "syndicaliste" ; on y trouve sept membre du B.C. sur quinze ; des communistes bien sûr, mais aussi certains que la direction C.G.T. se plaît à présenter comme "chrétiens" ou "sans étiquette", alors que deux communistes notoires, C. Gilles et J.-L. Moynot, marquent leurs réserves vis-à-vis de l'orientation confédérale ; on y trouve aussi des secrétaires d'importantes fédérations.

L'appui ouvert au candidat communiste provoque des réactions au sein de la centrale. Un collectif de cégétistes marseillais lance une pétition pour qu'un débat soit ouvert à ce propos dans la confédération et que celle-ci s'engage à voter au second tour pour le candidat de gauche. Cette pétition est reprise dans diverses villes : Lille, Angers, Bordeaux, Le Havre... Des socialistes de la C.E. C.G.T. prennent position en faveur de Mitterrand, tandis que le malaise s'installe au sein même du bureau confédéral. C'est ainsi que le trésorier E. Deiss considère que « lorsqu'on a des responsabilités syndicales, on doit faire preuve d'une extrême prudence » et estime que « les appels en faveur de tel ou tel candidat constituent des initiatives dangereuses qui risquent de cristalliser les positions et de contribuer à faire émerger des tendances dans la C.G.T. » [33]

La direction de la C.G.T. tente de minimiser l'importance de la contestation ; parlant à Clermont-Ferrand, G. Séguy présente ainsi les contestataires : « Je ne connais que cinq membres de la commission exécutive, quatre ou cinq syndicats pas très importants et, en tout cas, aucun syndicat ouvrier, et une trentaine de lettres portant cinq ou six signatures » [34].

Prenant la parole au soir du premier tour, caractérisé surtout par le recul communiste, et l'écart entre G. Marchais et F. Mitterrand qui apparaît comme un vainqueur possible, G. Séguy se contente de souligner que « la question décisive gravite autour du problème des moyens

33. *Témoignage chrétien,* 6 avril 1981.
34. *Le Monde,* 4 avril 1981.

économiques, sociaux et politiques, indispensables au vrai changement... » [35]. Il ne donne aucune consigne pour le second tour et annonce une réunion de la C.E. pour le mercredi afin d'envisager la position à adopter.

Le 28 avril, le C.C. du P.C.F. appelle à voter pour F. Mitterrand, tout en constatant "le flou des objectifs et des moyens" du candidat socialiste. Le 29 avril, la C.E. de la C.G.T. publie une longue déclaration où, après de nombreux considérants, un paragraphe appelle à battre le candidat de la droite en votant pour le candidat de la gauche : « Dans l'esprit d'indépendance d'orientation et d'autonomie d'action qui a déterminé sa position au premier tour, la C.E. de la C.G.T. appelle les travailleurs à battre le candidat de droite, Valéry Giscard d'Estaing, en votant le 10 mai, pour le candidat de gauche restant en lice au deuxième tour, François Mitterrand. » Ce n'est pas l'enthousiasme, mais plutôt la résignation.

Le texte rappelle aussi "qu'au-delà du changement d'homme à l'Elysée", l'objectif de la C.G.T. « vise à un changement de politique sur la base d'un rassemblement populaire majoritaire, se prolongeant dans l'union de la gauche, et la constitution d'un gouvernement au sein duquel toutes les composantes de la gauche, à égalité de droits et de devoirs se donneraient, sur des bases claires, les moyens d'une nouvelle politique démocratique, de progrès social » [36].

La C.F.D.T. et "l'autonomie engagée"

Si 1970 est pour la C.F.D.T. la date d'entrée officielle dans la "famille socialiste", c'est aussi celle où la centrale entame l'élaboration d'une stratégie autonome qui

---

35. *Le Peuple*, 1-15 mai 1981.
36. *Id.*

n'exclut nullement les alliances avec les partis, ou d'autres forces, afin de parvenir à une certaine convergence. Les luttes sociales constituent l'axe essentiel de cette stratégie, mais la C.F.D.T. n'entend pas pour autant laisser à l'écart les partis, P.C. compris, et les possibilités de transformation de la société par la voie électorale.

Avec la signature du programme commun de gouvernement en 1972, la C.F.D.T. se trouve confrontée à une stratégie de type partisan et gouvernemental à laquelle, en tant qu'organisation syndicale, elle se refuse à adhérer, mais qu'elle entend juger en toute liberté. Au lendemain des législatives de 1973 où cette problématique du programme commun a été largement dominante, la C.F.D.T. tente de dépasser cette conception en élaborant la stratégie d'union des forces populaires, fondée non sur un programme, mais sur des objectifs socialistes à plus long terme, stratégie qui pourrait rassembler en premier lieu les syndicats, puis l'ensemble des partis de gauche, chacun intervenant dans la mise en œuvre, compte tenu de sa fonction spécifique.

Les présidentielles de 1974 précipitent les choses ; forces de gauche autogestionnaires et forces du programme commun se retrouvent unies autour d'une candidature unique. Dans la foulée, c'est l'opération des "assises du socialisme" visant à renforcer le courant autogestionnaire du P.S. par l'apport de syndicalistes C.F.D.T., opération qui suscite des remous dans la centrale.

Mais au sein de la coalition du programme commun, le P.C. supporte mal le surcroît d'audience du P.S. et, en septembre 1977, c'est la rupture. Suite à celle-ci, la C.F.D.T. considère que l'heure est à la "re-syndicalisation". Il faut, en ancrant les luttes au plus près des travailleurs, "reconstruire l'espoir" et ne plus se contenter d'une dénonciation de type politique à l'heure où, de ce point de vue, l'horizon apparaît bouché. Cette action de la C.F.D.T. va provoquer des controverses avec les partis, surtout avec le P.C.F., au moment où celui-ci se replie sur la classe ouvrière et développe ses actions au sein des entreprises.

248

Depuis 1966, les organisations C.F.D.T. réfléchissent sur une stratégie de l'organisation qui sera définie au congrès de 1970. Nous avons vu qu'avant 1968 le débat porte notamment sur l'intérêt de passer ou non "contrat" avec les partis de gauche afin de permettre par leur accès et leur maintien au pouvoir un certain nombre de réformes de structure. Mais, au lendemain de 1968, il n'est plus possible de raisonner exactement de la même façon.

Les tenants de la stratégie du contrat ou "stratégie commune" sont conduits à revoir quelque peu leurs propositions. C'est ce que fait le rapport du *congrès de la chimie* à l'automne 1968. Il note d'abord deux "erreurs d'appréciation" : l'explosion de mai a eu lieu en « plein gaullisme, en plein conditionnement politique, technique et économique » et cela sans que les forces de gauche en soient à l'origine ; de plus, contrairement aux craintes des partisans de la stratégie commune, ce ne sont pas les "revendications quantitatives" qui ont été au premier plan, mais bien les "revendications qualitatives", celles de pouvoir.

Mais de là, le rapporteur passe à des critiques plus au fond : « En un sens, notre optique était trop exclusivement parlementaire, faisant de la victoire électorale un moment décisif » ; or une autre voie est apparue possible : « Celle d'une pression populaire amenant un gouvernement provisoire, la sanction électorale venant après et non avant le changement de régime. »

Il ne remet pourtant pas en cause la notion de "contre-plan syndical", c'est-à-dire « un projet global choisissant les réformes essentielles à opérer et les objectifs à atteindre » et il ajoute à ce propos qu'il ne s'agit pas de « vouloir limiter au "possible" les revendications sociales présentées au capitalisme, mais tout simplement de savoir ce que l'on fait, quelles sont les conséquences pour les salariés des revendications dont nous voulons la satisfaction ».

Et bien qu'il ne parle plus de contrat, il insiste sur le fait que « la nécessité d'une alternative politique solide... n'est jamais apparue aussi grande qu'en mai ». Il se refuse à "jeter l'enfant avec l'eau du bain", considérant que « si la voie d'un accord au sommet entre syndicats et partis... est effectivement bouchée dans l'immédiat... les lignes de force de la stratégie commune restent valables ».

Aussi lors du comité national C.F.D.T. d'octobre 1969, le porte-parole de la chimie plaide la cause de « stratégies convergentes ». Nous continuons à estimer que des perspectives de transformation « ne pourront se réaliser dans notre pays que si le mouvement syndical élabore une stratégie qui lui soit propre et dans la mesure où cette stratégie converge avec celle des forces politiques socialistes ». Cela suppose « à la fois un syndicalisme autonome dans sa pensée et son action, qui entretient des relations... avec les partis de gauche et peut mener des actions communes avec eux, et des forces de gauche soucieuses d'élaborer des stratégies cohérentes et qui acceptent l'autonomie du syndicalisme ».

Les partisans de la "stratégie autonome" considèrent que les événements de mai 1968 leur ont donné raison. Dans son rapport au congrès du Maine et Loire en 1969, J. Monnier précise un certain nombre de points. « Le syndicalisme doit conserver son rôle d'organisation de masse. Il doit d'abord et avant tout bien faire "son métier" sans confondre ses responsabilités avec celles des forces politiques. Il ne peut et n'entend pas rester indifférent à la situation actuelle de la gauche politique non communiste, mais il ne doit pas se croire investi d'une mission spéciale pour "jouer la mouche du coche" à son endroit. C'est dans l'exercice de ses propres responsabilités que le syndicalisme servira le mieux la cause du socialisme démocratique, y compris dans son expression politique ». Par ailleurs, « reconnaissant, au sein du mouvement ouvrier, à la branche politique un rôle plus complet pour la mise en œuvre des luttes de caractère politique, puisqu'elle a seule vocation à exercer le pouvoir et à organiser la cité, le syndicalisme ne prétend pas "diriger" les forces politiques, mais n'entend pas être "dirigé" par elles, ni avant, ni après leur accès au pouvoir ».

Le rapport précise ensuite les éléments d'une "stratégie de pouvoir syndical autonome et d'action de masse" — clarification et popularisation de l'alternative — définition d'une politique et d'une ligne d'action syndicale coférente avec les options retenues — choix par le syndicat d'objectifs qualitatifs et quantitatifs prioritaires — proposition publique de ces objectifs aux partis et forces politiques sans exclusive. Il précise à ce sujet : « Pas d'isolement systématique du P.C. ce qui aboutit en fait à le favoriser — débat public avec les forces politiques sur ces objectifs — les forces politiques donnent leur avis sur le souhaitable et le réalisable — pression pour les faire s'engager sur des objectifs clairs et contrôlables — le débat public doit permettre la prise de conscience des citoyens. » C'est là ce qu'il appelle une stratégie parallèle qui refuse tout contrat « aliénant l'autonomie de décision et d'action syndicales ».

Comment se situent les autres organisations par rapport à ces deux positions ?

Du côté de la "stratégie convergente", on a la majorité des syndicats des P.T.T. La fédération parle de "contrats clairs, de courte durée, susceptibles d'être remis en question"... Au contraire la "construction-bois" reste fidèle à la "stratégie autonome", affirmant que "le syndicalisme ne peut, ni en pensée, ni en fait, se subordonner à aucune organisation extérieure".

Mais d'autres organisations ne s'inscrivent pas dans le cadre du choix ainsi présenté. C'est le cas de la fédération générale de l'agriculture qui considère que les "deux courants font de l'idéalisme... Le syndicalisme, à la fois pour être démocratique et efficace, doit être au service d'abord des situations, avant d'être au service des convictions", la prise de conscience et la volonté d'action des travailleurs ne pouvant être que "le résultat d'une action, d'un cheminement actif et non d'une adhésion à des idées, à un modèle de société"... Elle souligne par ailleurs que "la situation des travailleurs ne sera pas modifiée profondément par un renversement électoral", mais surtout par "la mobilisation des travailleurs sur des objectifs de changement et par la mise en place de nouveaux pouvoirs, non seulement au Parlement, mais aussi dans les usines, les villes"...

Le rapport au comité national d'hacuitex d'octobre 1969 insiste sur deux points. D'abord il ne peut y avoir mobilisation efficace des forces sociales que si existe une force politique visant les mêmes objectifs : « La mobilisation des forces sociales, dans la perspective d'un autre modèle de société... exige l'existence d'une force politique portant les mêmes perspectives". Il s'agit là d'un facteur de réussite déterminant.

Ensuite, tout en affirmant la nécessité de rapports syndicats-partis, la fédération ne les conçoit pas "à froid" : « Nous préférons de loin à une stratégie commune décidée par concertation entre organisations syndicales et politiques, des relations à partir de l'action engagée sur un problème précis et un objectif commun, tel que l'emploi, la sécurité sociale, etc. »

Mais la réflexion qui précède le congrès de 1970 aborde aussi d'autres thèmes ; ainsi la "construction-bois" estime-t-elle que, concernant les rapports à entretenir avec les formations politiques, il y a forcément discrimination, ceux-ci étant fonction, d'une part de l'attitude des partis vis-à-vis des revendications, d'autre part de leur conception de la démocratie, et du rôle du syndicalisme.

C'est le même type de réflexion que fait la fédération générale de la métallurgie lorsqu'elle observe que, "reconnaître au parti communiste la place qui lui revient dans le passage au socialisme, ce n'est pas lui accorder la représentation exclusive des forces socialistes. Dans ce sens, renforcer le courant socialiste actuel, c'est dans l'autonomie et l'indépendance renforcer l'efficacité de notre syndicalisme"...

Lors du congrès, deux textes s'opposent à celui du rapporteur A. Jeanson. L'un présenté par les Pays de Loire, le S.G.E.N. et l'union régionale parisienne (U.R.P.), assez réservé sur l'autogestion, conçue comme "aspiration des salariés" et "achèvement de la démocratie dans le socialisme par la décentralisation des pouvoirs", met l'accent principal sur la planification démocratique. En ce qui concerne les rapports syndicats-partis, cette résolution, présentée par J. Monnier, reste fidèle aux stratégies parallèles : « La définition d'un projet socialiste de société peut être l'œuvre commune de toutes les forces socialistes et démocratiques, syndicats, partis et associations. En ce qui concerne les partis et les syndicats, les stratégies à mettre en œuvre pour réaliser ce projet ne peuvent être que parallèles, le syndicalisme conservant ses prérogatives et sa totale liberté d'appréciation et d'action. »

Ce texte présenté aux votes du congrès recueille 32,6 % des mandats. L'autre résolution proposée notamment par hacuitex, et présentée par F. Krumnov, est plus proche du texte du rapporteur sur le fond, mais se veut davantage fidèle à "l'esprit de mai" et plus axé sur la lutte de classe. L'accent est mis sur la lutte des travailleurs qui doit « tendre à déséquilibrer et à modifier progressivement, mais radicalement tous les rapports de pouvoir », afin de « conduire à la rupture, c'est-à-dire au renversement du pouvoir établi et à la prise de pouvoir par la classe ouvrière ». Concrètement, cela doit se traduire non seulement par la lutte dans les entreprises, par de "puissantes actions interprofessionnelles", mais aussi « le rassemblement dans de telles actions des forces socialistes tenant compte du critère de la lutte des classes et en réalisant les alliances nécessaires avec les forces sociales et politiques, pour arriver au maximum d'efficacité ». Cette lutte « ne peut être le seul fait de l'action syndicale. Le syndicalisme doit contribuer à réhabiliter auprès des travailleurs l'action politique en les appelant en tant que citoyens à contribuer d'une façon active à l'efficacité des forces socialistes démocratiques et révolutionnaires. La voie électorale ne saurait être pour la C.F.D.T., ni le seul moyen, ni la voie privilégiée. Même en période électorale l'action est toujours nécessaire ». Ce texte regroupe 27,2 % des mandats.

Dans le rapport "perspectives et stratégie" présenté en vue du congrès, A. Jeanson s'est efforcé d'abord de dégager ce qui apparaît comme la pensée commune des organisations et d'en tirer « une conception de l'autonomie du syndicalisme, précise, positive et dynamique ». Il ne s'agit pas, souligne-t-il, « d'un pouvoir autonome qui se recroqueville sur lui-même ».

« Il s'agit au contraire d'une autonomie qui s'appuie sur une stratégie globale qui lui est propre, une autonomie qui peut ainsi sans risque d'ambiguïté refuser la neutralité. Il s'agit donc d'une autonomie engagée : l'autonomie d'une organisation syndicale qui se donne une vision politique à la mesure de la société qu'elle préconise pour demain. Mais dans tous les actes qu'elle pose en direction de cette vision politique — et c'est là que la notion d'autonomie prend toute sa signification — la C.F.D.T. entend disposer d'une liberté absolue, d'une maîtrise totale de sa décision, et cela en toutes circonstances, quels que soient les adversaires qu'elle rencontre en face d'elle, quels que soient les partenaires qu'elle trouve à ses côtés, quelle que soit enfin la nature des rapports qu'elle a choisi d'avoir avec ces derniers » [37].

Reprenant ce texte pour l'essentiel, la résolution votée précisera : « Ainsi c'est en termes d'alliance et non de courroie de transmission qu'une action commune pourra s'envisager... (il faut) éviter tout risque de confusion entre l'action syndicale et l'action des partis politiques... la distinction doit être clairement observée et maintenue entre les organisations politiques, qui ont naturellement vocation à accéder au gouvernement et à exercer le pou-

---

37. Rapport « Perspectives et stratégies », 1970, p. 50.

voir, et les organisations syndicales qui n'ont en aucune façon une telle vocation. Elle se concrétise notamment par le non cumul des mandats politiques et syndicaux » [38].

Si tout le monde est d'accord sur cette conception de l'autonomie engagée, il n'en est pas de même lorsqu'on aborde la question précise des rapports entre stratégie syndicale et stratégies des partis. Partisan de la stratégie parallèle, le S.G.E.N. dépose un amendement qui limite les rapports : « L'indépendance mutuelle n'exclut ni les échanges de vue, ni éventuellement, des ententes circonstancielles sur des objectifs de compétence syndicale. » Cet amendement est rejeté au profit d'un texte qui parle de stratégies convergentes : « Etant entendu qu'aucune force sociale ou politique (syndicats, partis) ne peut prétendre diriger seule les luttes et subordonner à son profit les autres organisations, l'action des forces syndicales et celle des forces politiques doivent pouvoir se déployer sans aucune subordination des unes aux autres, mais parvenir à une certaine convergence, à une certaine complémentarité » [39].

Se pose aussi le problème des rapports avec le parti communiste qui ont été jusqu'alors inexistants. Diverses organisations sont intervenues, nous l'avons vu, pour que le P.C.F. ne soit pas laissé à l'écart. Le S.G.E.N., sans s'opposer à de tels contacts, mais dans le but d'éviter l'engagement du syndicalisme "dans un processus syndicalo-politique d'élaboration d'un programme commun aux forces de gauche", veut faire préciser que, « comme il appartient aux organisations confédérées de juger des rapports intersyndicaux, il appartient aux partis de la gauche non communiste d'apprécier les conditions d'accords éventuels avec le parti communiste ». Cet amendement n'est pas accepté par le rapporteur et c'est un amendement présenté par plusieurs syndicats des métaux qui va figurer dans la résolution adoptée :

---

38. C.F.D.T., *Textes de base*, tome I, p. 48.
39. *Id.*

255

« Pour la C.F.D.T., le succès d'une action politique capable de sortir de la société capitaliste ne peut être le fait que de l'ensemble des forces socialistes, y compris le P.C.F.. Elle considère que celui-ci ne saurait pour autant prétendre à la représentation exclusive des courants socialistes. Aussi s'intéresse-t-elle à ce que font ou peuvent faire les hommes, les formations politiques ou à naître qui :

— d'une part posent l'avenir du pays en termes de transformation fondamentale de la société dans le but de créer une société démocratique et socialiste ;

— d'autre part s'engagent à opérer ces transformations et à animer cette société dans le respect des libertés démocratiques » [40].

C'est en fait affirmer que si l'on ne peut concevoir, compte tenu de sa force, que le parti communiste ne puisse être laissé à l'écart d'un processus de transformation, il n'en reste pas moins que la C.F.D.T. s'intéresse tout particulièrement aux divers courants de la gauche non communiste. Il est d'ailleurs précisé que la démarche C.F.D.T., telle qu'elle est envisagée « pourrait favoriser l'évolution nécessaire du parti communiste et accélérer les transformations souhaitables dans les forces socialistes » [41].

Mais il est bien clair que la question des rapports avec les partis ne constitue qu'un élément d'une stratégie beaucoup plus globale, définie par la C.F.D.T. lors de son congrès de 1970. En effet, le passage de la société capitaliste au socialisme autogestionnaire « nécessite la mobilisation de l'ensemble des forces populaires, car il suppose le développement du pouvoir des travailleurs et de leurs organisations dans les entreprises et l'économie, la maîtrise de l'ensemble de la société, donc un passage qualitatif comportant la conquête du pouvoir politique au niveau de l'Etat » [42].

---

40. C.F.D.T., *Textes de base*, tome I, p. 48-49.
41. *Id.*, p. 49.
42. *Id.*, p. 43.

Le C.N. d'octobre 1971 élabore le document *pour un socialisme démocratique,* dans le cadre du débat de fond proposé par la C.F.D.T. aux autres centrales sur le thème du socialisme. Il y est notamment question des rapports entre luttes sociales et élections. « Si pour la C.F.D.T. ce sont les luttes sociales et l'action des masses populaires qui constituent l'axe essentiel de sa stratégie, elle n'exclut pas l'éventualité d'un changement électoral de pouvoir politique. Mais il est bien évident que, dans l'éventualité d'une majorité et d'un gouvernement socialiste, ceux-ci seraient voués à l'impuissance si, au lendemain de leur accès au pouvoir, ils n'étaient à la fois soutenus et entraînés par une mobilisation permanente des travailleurs. Ceux-ci auraient à construire immédiatement, dans leurs usines, leurs bureaux, leurs quartiers, les fondements du socialisme et à en assurer activement la défense face aux tentatives de réactions de la bourgeoisie... »

Le texte ajoute qu' « en tout état de cause, le suffrage populaire doit légitimer et ratifier tout changement acquis par les luttes sociales et l'action des masses populaires » [43].

Le C.N. de janvier 1972 est appelé à débattre à partir d'un volumineux "rapport sur la situation politique" présenté par la commission exécutive. Ce rapport pose des questions sur l'attitude à avoir en matière de luttes sociales en période électorale (les élections législatives de 1973 sont en vue) et sur le comportement face à une éventuelle coalition de gauche, etc.

Au cours du débat, nombre de délégués s'interrogent sur le comportement du P.S. qui s'est constitué six mois plus tôt au congrès d'Epinay. Si, pour hacuitex, la cause est entendue, le P.S. se situant "dans le cadre réformiste", pour d'autres (Rhône-Alpes, métaux), sa capacité

---

43. *Syndicalisme,* 4 novembre 1971.

d'évolution n'est pas encore évidente, d'où la nécessité d'une "attitude critique" de la part de la C.F.D.T. (P.T.T.).

En outre, la C.F.D.T. n'entend pas se laisser entraîner dans un processus de programme commun où elle apparaîtrait à la remorque des partis politiques. C'est le sens d'ailleurs d'une réponse de la C.F.D.T. à une lettre de F. Mitterrand et G. Marchais sur le problème des libertés. Suite à la loi "anticasseurs", la C.F.D.T. participe à côté des partis de gauche et d'organisations syndicales au "comité pour la liberté et contre la répression". Or en octobre 1971, P.C. et P.S. prennent seuls l'initiative d'une déclaration commune sur la défense des libertés prévoyant diverses réformes et, sur la base de ce texte, ils proposent une rencontre aux autres organisations. La C.F.D.T. refuse et écrit notamment : « Un tel document masquant les désaccords (sur les questions de défense des libertés dans les pays, quels que soient leurs régimes et en France, quelles que soient les opinions des victimes...) nous apparaît plus situé dans la perspective d'un "programme commun" que fait pour impulser l'action. » En outre, la méthode qui ignore les formes de concertation en usage dans le comité existant, « place le mouvement syndical dans une situation où, s'il acceptait cette méthode, il apparaîtrait à la remorque des partis politiques » [44].

Lors du C.N. de janvier 1972, les orateurs mettent aussi l'accent sur la nécessité de maintenir les luttes sociales, même en période électorale. Guy Gouyet (U.R.P.) met en garde contre « les désillusions que pourrait entraîner une victoire de la gauche sans mobilisation ». Pineau (Deux-Sèvres) estime que nous « devons laisser les partis faire leur travail et, nous-mêmes, développer les luttes dans les entreprises ».

Pour F. Steadelin (Alsace), « le premier rôle de la C.F.D.T. est de dire : l'action doit continuer, période électorale ou pas ». Toutefois C. Bouret (S.G.E.N.) inter-

---

44. *Id.*, 28 octobre 1971.

roge : « Si les actions revendicatives se multiplient, n'amènerons-nous pas une chambre de droite ? »

Intervenant sur un autre point, J. Moreau (Chimie) note que « les initiatives des partis choisissant telle ou telle stratégie nous imposent de réagir » et d'infléchir la nôtre, si « l'on veut avoir prise sur l'événement ». De même, ces partis seront bien obligés de « tenir compte de ce qui sera fait sur le terrain social ». D'où la nécessité de procéder constamment à une analyse objective de la situation. Il estime par ailleurs que « les partis politiques de gauche semblent revenir sur le devant de la scène sociale » [45].

Face au programme commun et aux législatives

Effectivement, la signature du programme commun en juin 1972 replace les partis en position de force, et la C.F.D.T. va devoir tenir compte de cette nouveauté. Après une réflexion collective, le jugement sur le programme va être élaboré par le bureau national du 14 octobre 1972. Le texte commence d'abord par souligner que la nature du document, programme de gouvernement, exclut que la C.F.D.T. y souscrive : « La C.F.D.T. considère comme essentielle la distinction des fonctions respectives des syndicats et des partis. Le syndicat, en toute situation, est pour les travailleurs un moyen d'expression, de contestation et d'action. Il n'est donc pas dans la nature du syndicalisme de décider d'un programme de gouvernement ou d'exercer le pouvoir politique. »

Par contre, en fonction même de ses responsabilités syndicales visant à la satisfaction des revendications des travailleurs, à la lutte contre le capitalisme et en fonction aussi de son "projet socialiste" la C.F.D.T. se doit de porter un jugement sur tout programme, manifeste ou acte politique des partis.

---

45. Document du secteur politique résumant les interventions au C.N., avril 1972.

Le B.N. souligne en premier lieu l'importance de l'événement : « Le programme commun constitue un événement important qui influence la situation politique et sociale. Il opère un clivage entre gauche et droite, entre forces anti-capitalistes et forces capitalistes. »

Il note ensuite les aspects positifs : prise en compte de nombreuses revendications pour lesquelles les travailleurs luttent actuellement — dispositions envisagées en ce qui concerne les libertés collectives et individuelles.

Abordant les mesures visant à la socialisation des moyens de production et d'échanges dans les secteurs-clés, la C.F.D.T. est amenée à constater que les objectifs immédiats qu'elle a précisés en vue de la construction d'un socialisme démocratique, ne sont pas clairement pris en charge par le programme commun, « ce qui laisse ainsi place au risque de déviation vers un centralisme étatique ». L'accent est mis sur le changement de propriété d'où ne découle pas automatiquement le changement des rapports sociaux de domination et d'aliénation.

Autre critique : « Le type de développement industriel soutenu dans le programme commun ne semble pas conduire à un changement profond de la qualité de la vie, dans la mesure où prédominent toujours les exigences de la rentabilité matérielle et du productivisme. »

Ce jugement ayant été formulé, que va faire la centrale ? Le B.N. précise que, consciente de « la nécessité de saisir toutes les occasions qui engagent le sort des travailleurs, (la C.F.D.T.) situe sans équivoque son combat syndical et de classe à côté de tous ceux qui luttent pour un changement politique orienté vers la satisfaction des revendications et des aspirations des masses populaires » [46].

Le C.N. d'octobre va confirmer cette position en déclarant qu'à l'occasion des élections, « la C.F.D.T. apportera son appui pour battre les forces capitalistes représentées par la majorité actuelle et ses alliés d'aujourd'hui

---

46. *Syndicalisme*, 21 septembre 1972.

ou de demain, qu'ils s'affirment "centristes" ou "réformateurs", contribuant ainsi à assurer le succès des forces décidées à construire le socialisme » [47].

Cependant la confédération ne veut pas être entraînée dans la dynamique du programme commun, d'où son refus de participer aux comités de soutien au programme ou de s'associer à des déclarations allant dans le même sens, ce qui lui sera vivement reproché par la C.G.T.

Elle entend pour sa part continuer « à agir pour créer les conditions d'un puissant mouvement conscient des travailleurs pour dépasser les limites et surmonter les risques du programme, en orientant le mouvement unitaire dans le sens du socialisme démocratique et autogestionnaire » [48].

La C.F.D.T. va donc mener seule sa "campagne" lors des législatives et donner un éclairage syndical sur le choix qu'auront à effectuer les travailleurs. Mais il semble que cette solitude montre les limites de son action. Faut-il voir dans la prise de conscience de ces limites l'origine de deux opérations ?

D'une part, celle visant à tenir plusieurs colloques sur l'autogestion qui rassemblaient les organisations politiques et syndicales (C.F.D.T., P.S.U., quelques individualités du P.S.) favorables à un socialisme autogestionnaire.

D'autre part, l'idée de "l'union des forces populaires dont nous reparlerons, moyen pour que la C.F.D.T. ne soit plus isolée et que soit dépassée la problématique du programme commun qui est en fait seule présente dans les débats, lors des législatives de mars 1973.

"Courant de mai" et gauchisme

Confrontée au phénomène gauchiste, la C.F.D.T., pendant toute la première partie de la période, n'entend pas

---

47. *Id.*, 2 novembre 1972.
48. *Id.*, 21 septembre 1972.

le rejeter en bloc. Elle s'efforce de distinguer les aspirations nouvelles que révèle la poussée du gauchisme, des théories et pratiques des groupes gauchistes.

Parlant devant le congrès du S.G.E.N. en 1972, E. Maire souligne que « pour la C.F.D.T., la simple observation des réalités lui fait dire qu'il y a un phénomène "courant de mai" qui s'exprime chez les jeunes (ouvriers et étudiants), mais pas uniquement chez eux, un courant qui apporte quelque chose de spécifique au mouvement ouvrier. C'est par exemple le refus des finalités communément admises, le mode de croissance et de développement, la volonté de ne pas se limiter à changer de gouvernants, mais de mode de vie, de mode de travail ».

« La C.F.D.T., dit-il, s'est ouverte à cette expression dans la mesure où il s'agit de secouer toutes les scléroses, de prendre tout le positif compatible avec notre stratégie démocratique... Mais le gauchisme, c'est aussi les groupes d'extrême-gauche ou d'ultra gauche : face à ces théories de l'ultra gauche, nous disons notre désaccord profond » [49].

Lors du conseil national de mai 1972, J. Julliard fait la même distinction, estimant que si nous devons « intégrer un certain nombre d'éléments positifs du gauchisme, à condition de bien les définir », il faut en refuser d'autres : « conception "conspiratrice" de l'histoire, analyse manichéenne de la société (il y a d'un côté les bons et de l'autre les mauvais), refus forcené du programme... en sachant que la démocratie directe peut recouvrir une bureaucratie directe et que le gauchisme peut être le contraire d'une démarche de masse démocratique. En sachant aussi que nous n'avons pas à refaire toutes les "maladies infantiles" du mouvement ouvrier » [50].

C'est à ce propos que le conseil national de mai 1971, tout en soulignant que la C.F.D.T. se veut "porteuse de cette expression" du courant de mai, considérait qu'il était de sa responsabilité d'éviter « qu'une partie, la

---

49. *Syndicalsime Universitaire*, 20 avril 1972.
50. *Syndicalisme*, 1er juin 1972.

plus combative de la jeunesse... ne se voit fourvoyée dans les rangs disciplinés des nouveaux bureaucrates d'extrême gauche qui peuvent un moment en illusionner beaucoup avec leur langage ou leurs méthodes radicales, mais qui, en fait, ne proposent qu'un retour au passé et se situent pour l'essentiel dans un univers qui date de 1905 à 1917 ».

L'affaire Overney, ce maoïste tué par un garde de Renault, va bien révéler la différence d'approche entre C.G.T. et C.F.D.T.. Nous avons vu la C.G.T., situer l'action maoïste dans un vaste complot organisé par le patronat et le gouvernement, d'où son refus de s'associer au débrayage de protestation lancé par la section C.F.D.T. après l'assassinat. D'où aussi le fait que, lors des manifestations organisées par les groupes d'extrême gauche à l'occasion des obsèques de P. Overney, elle n'en relève que l'aspect anti-communiste et anti-cégétiste. La C.F.D.T., tout en n'approuvant pas les méthodes des groupes maoïstes — E. Maire parle à ce propos d'une "vision archaïque" de la classe ouvrière et déclare que « prôner la séquestration, se livrer à des attaques contre les "petits chefs", c'est s'en prendre aux personnes et non au système » [51] — refuse cependant de « suspecter a priori la sincérité des convictions de tous ceux qui luttent contre l'exploitation du système capitaliste et de se laisser entraîner dans des analyses sommaires qui la situeraient en fait du côté du patronat et du pouvoir »...

Confrontée aux maoïstes, la C.F.D.T. l'est aussi aux trotskystes. En mai 1972, la confédération recevant la ligue communiste sur la demande de cette dernière, exprime son désaccord total avec les conceptions exposées par la ligue sur la création de fractions de partis dans les syndicats.

Le rapport au congrès confédéral de Nantes en 1973 analyse les déviations des groupes d'extrême gauche et d'ultra gauche. Il souligne notamment :

— « une tentative de transformer l'organisation syn-

---

51. *Syndicalisme Universitaire*, 20 avril 1972.

dicale de masse en organisation politique d'une minorité révolutionnaire ;

— « une technique de manipulation des assemblées de travailleurs ;

— « une pratique de "jusqu'au boutisme" dans les conflits ; c'est pour certains le refus politique de toute conclusion. Le militant politique doit rester pur, il ne saurait, au contraire du syndicaliste, participer à des compromis ;

— « une attitude a-syndicale ou anti-syndicale, au nom d'une soi-disant autonomisation de la classe ; ou, à défaut, quand l'organisation syndicale est acceptée, un effort obstiné pour l'aligner sur des positions élaborées à l'extérieur, y compris par la constitution de fractions politiques. En voulant faire du syndicalisme le champ clos des luttes politiques, certains militants gauchistes en sont venus à saper l'unité et la représentativité de l'organisation syndicale, à la couper des travailleurs et à la discréditer » [52].

Répondant aux intervenants, lors du congrès d'Annecy de 1976, E. Maire renouvelle la condamnation des théories et méthodes des "gauchistes". Nous restons, déclare-t-il, « parfaitement insensibles à toute notion d'avant-garde politique, à ceux qui se nomment modestement les groupes révolutionnaires et qui récusent le droit aux syndicats d'avoir un projet socialiste et une stratégie. Quand ils prônent l'unité organique immédiate, le cumul des mandats politiques et syndicaux et l'organisation des tendances de partis dans le syndicat, sous quelque nom qu'ils les habillent, ils ont une attitude cohérente ; ils veulent en fait un syndicat d'agitation dont ils tenteront de prendre les leviers de commande.

Et il conclut en appelant les congressistes à ne pas être impressionnés par ce langage radical : « Il recouvre en fait une incapacité de traduire une théorie politique en pratique démocratique de masse. Alors certains font la politique du coucou et viennent mettre leurs

---

52. Rapport au 36e congrès, p. 36.

œufs dans notre nid. Mais nous sommes allergiques à toute atteinte à l'indépendance syndicale, allergique à tout ce qui peut porter atteinte à la démocratie syndicale. »

Vers l'union des forces populaires

Lors du C.N. d'octobre 1971, la résolution générale « considère que la meilleure manière pour la classe ouvrière de conquérir démocratiquement le pouvoir et de le conserver avec l'appui de la majorité du peuple est de réunir un rapport de forces fondé sur un rassemblement conscient de la lutte à mener pour un projet socialiste commun à cette majorité ». L'orientation est donc claire : pas de rassemblement anti-monopoliste (type P.C.-C.G.T.) mais rassemblement conscient autour d'un projet. Cependant, immédiatement se pose la question : comment faire pour que des forces de gauche aussi diverses se rassemblent autour d'un projet commun ?

Au lendemain des législatives de 1973 qui ont vu le rassemblement de certaines forces autour d'un programme commun de gouvernement, qu'on ne saurait confondre avec un "projet socialiste", la C.F.D.T. semble s'orienter d'abord vers un regroupement plus restreint, en s'adressant aux seules forces autogestionnaires. Le C.N. d'avril 1973, après avoir réaffirmé que les luttes sociales « massives et conscientes, liant les revendications immédiates aux réformes profondes, contribuent à réunir les conditions de passage au socialisme », souligne qu'afin que « cette orientation puisse être éclairée par un projet socialiste commun, la C.F.D.T. propose aux forces politiques et organisations se réclamant du courant socialiste démocratique et autogestionnaire, de confronter leurs points de vue dans une série de rencontres ».

Au déjeuner de la presse du 19 mars 1973, E. Maire,

affirmant que le moment était favorable au développement de l'action, avait souhaité que les forces du courant socialiste autogestionnaire (notamment P.S.U. et P.S.) mènent des luttes et des réflexions convergentes avec les forces syndicales » [53].

Le 36e congrès qui se tient début juin revient sur cette idée de projet socialiste, en précisant les conditions de son élaboration et le rôle qu'il serait susceptible de jouer : « Au travers de son action et de sa pratique quotidiennes, des débats avec les autres forces du mouvement ouvrier, la C.F.D.T. contribue à l'élaboration d'un projet socialiste qui correspond aux aspirations des travailleurs et à leurs exigences concrètes :

— « il appelle à une confrontation avec tous les courants du mouvement ouvrier, c'est pourquoi il se veut unitaire,

— « il crée les conditions d'une prise de conscience des masses pour le socialisme et d'un rapport de forces,

— « il contribue à élaborer les voies de passage du capitalisme au socialisme » [54].

C'est à partir de là que va être lancée l'idée d'une "union des forces populaires" (U.F.P.). Le B.N. de novembre 1973 est d'abord appelé à en débattre. Selon le document préparatoire, les forces populaires doivent à la fois s'unir autour d'une plate-forme d'objectifs communs, mais aussi s'entendre sur des formes d'action.

En ce qui concerne l'élaboration d'objectifs de transformation, il s'agit d'une autre démarche que celle qui viserait à élargir le programme commun pour y intégrer les forces autogestionnaires. Cette élaboration « respecte la nature et la spécificité de chaque organisation de la classe ouvrière. C'est l'occasion d'un approfondissement et d'une mise en forme de questions fondamentales en dehors du temps des échéances électorales... Seule une mobilisation consciente sur des objectifs prioritaires choisis et élaborés par toutes les organisations

CGT electoralist, CFDT lin so.

---

53. *Syndicalisme*, 29 mars 1973.
54. Résolution générale du 36e congrès, paragraphe 22.

populaires est susceptible d'animer durablement le mouvement réel des masses vers le socialisme... « Ceci suppose une réalisation progressive et des discussions qui placent toutes les organisations à égalité intellectuelle dans le travail d'élaboration. L'action à entreprendre entre ensuite dans le champ de la diversité des fonctions ».

En somme, partis comme syndicats interviennent au même titre dans l'élaboration, mais ensuite chacun agit selon ses spécificités, la fonction d'un parti n'étant pas la même que celle d'un syndicat, l'important étant la « recherche permanente des convergences nécessaires pour des raisons d'efficacité »...

Enfin l'U.F.P. ne pourra "produire des ruptures significatives que dans la mesure où se trouveront enfin réunis dans une action offensive globale les différents terrains de lutte que constituent le politique, l'économique, le social, l'idéologique, le culturel » [55]. Lors du débat au B.N. de novembre, le rapporteur précise qu'au sein de l'U.F.P. « nous recherchons une plus grande convergence entre les forces autogestionnaires », proposition qui sera adoptée à l'unanimité.

Mais par la suite, le B.N. va se diviser. Les uns en minorité estiment soit inopportune soit dangereuse la recherche aujourd'hui d'une telle convergence entre les stratégies des diverses forces populaires. Ils avancent les arguments suivants : qui contrôlera la convergence, qui en bénéficiera ? La C.F.D.T. n'a pas encore réfléchi sur les problèmes de la transition au socialisme et sur les objectifs intermédiaires qu'elle se fixe ; la base n'est pas prête ; peut-on compter sur le respect d'un accord par le P.C. et la C.G.T. ?

Pour les autres, la C.F.D.T. est nécessaire à une offensive commune des forces de gauche ; elle ne peut se dérober ; seul un rapport de forces global créé par un combat unitaire peut créer les conditions d'une alternative globale ; la C.F.D.T. doit prendre en compte la volonté unitaire de la base ; s'abstenir serait non seule-

---

55. Document du secteur politique, 30 octobre 1973.

ment affaiblir la mobilisation, mais maintenir l'isolement de la centrale ; par contre, en s'engageant dans un tel processus, la C.F.D.T. peut peser sur les objectifs communs et donc mieux garantir le socialisme et la liberté [56].

Quelle U.F.P. ? Le débat du C.N. de janvier 1974

Le rapport au C.N. de janvier 1974, présenté par E. Maire, se demande notamment avec qui tenter de mettre au point une telle plate-forme et considère d'abord que la discussion doit s'engager avec la C.G.T. :

« Au terme de sa réflexion, la C.F.D.T. doit proposer à la C.G.T. la recherche d'un accord sur une plate-forme d'objectifs significatifs de la transition au socialisme... Mais la C.F.D.T. souhaite aussi pouvoir élargir cette discussion aux principales forces populaires politiques (P.C., P.S., P.S.U., radicaux de gauche), et syndicales (C.G.T., F.E.N.). Elle serait d'ailleurs prête à y inclure F.O. si cette organisation y consent... »

Pour certaines organisations, le débat est inopportun et des motions préjudicielles tendant à son rejet ou son report sont déposées. Les uns (services, construction-bois) y voient une approche électoraliste ; d'autres (Bretagne, Provence-Côte d'Azur) estiment qu'une telle démarche syndicalo-politique pourrait heurter des adhérents. D'autres enfin estiment que le débat dans l'organisation a été très insuffisant, les délais étant trop courts, et proposent le report ; s'ajoutent aussi aux organisations précédentes la banque, le Nord, l'U.R.P., les finances, la santé, et ce n'est que par 559 voix que le report est rejeté, 474 votant pour et 258 s'abstenant.

Le débat va alors porter sur le contenu de la proposition. Certains comme J. Moreau (Chimie) manifestent des réserves sur divers points, notamment le fait qu'on ait scindé en deux le débat et que les objectifs de trans-

---

56. Rapport au C.N. de janvier 1974, p. 19 et 20.

formation, c'est-à-dire le contenu du projet socialiste, ne seront discutés qu'au C.N. suivant : « Une stratégie des voies de passage est intimement liée à l'élaboration des objectifs significatifs. Il est impossible de parler d'un côté d'une politique de l'union des forces populaires sans définir le contenu d'un certain nombre d'objectifs significatifs » [57]. Il se déclare d'autre part moins optimiste que le rapporteur et le B.N. en ce qui concerne l'évolution du P.C.F. : « Ce ne sont pas quelques variations dans le vocabulaire et quelques actes mineurs qui peuvent être des gages sérieux et significatifs d'une évolution réelle. »

Mais la discussion essentielle va porter sur la façon de concevoir la démarche. J. Julliard (S.G.E.N.) se déclare en désaccord sur un point fondamental, la proposition d'une plate-forme à sept immédiatement, partis et syndicats confondus, sur des objectifs de transformation. Et, avec la fédération de la métallurgie, il dépose un amendement fondamental consistant à substituer à la démarche syndicalo-politique proposée une démarche proprement syndicale, tendant à la mise sur pied, avec la C.G.T., mais aussi avec les autres forces syndicales qui voudraient participer à cette élaboration, notamment la F.E.N., d'une plate-forme intersyndicale à court et moyen terme qui serait une "contribution de premier ordre" à l'union des forces populaires. Une fois cette plate-forme établie, « elle pourrait faire l'objet, dans un débat avec les partis favorables à l'U.F.P., d'un "constat de convergence" dont chacun tirerait les conclusions en rapport avec ses responsabilités : les partis pour en dégager un programme de gouvernement, les syndicats, pour mener leur action ». Métallurgie et S.G.E.N. insistent par ailleurs sur le fait que les luttes sociales et une pratique syndicale unitaire sont les lignes de force à privilégier dans une recherche nécessaire de la convergence. Chimie, mineurs et E.G.F., entre autres, se déclarent solidaires de l'amendement métallurgie-

---

57. *Chimie-militants*, février 1974.

S.G.E.N. qui est adopté par 838 voix contre 380 et 50 abstentions, malgré une demande des P.T.T., de Rhône-Alpes, d'hacuitex et de la Basse-Normandie pour la prise en compte du texte initial.

Cependant, l'amendement adopté est à son tour modifié sur proposition de Rhône-Alpes, la discussion avec les partis peut s'engager sans qu'un accord complet ait été réalisé entre les organisations syndicales ; en effet, la résolution finale précise : « Tout en s'appuyant sur les acquis faits progressivement dans la réalisation de cette plate-forme, il appartient au mouvement syndical d'ouvrir avec les partis politiques se réclamant du socialisme un débat d'où pourra sortir un constat de convergence... » Mais que devient dans ces conditions le caractère "global" sur lequel insistait la note du secteur politique préparatoire au débat du B.N. de novembre 1973 ?

Adopté par 715 voix pour, 257 contre et 264 abstentions, la résolution sur l'union des forces populaires, doit permettre selon le rapporteur de « progresser vers l'objectif défini, dans la compréhension interne, sans secousse pour la C.F.D.T. ».

Il souligne par ailleurs « qu'une telle union sur des objectifs communs laissant toute liberté aux partenaires peut s'enrichir de la participation ou de l'appui d'un grand nombre d'associations, familiales, culturelles, sociales, etc., qui dans leur domaine mènent une lutte anti-capitaliste » [58].

Le soutien à F. Mitterrand

Le 2 avril 1974, les Français apprennent la mort du Président de la République, G. Pompidou. En fait, depuis quelques mois la vie politique française s'est organisée en fonction d'une élection présidentielle brusquée. La rapidité du débat sur l'U.F.P. n'est pas non plus étrangère à cette éventualité.

---

58. *Syndicalisme*, 7 février 1974.

Le B.N. C.F.D.T. réuni les 4 et 5 avril, après avoir souligné que l'élection d'un Président de la République, clé de voûte de l'actuel système constitutionnel, concerne directement le syndicalisme, déclare que cet événement est peut-être l'occasion de promouvoir une politique nouvelle de progrès social et de renouveau démocratique.

« La C.F.D.T. n'attend pas pour autant d'un Président de gauche la solution à tous les problèmes des travailleurs. Elle est cependant persuadée qu'il est possible d'amorcer des changements fondamentaux grâce à l'espoir et à la mobilisation populaire qui naîtrait d'une victoire de la gauche et à la nomination immédiate d'un gouvernement entamant, sans délais, des négociations avec les organisations syndicales pour satisfaire les revendications prioritaires et engager des transformations démocratiques, en particulier dans les entreprises et institutions sociales... La C.F.D.T. apportera donc toute sa contribution à la réalisation de l'alternative de gauche indispensable pour créer une situation plus favorable à la satisfaction des revendications des travailleurs... »

Cette déclaration intervient alors que seul Chaban-Delmas s'est proposé comme candidat. Des discussions au B.N., il apparaît que la C.F.D.T. est opposée à toute candidature de division qui n'aurait pour but que de compter les voix de telle ou telle organisation minoritaire ou de bénéficier d'une tribune. Alors que certains parlent d'une candidature de Ch. Piaget, l'animateur des luttes chez Lip, E. Maire répond que la C.F.D.T. ne saurait cautionner une telle candidature qui risquerait de créer des confusions entre l'organisation syndicale et une tendance politique. Par contre, le B.N. serait favorable à une candidature de F. Mitterrand si celle-ci se situait dans le cadre d'une véritable union des forces populaires (dépassant donc les limites du seul programme commun) [59].

C'est ce qui va se passer, et le conseil national réuni quelques jours plus tard « se félicite de ce que les condi-

---

59. *Syndicalisme*, 11 avril 1974.

tions aient été réunies pour faire de la candidature de François Mitterrand la candidature unique dans laquelle se reconnaissent l'ensemble des forces de la gauche syndicale et politique, candidature qui marque dans les circonstances présentes, la convergence des deux courants qui existent dans le socialisme français. Elle répond pour l'échéance actuelle à notre volonté de créer une union des forces populaires. Elle peut créer une dynamique nouvelle et amorcer un déblocage économique, social et politique » [60].

Le conseil précise que tout doit être mis en œuvre pour que cette candidature conserve sa signification première, « celle de la prise en charge des acquis de toute la gauche : ceux du mouvement syndical, ceux des forces autogestionnaires et ceux du programme commun ».

« L'union des forces populaires prend ainsi son véritable sens : elle n'est pas d'abord une alliance électorale ; elle exprime avant tout une dynamique de mobilisation et de changement pour renverser le rapport des forces et créer les conditions de transformation sociale. »

D'où l'appel pour que les organisations se situent bien dans la campagne en tant qu'organisations syndicales, à partir de leurs propres responsabilités, et popularisent les objectifs prioritaires et fondamentaux de la centrale tout en appelant à renforcer l'organisation.

Les résultats du premier tour ayant montré la possibilité pour le candidat de gauche de vaincre au second, on note pour la première fois une déclaration commune de la C.F.D.T., de la C.G.T. et de la F.E.N. appelant « solennellement l'ensemble des travailleurs à défendre leurs intérêts et l'avenir du pays en assurant... la victoire de F. Mitterrand ». Cette élection créerait des « conditions totalement nouvelles pour la solution positive de l'ensemble des problèmes sociaux et des conflits, dans le respect de l'indépendance des organisations syndicales, par l'existence de négociations à tous les niveaux, un

---

60. *Id.*, 18 avril 1974.

fonctionnement démocratique de l'appareil de l'Etat, un nouveau type de rapports entre le gouvernement de la gauche, les travailleurs et leurs organisations syndicales, fondé sur la convergence de leurs objectifs et de leur action ». Ceci ne sera toutefois pas suffisant pour arracher la victoire : 50,8 % pour Giscard, 49,2 % pour Mitterrand.

L'appel pour les Assises du socialisme

Au lendemain de l'élection présidentielle, le P.S. est à la fois déçu de l'échec de son leader, mais en même temps conforté car il a vu converger, pour soutenir l'action de son candidat, un certain nombre de forces jusqu'alors réticentes vis-à-vis de son action : une partie du P.S.U., nombre de syndicalistes notamment C.F.D.T. Comment capitaliser tout cela, c'est la question que se pose au sein du parti un homme comme P. Mauroy.

Pour comprendre l'opération des Assises, il faut remonter un peu en arrière. Si l'on se réfère au récit d'André Salomon [61] au printemps 1973, P. Mauroy, M. Rocard et E. Maire se rencontrent chez Salomon ; puis des délégations plus étoffées comprenant, du côté du P.S., G. Jaquet, M.-J. Pontillon, P. Mauroy, du côté de la C.F.D.T., E. Maire, J. Moreau, J. Julliard, du côté du P.S.U., M. Rocard, R. Chapuis... se retrouvent sans que le but de l'opération soit bien précisé ; les uns envisagent la création d'une revue où s'exprimeraient à la fois des politiques et des syndicalistes, d'autres la publication seulement de quelques "cahiers", sur deux ou trois sujets. Trois groupes de travail sont créés pour confronter les points de vue respectifs sur les problèmes économiques et les questions de défense. Pour A. Salomon, l'essentiel est qu'un climat de confiance se soit instauré entre les participants.

C'est alors que surviennent les présidentielles qui

---

61. *Le P.S. : la mise à nu*, R. Laffont, 1980.

créent une dynamique qui va être facilitée par les contacts pris auparavant, et c'est l'opération de lancement des Assises. Convaincu sans doute par Mauroy, alors que les "Joxistes" et le C.E.R.E.S. traînent les pieds, Mitterrand, le 25 mai 1974, annonce une "nouvelle étape du combat" et déclare : « Notre tâche aujourd'hui, notre devoir historique est de prendre des dispositions utiles pour que ceux qui se situent dans une perspective socialiste aient les moyens de lutter de manière concertée... Dans le respect des organisations politiques et syndicales de la gauche qui ont à déterminer elles-mêmes leurs méthodes et leurs objectifs et m'exprimant en ma qualité de premier secrétaire du parti socialiste, je souhaite que soit fixé au plus tôt le lieu de rencontre où les socialistes se retrouveront avant de partir ensemble vers l'étape nouvelle. »

Le lendemain, le P.S.U. lui fait écho ; il souhaite notamment « la tenue d'assises nationales où les différentes forces de gauche pourront débattre de leur action commune en tenant compte des acquis... De telles assises, auxquelles les organisations syndicales peuvent être associées, si elles le souhaitent, permettraient de répondre à l'attente des masses qui comptent sur les organisations qui se sont unies autour de la candidature unique de la gauche, pour dégager des propositions et des moyens d'action capables de préparer la victoire ».

Comment va se situer la C.F.D.T. ? Le problème pour ses dirigeants, partie prenante dans l'affaire, c'est d'obtenir le feu vert des organes statutaires pour que les militants soient encouragés à participer à l'opération, sans que la centrale y soit elle-même engagée. On retrouve là une sorte de "tradition" dans la confédération. Certains militants de la C.F.T.C., puis de la C.F.D.T. se sont à diverses époques (1958, 1963...) sentis une "vocation" à intervenir dans la reconstruction en France d'un socialisme démocratique ; d'autres, au contraire ont toujours été très réservés sur ce point. En ce sens, 1974 se situe dans une sorte de tradition, une tradition contestée, mais une tradition tout de même.

Le 27 mai, par vingt-trois voix et deux abstentions, le B.N. C.F.D.T. affirme que « plus que jamais l'union de toutes les forces populaires est nécessaire ». Il considère comme un « élément positif l'appel lancé par F. Mitterrand... pour une reconstruction politique du mouvement socialiste sur la base d'un projet commun de société. Il note avec intérêt la position voisine prise dès maintenant par le P.S.U. ainsi que par d'autres groupes d'inspiration socialiste »... Il déclare enfin que « nombre de ses militants, dans le respect de l'autonomie syndicale à tous les niveaux, tiendront à apporter leur contribution spécifique et à favoriser autour d'un véritable projet de société socialiste et autogestionnaire, la naissance de la grande force socialiste dont le mouvement ouvrier a besoin ».

Quelques jours plus tard, paraît dans la presse un appel en faveur des assises, signé par ceux qui constituent ce qu'on appelle la "troisième composante" ; à côté de membres de diverses organisations écologiques, familiales ou syndicales, le fait caractéristique, c'est le nombre de dirigeants C.F.D.T. à divers niveaux ; on trouve notamment neuf membres du B.N., quatre secrétaires confédéraux, trente-deux responsables de fédérations ou régions (métaux, P.T.T., chimie, E.D.F., cadres, région parisienne, Rhône-Alpes...).

Expliquant les raisons de l'opération, J. Julliard [62] notait tout d'abord une importante évolution chez les adhérents C.F.D.T. : selon les sondages aux présidentielles, 74 % ont voté à gauche. Il constatait par ailleurs que « les militants n'ont pas attendu l'appel pour aller au P.S. : on a vu, en un an et demi, le rapport se modifier en faveur du P.S. dans la proportion deux tiers - un tiers aux dépens du P.S.U. parmi les adhérents à un parti ». Mais la C.F.D.T. ne pouvait-elle laisser faire le mouvement sans intervenir ? J. Julliard explique alors que, après une rencontre avec le P.S., le sentiment s'est

_____
62. Compte rendu d'une session S.G.E.N. dans *Recherche-Formation*, n° 12, 1974.

fait jour « qu'une bonne partie de nos militants allaient au P.S. le renforcer, y jouer les colleurs d'affiches, sans guère avoir la possibilité de peser sur les orientations du parti ; on acceptait les militants C.F.D.T. pour jouer un rôle à la base, mais quand il s'agissait au sommet de tenir compte des intérêts ou des suggestions de la C.F.D.T., il n'y avait guère de facilité pour se faire entendre ». Et il pose la question : « Est-ce que nos adhérents comprendraient que, après avoir contribué à la victoire, nous n'essayions pas de faire passer un certain nombre de nos orientations (et cela passe par des hommes, par des structures) .»

Remous dans la centrale

L'appel des responsables C.F.D.T. de haut niveau, recevant le feu vert du B.N., va susciter dans la centrale de nombreuses réactions, comme en témoignent les "colonnes ouvertes" dans *Syndicalisme* de juin à septembre 1974. Les uns considèrent que c'est en fait la confédération qui s'est engagée — « C'est bien la confédération, par un artifice de procédure qui s'engage... L'appel pour que les militants C.F.D.T. participent à la constitution de la grande force socialiste mettra très sérieusement en cause l'autonomie de notre organisation car, historiquement, un lien aura été créé entre le syndicat et le parti... » (fédération de la banque).

— « On pourra déclarer tout ce qu'on voudra sur l'autonomie syndicale de la C.F.D.T., ce genre de démarche ne trompe personne (ou plutôt trompe tout le monde) et accentue la confusion dans les tâches qui, d'une part, relèvent des partis et, d'autre part, des syndicats » (U.D. des Deux-Sèvres).

— « La fédération ne peut accepter la position confédérale qui risque à terme de conduire notre organisation à être au service d'un parti politique quel qu'il soit et à jouer ainsi un rôle de courroie de transmission » (hacuitex).

— « La qualité et la fonction des signataires de "l'appel national" — le nombre de membres du B.N. — des états-majors presque au complet de fédérations et de régions, soulignent sans discussion possible l'engagement de la C.F.D.T. en tant que telle... le point essentiel (de désaveu) étant une intervention directe en faveur d'une organisation politique qui est aujourd'hui officiellement privilégiée » (U.R. de Basse-Normandie).

C'est aussi la façon dont l'opération a été menée qui est contestée : les opposants parlent de négociation d'appareils et d'absence de débat démocratique.

Par ailleurs, l'U.R. des Pays-de-Loire, après avoir souligné que de nombreux militants ont déjà « compris la nécessité de prolonger dans le domaine politique leur action syndicale... sans attendre le parti parfait », considère qu'il n'est pas de la responsabilité d'une organisation syndicale « de porter des jugements de valeur fondamentaux sur les partis se réclamant du socialisme » car cela revient à dicter aux travailleurs le parti auquel ils doivent adhérer.

Des organisations soutiennent au contraire l'initiative engagée. Pour la fédération de la métallurgie, « la conception autogestionnaire devrait rapidement devenir un axe fondamental du développement socialiste car, porteur des aspirations populaires essentielles, elle peut traduire effectivement la volonté des citoyens d'être partie prenante de la construction de leur avenir » d'où « la nécessité urgente de la constitution d'une force socialiste puissante et populaire, tout en affirmant que les problèmes organisationnels qu'elle posera ne sont pas de son ressort ».

L'U.R. de Haute-Normandie, après avoir indiqué que plusieurs centaines de militants de la région ont signé "l'appel", se félicite « de cette importante évolution » et déclare qu'une « action politique de masse, convergente avec l'action syndicale, s'avère plus que jamais indispensable pour imposer les changements profonds et durables ».

Quant aux responsables C.F.D.T. de la Loire interviewés par l'organe du P.S.U., ils indiquent : « Nous avons senti profondément que le simple débouché économique, celui du succès revendicatif, était très souvent limité. De plus en plus, nous avons réalisé qu'il ne fallait pas opposer mobilisation de masse et débouché politique car l'absence de débouché politique constituait véritablement un frein aux luttes sociales » [63].

Intervenant dans le débat, le secteur politique apporte des précisions. « La mise sur pied de ces assises a été discutée entre les intéressés. En aucun cas la C.F.D.T. n'est intervenue et n'interviendra dans la préparation de ces assises. Il n'est pas question non plus qu'elle y participe » [64]. Par ailleurs, il ne saurait être question de « créer ou de susciter, sous quelque forme que ce soit, une tendance syndicale » [65] au sein du regroupement en formation. On verra d'ailleurs les syndicalistes C.F.D.T. se répartir dans divers courants.

Le conseil national d'octobre 1974 va débattre du bien fondé ou non de la position prise par le B.N. Il repousse d'abord une motion présentée par la Basse-Normandie, la banque, la construction-bois et hacuitex (918 contre, 381 pour et 201 abstentions) estimant que l'initiative prise avait « de fait engagé la C.F.D.T. dans une opération ne découlant en aucune manière » des textes des derniers congrès et remis « en cause l'autonomie syndicale », tout en constituant « une ingérence dans les affaires internes des organisations politiques ».

Le S.G.E.N., dont le comité national est divisé sur la question, propose par ailleurs un amendement constatant que les assises ont permis l'ouverture d'un débat nécessaire sur les responsabilités politiques du syndicalisme, mais sans porter d'appréciation sur ces assises. Il est repoussé.

La résolution finale, adoptée par 59,18 % des suffrages, contre 27,27 et 13,52 % d'abstentions, précise que

---

63. *Tribune socialiste*, 12 avril 1975.
64. *Syndicalisme*, 19 septembre 1974.
65. *Id.*, 27 juin 1974.

« tout en regrettant la rapidité avec laquelle le B.N. a délibéré, et l'insuffisance de débat qui en est résulté dans les organisations, confirme le jugement positif porté sur les assises et estime que la démarche en cours contribue au renforcement de l'union des forces populaires ». En outre, le C.N. « constate que les assises relancent concrètement le débat nécessaire sur les responsabilités politiques du syndicalisme et ses relations avec les partis, notamment dans la perspective d'une arrivée de la gauche au pouvoir » [66].

Conditions de l'autonomie syndicale

Suite à ce débat, il apparaît nécessaire d'approfondir dans l'organisation la question des rapports syndicats-partis. Un document est alors élaboré et publié en décembre 1974 [67]. Il est suivi d'un questionnaire auquel les syndicats sont invités à répondre en vue d'un premier débat lors du C.N. d'avril 1975, qui fait l'objet d'une publication spéciale dans *Syndicalisme* [68], mais qui n'entend pas clore la discussion ; celle-ci doit se poursuivre. Il ne saurait être question d'examiner ici l'ensemble des textes, mais de relever quelques points qui ont déjà fait l'objet de discussions ou qui seront approfondis par la suite.

Le premier, c'est la question de l'analyse. Présentant le rapport lors du C.N. d'avril 1975, E. Maire déclare : il n'y a « pas de recette miracle pour garantir l'indépendance du syndicat. Au delà de notre conception de la distinction des fonctions entre syndicats et partis, dans une égalité fondamentale entre eux, l'autonomie repose d'abord sur notre capacité à avoir notre propre analyse, à partir de notre expérience historique et de notre prati-

66. *Id.*, 31 novembre 1974.
67. *Id.*, 26 décembre 1974.
68. *Id.*, 29 mai 1975 ; *C.F.D.T. aujourd'hui* a publié aussi, en mars-avril 1975, un numéro spécial : « Les rapports syndicats-partis ».

que de luttes... ». C'est ce que souligne aussi la chimie qui parle « d'autonomie d'analyse, ce qui n'exclut pas les rapports extérieurs, les confrontations, mais "digérés" par l'organisation ». L'union régionale d'Alsace, quant à elle, veut que l'organisation syndicale « reste maîtresse de sa capacité d'analyse, de réflexion et d'action »...

Au B.N. de janvier 1976, la question est reprise. « L'analyse de la C.F.D.T. est une base fondamentale de l'indépendance de la confédération... (elle) est celle que notre organisation se donne dans une réflexion qui part de sa pratique sociale, de son expérience et de ses perspectives, confrontées aux réalités. Elle s'efforce de tenir compte de l'expérience historique de l'ensemble du mouvement ouvrier. Elle s'élabore dans le débat démocratique des organisations confédérées. Elle se confronte en permanence avec les acquis de la connaissance scientifique et le mouvement des idées dans la vie sociale » [69].

Au congrès d'Annecy, polémiquant avec ceux qui voient dans le marxisme la source de toute "science" sociale, E. Maire précise : « La C.F.D.T. doit refuser d'emprunter telle que toute théorie qui lui est extérieure. Le marxisme a apporté beaucoup de richesses au mouvement ouvrier et à la culture de l'humanité. Mais au nom du marxisme, tant d'horreurs ont été commises, tant de chapelles se déchirent qu'il est hors de question pour la C.F.D.T. d'avoir un autre acquis que celui que nous adoptons dans nos congrès à la lumière de notre expérience. C'est cela aussi, et c'est peut-être cela d'abord, la condition de notre indépendance. »

Un autre élément que nous avons déjà abordé à propos du gauchisme, c'est le refus des tendances institutionnalisées, correspondant aux différentes options politiques ou idéologiques existant dans le mouvement ouvrier. Présentant le rapport au C.N. de mai 1975, E. Maire souligne qu'une telle volonté « signifie d'abord que l'on conteste la possibilité pour l'organisation syndicale

---

69. *Id.*, 15 janvier 1976.

d'avoir une ligne véritablement unitaire, une ligne stratégique commune à toute l'organisation ». Après avoir montré combien les militants s'enrichissent mutuellement en confrontant leurs idées dans los débats internes, il estime normal qu'il y ait dans la centrale des courants d'affinités, qui seront d'ailleurs différents selon le thème en débat. « Mais, poursuit-il, si ces courants se figeaient en tendances institutionnelles, s'ils devenaient des tendances de militants, au lieu d'être des regroupements d'organisations, s'ils trouvaient leur inspiration dans une élaboration politique extérieure, dans un centre extérieur de pensée, d'animation et de proposition, alors c'en serait fini de l'autonomie syndicale et de l'indépendance du syndicalisme. Organiser la C.F.D.T. en tendances politiques, ce serait vraiment la mort de notre syndicalisme dans sa nature et dans son essence. »

Lors du débat du C.N. d'avril 1975, plusieurs organisations insistent sur la nécessité du refus des tendances ; c'est le cas de la métallurgie, du gaz-électricité, de l'union régionale parisienne. Le Languedoc-Roussillon déclare qu'il « faut s'opposer par tous les moyens à toutes tendances organisées au sein de la C.F.D.T., faire publiquement les mises au point nécessaires et indispensables à toute déclaration de certains militants, si cette déclaration n'a pas été définie démocratiquement au sein de notre organisation ».

Au lendemain du congrès d'Annecy en 1976, où s'est manifesté d'une façon particulièrement nette un climat d'intolérance, E. Maire appelle l'attention du C.N. de novembre 1976 sur les risques pour l'organisation de la stratégie de plusieurs groupes politiques : « Actuellement des unions locales absorbent toutes leurs énergies à lutter contre les tentatives de prise en main par des individus d'extrême gauche, souvent maoïstes ; des syndicats voient leur nombre d'adhérents tomber en chute libre, après être pris en main par des minorités qui se réfèrent à tel ou tel courant minoritaire du P.S.U., ou appartenant à *Humanité rouge*, ou encore à la ligue communiste ou à Lutte ouvrière... Une Union régionale nous signale des réunions de militants par tendances politiques avant les réunions syndicales... »

Par la suite, diverses "affaires" conduisant parfois à des exclusions mettront en évidence le risque de noyautage de certaines organisations de la centrale, d'où le vote au congrès de Brest en 1979 d'une résolution sur le "fonctionnement démocratique" qui déclare : « l'existence de tendances ou fractions inspirées par des idéologies, positions ou pratiques extérieures à l'organisation syndicale est inconciliable avec sa nécessaire autonomie et aboutirait à sa subordination ».

Un troisième élément, c'est le non cumul des mandats politiques et syndicaux. A ce propos, les positions élaborées en 1946 ont été précisées en 1973 [70]. Traitant de cette question lors du C.N. d'avril 1975, le rapporteur indique que « certains ont regretté que l'application de cette règle ait empêché des responsables connus de la C.F.D.T. d'aller jusqu'au bout de l'action engagée à travers les assises du socialisme et ait, par là-même, nui à l'efficacité de la restructuration des forces politiques socialistes »... Le rapporteur considère cependant qu'il n'est pas opportun de réviser cette position. C'est le cas aussi de la grande majorité des organisations ; lors du C.N., seule la sécurité sociale émet des réserves à ce propos, considérant toutefois que dans « l'état présent de l'organisation, cette position demeure nécessaire » [71].

En janvier 1978, une note du secteur politique rappelant les incompatibilités à la veille des législatives, précisera que ces positions « ne sont pas circonstancielles, elles sont au contraire des positions de fond qui reflètent à travers une longue pratique syndicale notre volonté d'indépendance et d'autonomie positive par rapport aux partis politiques. Elles n'impliquent nullement de la part de la C.F.D.T. un désaveu, un rejet, voire l'accusation de "trahison" de camarades qui, à un moment de

---

70. *Id.*, 1er février 1973.
71. *Id.*, 29 mai 1975.

leur vie militante, ont décidé de s'engager politiquement » [72].

Section syndicale et section politique dans l'entreprise

Lors du débat au C.N. de mai 1975, E. Maire indique que les rapports entre section syndicale et section politique dans l'entreprise constituent l'aspect le plus neuf du problème et celui sur lequel il convient de réfléchir le plus sérieusement. « Tant que le seul parti présent dans l'entreprise était le P.C.F., nous pouvions avoir un avis sur les relations entre les cellules communistes et les sections de la C.G.T., mais cela ne nous touchait pas directement. Au cours de ses dernières années, la situation a changé. Dans de nombreuses entreprises, des militants C.F.D.T. ont aussi une activité politique spécifique dans l'entreprise. Mais la pratique est encore trop récente pour en tirer des conclusions définitives » [73].

Le débat n'est pas nouveau ; en décembre 1969, nous avons déjà fait allusion à la controverse entre le P.S.U. et la chimie C.F.D.T. Sur ce problème du parti dans l'entreprise, E. Maire, dans une lettre au B.N. du P.S.U. s'inquiète alors de la création de sections politiques d'entreprises.

Considérant que « dans la phase actuelle, le syndicat est le lieu de rassemblement des travailleurs en lutte pour l'extension de leurs pouvoirs », et se demandant si, dans l'avenir, un parti au pouvoir peut être en même temps le « lieu des aspirations et des contestations des travailleurs dans l'entreprise », il appelle l'attention sur les dangers de "l'impérialisme" du parti politique et semble considérer que la place du parti se situe plutôt dans tous les domaines « où l'action de masse fait le plus défaut... dans tous les domaines hors entreprises, ceux de la vie sociale des travailleurs » [74].

72. *Nouvelles C.F.D.T.*, 20 janvier 1978.
73. *Syndicalisme*, 29 mai 1975.
74. Lettre du 16 décembre 1969.

Réagissant à propos du même problème, J. Monnier considère qu'au nom même de "l'autonomie syndicale" que nous défendons, nous ne voyons pas « à quel titre nous pourrions interdire à un parti de décider souverainement lui aussi de ses actes et de ses initiatives politiques. Quant au "noyautage", il nécessite un parti dogmatique excluant toute fraction et toute tendance en son sein ; d'une discipline de conception militaire et affirmant le pouvoir unique qu'il se donne de diriger toutes les luttes... le parti communiste en donne l'image parfaite. Sans être méchants, disons que le P.S.U. ne semble pas prêt de réunir... de telles conditions... »[75].

Le congrès de 1973, centré sur la pratique syndicale, va être conduit à examiner les rapports entre organisations politiques et syndicales au sein de l'entreprise. Notons que le problème s'est élargi dans la mesure ou le P.S. a relancé les groupes socialistes d'entreprise (G.S.E.) et les sections d'entreprises (S.E.). Ils ne sont toutefois pas très nombreux : en 1974, 493 G.S.E. et 214 S.E. Présentant le rapport, le secrétaire général souligne : « Autant nous acceptons et nous souhaitons voir vivre et s'exprimer les sections politiques et militants politiques implantés dans l'entreprise, autant nous récusons toute tentative de manipulation et de prise en main des luttes par certaines minorités bien plus bureaucratiques que révolutionnaires. » Et il affirme que la conduite des luttes relève de la responsabilité de l'organisation syndicale. C'est en effet l'époque où certaines sections politiques tentent, par l'intermédiaire de "comités de grève", de prendre en main la direction des luttes, renouant avec une tactique chère à la C.G.T. dans les années 1950.

Le rapport à ce congrès de Nantes dénonce cette tactique qui consiste à considérer l'organisation syndicale comme « étrangère aux travailleurs », comme « une sorte d'organisme d'assistance technique qu'on rejetterait dans un rôle accessoire lorsque des décisions impor-

---

75. Rapport au congrès du Maine-et-Loire, 1969, p. 87.

tantes sont à prendre ». La résolution adoptée lors du congrès précise que « dans l'entreprise, les différentes organisations politiques du mouvement ouvrier s'expriment, mais la responsabilité de la conduite des luttes avec les adhérents et les travailleurs doit rester celle de l'organisation syndicale ».

Interrogé par *l'Unité* en mars 1975, sur la façon dont il envisage le rôle d'un parti politique dans une entreprise, J. Moreau indique d'abord qu'il ne lui appartient pas de le définir ; il constate que les partis « n'ont pas réussi jusqu'à présent à trouver des formes d'action spécifiquement politiques. Dans la plupart des cas, ils se contentent de démarquer l'action revendicative, de l'amplifier ou de lui donner une certaine coloration politique ».

D'où le scepticisme des militants C.F.D.T. quand s'implante une section politique. Et il pose alors la question suivante : les partis « sont-ils prêts à avoir une démarche originale dans l'entreprise. Sont-ils prêts à ne pas céder à cette tentation permanente qui consiste à être présent... soit pour faire connaître la politique générale de leur parti, soit pour puiser parmi les travailleurs des cadres pour leur parti, soit pour surveiller l'action syndicale et la soumettre à l'action politique ? »[76]

Lors du débat d'avril 1975, cette question apparaît au premier plan ; elle est en effet évoquée par la plupart des organisations qui interviennent dans la discussion. Certains (P.T.T.) combattent une tendance qui existe à la C.F.D.T., visant à nier le droit aux partis d'avoir des sections d'entreprise : « Il est normal que les partis de gauche cherchent à s'implanter, à s'organiser dans les entreprises. Il est normal qu'ils s'expriment sur les problèmes des travailleurs... »

Pour Rhône-Alpes, les partis de gauche « ont leur place dans l'entreprise, mais ils doivent demeurer à leur place », ne pas intervenir dans la conduite de l'action qui incombe aux sections syndicales. Le Nord-Pas-de-

---

76. *L'Unité*, 13 mars 1975.

Calais, tout en admettant la cohabitation, craint moins le conflit entre structures différentes que "la confusion" ?

Pour éviter cette confusion, plusieurs organisations demandent que le non cumul des mandats politiques et syndicaux s'étende jusqu'au niveau même de l'entreprise (Nord-Pas-de-Calais, Bourgogne, santé, agriculture, Pays de Loire, Poitou-Charentes, défense nationale, mineurs, Haute-Normandie, Lorraine)... Pour la fédération des finances, « la base doit être juge au niveau de l'entreprise, de la compatibilité ou de l'incompatibilité des mandats... »[77]

Quand la C.F.D.T. interpelle les partis

Tout au long de la période, la C.F.D.T. a eu des rapports fréquents avec les partis de gauche, et à plusieurs reprises des différends ou des désaccords se sont fait jour. Avec le P.C.F., cela a été le cas à propos de l'attitude vis-à-vis des gauchistes et du refus du P.C. et de la C.G.T. de voir certaines organisations d'extrême-gauche participer à des manifestations. La volonté de la C.F.D.T. de discuter en priorité avec les organisations autogestionnaires a été aussi considérée par le P.C.F. comme la manifestation d'une volonté de couper la gauche en deux, de remettre en cause l'accord autour d'un programme commun et de faire de l'anti-communisme.

A la veille du congrès C.F.D.T. de Nantes en 1973, C. Poperen reproche à la C.F.D.T. d'apporter « sa contribution au dénigrement du programme commun de gouvernement » et ainsi de « freiner le soutien populaire à celui-ci ». Il estime qu'E. Maire met « en cause le caractère démocratique et indépendant du P.C.F. et sa stratégie pour la transformation de la société française »

---

77. *Syndicalisme*, 29 mai 1975.

et est « prisonnier des vieux schémas dogmatiques de la bourgeoisie qui s'efforce de falsifier la politique du P.C.F. ». Il ajoute que « prétendre vouloir instaurer le socialisme n'est pas compatible avec l'anti-communisme. Nous ne saurions perdre de vue, dit-il, que, dans tous les pays socialistes sans exception, le régime nouveau a vaincu grâce au rôle déterminant du P.C., à la lumière des principes du socialisme scientifique ». Et il s'interroge sur « la vocation socialiste de la C.F.D.T. » [78].

Concluant le congrès de Nantes, E. Maire répond à cette attaque, soulignant que « curieusement, c'est à partir du moment où la C.F.D.T. a rappelé l'existence évidente de deux courants socialistes en France que l'on a vu les militants communistes réagir avec vigueur. Il faut bien voir où conduit une telle conception dogmatique ». Cela veut dire en fait que la C.G.T. d'avant 1914 n'était pas socialiste, pas plus qu'aujourd'hui le P.S.U., le P.S. et la C.F.D.T. « C'est dans cette prétention scientifique que réside l'intolérance des militants communistes à notre égard, qui atteint aujourd'hui des proportions rarement égalées. » La C.F.D.T. n'accepte pas le dogme, ce qui l'amène à poser des questions sur le projet socialiste du P.C.F., pour savoir en quoi il se différenciera de celui des pays de l'Est, socialisme dont la C.F.D.T. ne veut à aucun prix.

Le secrétaire général de la C.F.D.T. considère que « la C.F.D.T. fait beaucoup moins d'anti-communisme que le P.C. ne fait d'anticédétisme. Le rejet dans les ténèbres extérieures de tous ceux qui pensent autrement, c'est le sectarisme, c'est l'engrenage inexorable qui a conduit tant de démocraties populaires à écarter, puis à écraser tous les socialistes non communistes, tous les partisans d'un socialisme décentralisé »...

En décembre 1975, suite aux discussions sévères qui se développent entre le P.C.F. peu satisfait du résultat des élections partielles et le P.S. qui en est bénéficiaire, le B.N. C.F.D.T. souligne « l'incertitude que fait peser

---

78. *L'Humanité*, 29 mai 1973.

sur la mobilisation des travailleurs la polémique qui s'est instaurée dans la gauche ». E. Maire écrit alors aux deux partis pour leur faire part de cette inquiétude. Dans sa réponse, F. Mitterrand en rejette la responsabilité sur le P.C. ; quant à G. Marchais, il accuse le P.S. de refuser les actions communes proposées par le P.C.[79].

Traitant de cette même polémique dans une interview à *L'Unité*, E. Maire note qu'elle « a eu pour double conséquence de mettre en valeur un côté activiste du P.C. et d'accuser la faiblesse de l'activité militante de base du P.S. Et le caractère figé, stéréotypé de la référence permanente au programme commun, considéré comme la bouée de sauvetage de l'union de la gauche, donne à l'Union un caractère abstrait et théorique, plutôt que ressenti et vécu ». Il reproche en outre au programme commun d'avoir été élaboré par un cercle restreint de responsables et souligne que, sur des problèmes tels que les modifications de l'appareil de production et du mode de consommation, la démarche autogestionnaire implique que « le peuple lui-même fasse ces choix, au terme d'un large débat public ; ce qui exclut les solutions proposées par les seuls dirigeants »[80].

Quelques mois auparavant, le B.N. avait réagi à propos d'une circulaire du C.E.R.E.S. visant à la création d'une tendance au sein du syndicat national de l'enseignement secondaire.

Le B.N. rappelait, comme il l'avait fait à propos d'un texte de la commission nationale des entreprises du P.S.U., son rejet de toute conception léniniste des rapports syndicats-partis[81].

Fin 1975, alors que se développe l'affaire des comités de soldats et que des militants C.F.D.T. sont inculpés, arrêtés et traduits devant la cour de sûreté de l'Etat, la C.F.D.T. va se trouver bien isolée et, lors du C.N. de janvier 1976, M. Rolant, qui présente le rapport, se plaint de l'attitude des partis, notamment du P.C.F. Il constate

---

79. *Syndicalisme*, 2 janvier 1975.
80. 25 septembre 1975.
81. *Syndicalisme*, 22 mai 1975.

que celui-ci, qui a refusé de soutenir la C.F.D.T., a mon-tré « une singulière (et étroite) conception de la défense des libertés (surtout pas celle de penser autrement que lui). »

Quant au P.S., « tout au long de la période (il) a eu à notre égard une attitude plus unitaire et plus solidaire, mais son manque de vigueur vis-à-vis du P.C.F. l'a conduit à privilégier son alliance politique »[82].

A l'heure de la rupture du programme commun

« Changer la société ne peut se limiter à confier aux partis le soin de conquérir le pouvoir central et d'agir dans la sphère de l'Etat. Les travailleurs, la masse de la population doivent être acteurs des transformations. » La mobilisation doit être consciente, c'est-à-dire orien-tée sur des objectifs cohérents et crédibles ; leur défini-tion, c'est le but que s'est assignée la C.F.D.T. dès 1974 en précisant des "objectifs de transformation", puis en juin 1977 en élaborant une "plate-forme de revendica-tions et d'objectifs immédiats[83]. Celle-ci doit permettre de promouvoir une confrontation positive avec les autres forces populaires et notamment les partis.

Confrontant sa plate-forme avec les projets des partis, à l'heure où ceux-ci vont discuter de la réactualisation du programme commun, la C.F.D.T. est conduite à cons-tater que « le parti socialiste met l'accent sur le coût important des mesures sociales, sur la difficulté de les financer sans inflation sur le risque d'une perte de compétitivité de l'économie française. La C.F.D.T. est consciente de ces difficultés. Mais pour les surmonter le P.S. semble s'orienter vers une modération de son ac-tion sur les inégalités »...

Quant au P.C., il propose « des mesures plus ambi-tieuses concernant les bas salaires et les bas revenus.

82. Rapport au C.N. de janvier 1976.
83. E. Maire : conférence de presse, 16 juin 1977.

Mais du même coup, ses propositions pour financer ces mesures apparaissent insuffisantes » (impôt sur le capital et les fortunes, lutte contre le gaspillage, mais pas de proposition attaquant les inégalités de revenus par le haut).

La C.F.D.T. est donc amenée à conclure que le débat P.C.-P.S. "repose sur un faux dilemme", dans la mesure où les deux "refusent de s'attaquer aux inégalités par les deux extrémités" [84].

Après la rupture de l'union de la gauche, la C.E. de la C.F.D.T. s'adresse au P.C. et au P.S. Elle considère que la décision de rupture prise par le P.C., à propos du nombre de nationalisations, n'est pas justifiée. Même si les propositions C.F.D.T. vont au delà, le problème est moins celui du nombre et de la forme des nationalisations que celui des réponses à apporter à des questions beaucoup plus fondamentales : quelle place, quel pouvoir les travailleurs auront-ils dans ces entreprises ? Quelle politique industrielle sera mise en œuvre ? Comment faire jouer au système bancaire son rôle dans la planification démocratique ?

S'adressant au P.S., elle considère que son attitude n'est pas sans susciter un certain nombre d'inquiétudes au sein du monde du travail quant à la politique qu'il entend mener si la gauche gagne. Selon la C.F.D.T., il serait sans doute mieux entendu, ses analyses sur le nombre de nationalisations rencontreraient plus d'écho, « si, au lieu d'apparaître le plus souvent plus modéré, en retrait par rapport au P.C., il apparaissait par ses propositions plus spécifique de la dimension autogestionnaire des transformations à réaliser demain ».

La C.F.D.T. n'entend pas pour autant rejeter les deux partis dos à dos et souligne la responsabilité du P.C. dans la rupture.

Le B.N. du 7 octobre 1977 précise qu'il attend des partis « qu'ils parlent au pays un langage de vérité et que leur débat porte sur les solutions à apporter à la crise

---

84. Meeting de rentrée : Strasbourg, 7 septembre 1977.

de la société française dans son contexte international et qu'ils parviennent sur ces bases à un nouvel accord ». Pour ce faire, la C.F.D.T. décide de reprendre non seulement le débat avec les partis, mais aussi dans toutes les entreprises et les quartiers. En rencontrant les partis, la C.F.D.T. n'entend nullement jouer un rôle de médiateur ou d'arbitre, ce qui serait un acte politique qui la lierait à un programme de gouvernement. Elle se refuse à proposer des formules de compromis sur un programme dont l'élaboration est de la responsabilité des partis. Elle veut faire connaître aux partis les aspirations des travailleurs et pense contribuer ainsi « à recréer les conditions nécessaires à la reconstitution de l'union des forces populaires sur des bases solides et durables ».

En février 1978, dans une résolution du B.N. sur les élections législatives, la centrale continue de souhaiter que « les partis de gauche créent les conditions pour aboutir à l'indispensable accord portant sur des objectifs et des propositions correspondant aux problèmes essentiels de l'heure, aux préoccupations des travailleurs, à leurs aspirations à des transformations profondes dans le pays ». Elle leur demande se se prononcer clairement et dès maintenant pour un désistement "franc et automatique" — ce que le P.C. refuse de faire — et engage ses militants et adhérents à agir "en syndicalistes", pour assurer le succès des forces de gauche qui « situent leur action dans le cadre de l'Union des forces populaires » et qui « cherchent à établir une convergence entre leurs objectifs ». « N'entrent pas dans ce cadre les candidats qui, se réclamant de l'extrême gauche, de la défense écologique, du régionalisme, refusent délibérément de placer leur campagne sous le signe de cette union et déclarent qu'ils ne se désisteront pas au second tour pour le candidat de gauche le mieux placé. »

Contactée par la C.G.T. pour s'exprimer en commun au soir du premier tour sur leur volonté de voir les partis de gauche signer un accord assurant un bon report des voix lors du second tour, la C.F.D.T. refuse, estimant plus efficace, dans sa ligne d'indépendance syndicale, de s'exprimer de façon autonome.

Au lendemain des législatives de mars 1978

Depuis 1973, lors des périodes précédant les consultations électorales, la C.F.D.T. redoute une sorte d'attentisme de la part des travailleurs, et dénonce le risque de miser beaucoup plus sur les avancées qui résulteraient d'une victoire électorale que sur celles résultant de la mobilisation sociale. Le C.N. d'avril 1977 met l'accent sur ce danger : « La proximité de l'échéance de 1978 et la dramatisation par le gouvernement et le patronat de tous les problèmes risquent de conduire à l'attentisme. L'espérance des travailleurs dans une victoire électorale de la gauche doit se traduire dès maintenant par le renforcement de l'action syndicale. L'attentisme serait néfaste pour les travailleurs, comme pour la gauche. La mise en œuvre de notre stratégie qui fait de l'action collective le moteur des transformations sociales et des progrès de la conscience politique elle-même nous permet de combattre ce risque. »

L'optimisme qui se dégage de la conclusion de ce communiqué n'est pas partagé par J. Moreau, rapporteur au C.N. de janvier 1978, qui souligne que quelle que soit l'issue des élections, « les difficultés risquent d'être d'autant plus importantes que l'investissement des espoirs et des attentes a été plus massif dans les élections et le programme commun », et qui estime que la C.F.D.T. elle-même n'a pas toujours échappé au piège de la globalisation et de la politisation des revendications. « Nous avons estimé que la prise en compte de nos revendications passait par un changement politique. Certes, la C.F.D.T. a maintenu, au cours des dernières années, au niveau des textes, des déclarations, des propositions, l'intention de ne pas soumettre la réalisation des objectifs et des revendications au seul changement politique. Mais le rapport des forces au sein du pays, de

292

la gauche, du mouvement syndical, ne nous a pas permis d'impulser et d'orienter les luttes des travailleurs et l'action syndicale, comme il aurait été souhaitable... »

C'est ce que souligne aussi E. Maire, dans une interview à *L'Unité* où il parle de la surestimation des résultats que pourrait apporter une victoire de la gauche : « Les forces politiques du programme commun et de la C.G.T. ont, dès le départ, présenté un succès électoral comme la solution miracle permettant de satisfaire les revendications. Il aurait fallu mettre au contraire l'accent sur la nécessaire convergence de la bataille politique avec les luttes sociales » [85].

D'où la volonté, à partir de janvier 1978 et surtout d'avril de "remettre la pendule à l'heure syndicale", orientation qui sera confirmée par le congrès de Brest en 1979. Cette orientation ne veut nullement dire que la C.F.D.T. se replie sur elle-même et néglige l'action des partis, mais ayant fait son autocritique, elle entend, dans la perspective du socialisme autogestionnaire, "ancrer l'action au plus près des travailleurs", agir au niveau des multiples centres de pouvoir et ne plus se laisser prendre au piège de la globalisation.

Dans une interview à *Libération* en décembre 1978, E. Maire souligne que le projet de société du syndicalisme, donc son projet politique, « ne date pas d'aujourd'hui : la C.F.D.T. se situe dans la tradition du "syndicalisme révolutionnaire" du début du siècle... Le projet politique du syndicalisme a cette particularité de ne pas viser le pouvoir pour lui, mais pour que les travailleurs l'exercent eux-mêmes. Un tel projet entre nécessairement en confrontation avec les projets des partis dont l'objet est d'abord la conquête du pouvoir d'Etat. Mais l'histoire nous a appris, contrairement au "syndicalisme révolutionnaire" au début du siècle, que le mépris des partis conduit à une impasse... » [86].

Le débat public avec les partis, c'est un moyen pour

---

85. 3-9 février 1978.
86. 22 décembre 1978.

la C.F.D.T. de montrer justement que l'action qu'ils mènent ne saurait laisser indifférents des syndicalistes même lorsque ceux-ci placent au premier rang la mobilisation sociale.

Tirant la leçon des élections législatives, le C.N. d'avril 1978 estime que « le P.S., se présentant en parti de gouvernement, s'est trop enfermé dans une stratégie électoraliste. Il s'est montré plus attentif à la logique des contraintes économiques et internationales, qu'à l'élaboration de propositions et d'actions susceptibles de développer la mobilisation populaire sur un projet de changement. Il a été dans l'incapacité de contribuer à surmonter les divergences croissantes de la gauche ».

Mais l'appréciation portée sur le P.C. est beaucoup plus sévère : « Le P.C. porte une grave responsabilité spécifique. En faisant passer ses propres intérêts avant ceux des travailleurs, en impulsant une polémique systématique avec ses partenaires, en cherchant à tout moment à assurer son hégémonie au sein de l'union de la gauche et de la classe ouvrière, en se servant de la C.G.T., il a délibérément choisi une logique de division, une stratégie d'échec, il a ruiné l'espérance populaire. »

Quand l'horizon politique paraît bouché

Alors que la C.F.D.T. s'efforce, avec plus ou moins de réussite (poids de la crise, déception des militants, division syndicale) de relancer une action à partir des problèmes particuliers qui se posent aux travailleurs, et éprouve des difficultés à articuler les actions aux divers niveaux sans tomber dans une globalisation qui se limiterait à une dénonciation de type politique, elle s'affronte à plusieurs reprises aux stratégies ou tactiques des partis de gauche.

Avec le P.S., la C.F.D.T. va entretenir deux controverses essentielles. La première, c'est à propos du 23 mars 1979, lorsque la C.G.T. utilise le dossier de la sidérurgie pour cristalliser un mécontentement général qu'elle entend concrétiser par une marche sur Paris. La C.F.D.T., qui veut par son action faire pression sur les négociations au niveau des groupes sidérurgiques, refuse cette globalisation sans lendemain. Celle-ci est appuyée par le P.C., auquel le P.S. emboîte le pas. Cette attitude du P.S. est stigmatisée par E. Maire qui parle d'une pression du P.S. « pour subordonner l'action syndicale aux visées électorales des partis » et considère qu'en agissant ainsi le P.S. « accroît la division ainsi que la confusion entre responsabilités syndicales et politiques. Depuis quelque temps, le P.C., dit-il, se comportait comme une sixième confédération syndicale, le P.S. est-il candidat pour la septième ? » [87].

L'interview d'Edmond Maire au *Républicain lorrain*, en décembre 1979, déclenche une seconde tension. Il souligne que la C.F.D.T. n'entend pas apporter aux élections le même intérêt qu'elle leur a donné en 1974 et 1978, parce qu'il convient d'accorder « la priorité absolue à la reprise de confiance des travailleurs en eux-mêmes et en leurs propres forces » et ainsi d' « éviter un nouveau transfert d'espoir vers des dirigeants qui seraient censés pouvoir résoudre les problèmes de haut ». Puis il fournit une réponse à l'emporte-pièce à une question du journaliste qui lui demande si cette position serait maintenue même si Rocard était candidat. « Notre souci premier n'est pas de participer aux batailles de la gauche pour savoir celui qui sera battu par Giscard en 1981, mais de donner aux luttes sociales un dynamisme qui contribue à la régénération en profondeur des forces de gauche » [88].

Revenant sur cette question, le rapport au B N C.F.D.T. qui suit [89] note que « tous les débats du P.S., quels que soient les courants en présence, sont orientés vers la désignation du candidat aux élections présidentielles. Loin de se préoccuper concrètement de la situation des travailleurs et des couches populaires aujour-

---

87. *Syndicalisme*, 22 mars 1979.
88. 7 décembre 1979.
89. 24-26 janvier 1980.

d'hui, la discussion interne ne semble faite que d'arguties tactiques. Le projet socialiste — pour ce que l'on en a lu dans la presse... — ne se présente pas comme le grand souffle capable de sortir la gauche de l'ornière. Son utilisation première est de représenter un dispositif pour les débats présidentiels ».

Divers éléments expliquent le malaise P.S.-C.F.D.T. D'abord le fait qu'au sein du parti, nombre de dirigeants C.F.D.T. sont suspects de "rocardisme" ; en conséquence, les actes ou propos de la direction syndicale sont interprétés en termes de soutien à un courant. En outre, alors qu'au P.S. certains n'ont pas digéré les "assises", au sein de la centrale, certains regrettent la prise très partielle de la greffe autogestionnaire tentée en 1974, lors des "assises".

Les polémiques avec le P.C.F. vont être autrement plus virulentes. En 1979, à propos de divers conflits, notamment de ceux de la sidérurgie, la C.F.D.T. est conduite à dénoncer "la xénophobie et le nationalisme dont font preuve nos camarades communistes (et qui) risquent d'avoir de graves conséquences pour l'ensemble de la classe ouvrière »[90].

Lors du C.C. du P.C. de septembre 1979, G. Marchais, à propos de déclarations « agressives » de dirigeants C.F.D.T., parle de "mauvais procès" et s'indigne que la centrale amalgame les deux partis de gauche alors que la simple observation montre que l'attitude du P.C., toute différente de celle du P.S., ne saurait être dénoncée.

Mais vers la fin de 1979, l'intervention directe du P.C. dans les entreprises, son attitude visant à faire pression sur ceux qui, dans la C.G.T., voudraient pratiquer l'unité d'action avec la C.F.D.T., provoquent de nouvelles polémiques.

Le rapport au B.N. C.F.D.T. de janvier 1980 déclare : « Cette fébrilité activiste du P.C.F. est le fruit des orientations du 23e congrès. Les manifestations de cette mise en œuvre de la ligne sont multiformes : retour à un

---

90. *France Soir*, 1er février 1979.

ouvrièrisme que l'on pensait dépassé, valorisation de l'union à la base, l'entreprise comme lieu privilégié d'intervention ». La C.F.D.T. accuse en outre le P.C.F. d'avoir récupéré un certain nombre de thèmes d'analyse propres à la centrale : « cela lui sert pour entretenir une confusion sur la nature de sa démarche ».

Mais c'est à partir du début de 1980 que les attaques du P.C.F. contre la C.F.D.T. vont devenir plus violentes, suite à l'invasion soviétique en Afghanistan et aux réactions de la C.F.D.T., qui note que les positions prises par le P.C. et la C.G.T. auront des "répercussions politiques importantes en France" : « De telles attitudes qui sont en opposition avec la défense des droits fondamentaux des personnes et des peuples constituent des obstacles à la mobilisation sociale et à l'union des forces populaires. Il s'agit aussi de la crédibilité de l'union de la gauche. Qui pourra croire demain au caractère démocratique d'une alliance dans laquelle un des partenaires défend le modèle de capitalisme d'Etat russe, laisse planer dans l'esprit des Français l'idée qu'il pourrait, en cas de difficultés intérieures, s'il est au pouvoir, faire appel à l'étranger » [91].

En février 1980, ce sera l'attaque du secrétaire fédéral du P.C. du Territoire de Belfort: « F. Mitterrand, E. Maire, A. Henry se moquent-ils du monde quand ils donnent des leçons de démocratie ? Croient-ils que nous avons oublié qu'ils pacifiaient l'Algérie au lance-flammes, qu'ils torturaient les militants de la liberté, qu'ils saisissaient la presse qui témoignait, il y a de cela quelques années à peine ? » S'interrogeant sur la signification de cette attaque et le refus du P.C.F. de désavouer son auteur, E. Maire considère que la réponse est claire : « Le P.C. veut imposer sa domination sur la classe ouvrière française tout entière ; il ne supporte plus l'existence d'une C.F.D.T., seule capable, du fait de son implantation, de faire barrage à sa volonté d'imposer son hégémonie dans les entreprises » [92].

---

91. *Syndicalisme*, 17 janvier 1980.
92. Conférence de presse du 17 mars 1980.

Après l'affaire de Vitry (intervention au bulldozer dans un foyer de migrants) et l'attitude du P.C.F. vis-à-vis des immigrés, début 1981, la C.F.D.T. souligne que « le plus inquiétant dans le retournement des communistes français à l'encontre des immigrés, c'est la puissance de séduction et de manipulation des militants par le parti que cela révèle »[93].

A la veille des présidentielles

Peu attirée par un P.S. qui est resté jusqu'alors confiné dans l'électoralisme et persiste à invoquer une unité de la gauche qui ne paraît guère crédible début 1981, angoissée de l'évolution du P.C.F. qui tente de jouer sur les réflexes les plus inavouables de l'électorat, la C.F.D.T., tout en estimant des changements politiques indispensables, n'entend pas donner aux militants de faux espoirs et compte davantage sur l'action propre des travailleurs que sur celle des politiciens. D'où le communiqué du C.N. de fin janvier 1981 : la C.F.D.T. « continuera à développer les luttes sociales et la mobilisation populaire, car celles-ci constituent le levier pour obtenir des résultats et avancer vers des transformations significatives »... Pour aller vers un "socialisme dans la liberté" grâce à la "mobilisation consciente" qu'implique l'union des forces populaires, il importe d'impulser le « débat de masse, de sorte que la campagne présidentielle ne se réduise pas à des opérations de propagande partisane, ne laisse pas dans le flou les objectifs prioritaires, et ne se traduise pas seulement par un front du refus »...

L'élection d'un président de gauche créera une situation favorable aux changements politiques nécessaires, à condition qu'il y ait "une mobilisation populaire" et une volonté de la part du président « de prendre en

---

93. E. Maire, interview au *Matin*, 2 mars 1981.

compte les aspirations exprimées (par la C.F.D.T. : élargir les libertés, modifier le type de développement, lutter pour la paix et les libertés dans le monde) et d'inscrire son action dans le cadre du socialisme démocratique autogestionnaire ».

Au soir du premier tour des présidentielles, la C.F.D.T. constate que c'est une véritable aspiration au changement qui s'est manifestée "et dont François Mitterrand est porteur pour le second tour". Elle rappelle ses priorités et souligne que « la voie dans laquelle François Mitterrand a publiquement promis de s'engager recoupe sur de nombreux points les propositions sur lesquelles la C.F.D.T. se bat depuis des années... Une période nouvelle peut s'ouvrir au soir du 10 mai. En organisation syndicale indépendante, la C.F.D.T. indique clairement où se situent les convergences avec ses propres propositions. Elle éclaire ainsi les travailleuses et les travailleurs qui ont à se déterminer pour le vote du second tour... ».

« Pour la C.F.D.T., l'élection de François Mitterrand le 10 mai doit permettre de s'engager dans la voie du changement. »

C'est donc sans hésitation que la C.F.D.T. précise son choix, d'autant plus que le changement complet de panorama politique qui s'amorce et va se préciser avec l'arrivée en force du P.S. au parlement, c'est pour le syndicalisme, et tout particulièrement pour la C.F.D.T., l'espoir d'un cadre politique favorable à une avancée décisive.

F.O. face aux espoirs de changement politique

Pour la majorité de F.O., la charte d'Amiens à laquelle on se réfère, c'est tout simplement le refus du lien avec un parti politique et la non-intervention dans les débats entre partis, notamment au moment des élections ; mais ce n'est nullement la recherche de perspectives d'une autre société, ni d'une stratégie pour y parvenir. On pourrait presque dire qu'une majorité politique en vaut bien une autre et que de toute façon le syndicalisme se comportera de la même façon, quel que soit le changement politique.

A l'heure où se met en place la stratégie du programme commun, F.O. va donc se trouver en porte à faux vis-à-vis notamment du parti qui était jusqu'alors son allié naturel, le P.S. ; d'où un certain nombre de controverses entre les deux organisations. La rupture de l'union de la gauche en septembre 1977 va toutefois rapprocher les deux organisations, sans cependant modifier l'attitude de la centrale lors des consultations électorales.

Dans la confédération, l'anti-communisme demeure un ciment solide, unissant à la majorité les diverses minorités, malgré quelques tentatives de création d'un "courant" socialiste.

La charte d'Amiens et ses interprétations

Le débat au congrès F.O. de 1971 [94] présente un intérêt pour notre sujet car il y est beaucoup question de la charte d'Amiens, à propos notamment d'un rapport de G. Ventejol sur "La place du syndicalisme dans la société". La résolution sur ce thème est introduite par un rappel de la charte : « La C.G.T.-F.O. rappelle son attachement inaliénable à la charte syndicale votée en 1906 lors du congrès confédéral tenu à Amiens. Cette charte qui demeure la loi d'un syndicalisme indépendant de tout pouvoir et uniquement préoccupé par la recherche de l'émancipation totale des travailleurs, affirme la nécessité de lutter contre toutes les formes d'exploitation de l'homme en vue de la disparition du salariat et du patronat... »

---

94. *F.O.-Hebdo*, 15 novembre 1971 (spécial congrès).

En fait, mis à part ce rappel rituel de la "disparition du salariat et du patronat", il n'est pas proposé dans le texte d'orientations précises et encore moins de stratégie pour aller dans cette direction. Lachazette (C.E.A Marcoule) note : « La seule hypothèse qu'on nous propose est celle de la démocratie contre la dictature. C'est important, mais ce n'est pas assez... Il ne suffit pas de dire que les travailleurs seront libérés des "pesanteurs idéologiques" pour que cela se réalise. Par crainte du communisme, on n'ose plus parler du socialisme, et nous le regrettons, même si nous voulons un syndicalisme "libre" de toute emprise politique » [95].

Bouscayrol (Compagnies de navigation Paris) s'étonne de voir qu'un mot est absent de cette résolution : "un mot qui a bercé ma jeunesse : socialisme" et il ajoute : « Lorsque je lis l'avant-dernier paragraphe du rapport... il me semble que tout le monde est d'accord contre l'exploitation de l'homme. Mais ce texte me rappelle une motion du parti radical-socialiste » [96].

Les trotskystes de l'O.C.I. — tendance politique au sein de l'organisation, dont Bergeron s'accommode fort bien, car leurs positions découlent surtout d'un anti-communisme virulent — par la voix de Lambert (sécurité sociale, Paris), soulignent pour leur part que l'on a oublié la lutte des classes et que "la charte d'Amiens est infiniment plus claire que le rapport proposé" [97].

Quant aux anarchistes de F.O., dont le représentant le plus typique est Joyeux (organismes sociaux Paris), ils reprochent dans leur journal [98] l'infidélité de la confédération à la charte : « Même si cette organisation (F.O.) parvient à préserver son indépendance, elle se confine dans le rôle d'appoint, de régulateur du régime, et sa politique ne consiste pas, suivant la charte dont elle se réclame, à supprimer le régime économique et à abolir les classes, mais à le consolider, à lui servir de

95. F.O.-Hebdo, spécial congrès, p. 24.
96. Id., p. 25.
97. Id., p. 32.
98. Le monde libertaire, décembre 1971.

garde-fous et par conséquent à rendre supportable l'exploitation de l'homme par l'homme ». Expliquant pourquoi les militants anarchistes militent "plus spécialement" dans les rangs de F.O., l'auteur de l'article indique que c'est parce qu'il est plus facile de militer dans cette confédération et « seuls les militants anarchistes appartenant à Force Ouvrière sont suffisamment nombreux pour que l'action qu'ils mènent dans les syndicats débouche sur des résultats discutables, mais réels ».

Quant à Labi (chimie), sous les tollés des congressistes, il se veut totalement fidèle à la charte et en reprend même la lecture dans son intervention, considérant que le syndicat « aujourd'hui groupement de résistance, sera dans l'avenir le groupe de la base de la réorganisation sociale ». Non que le syndicat doive lui-même prendre le pouvoir économique ; la fédération F.O. de la chimie, lors de son congrès de mars 1971, avait considéré la nécessité de mettre en place « des comités gestionnaires dont nous serions les inititateurs et les promoteurs », sans pour autant que le syndicalisme s'y intègre en tant que tel.

Dans son journal [99], la fédération de la chimie reprochait par ailleurs à la politique confédérale « d'avoir comme axe central à partir duquel s'articulent toutes les positions de la confédération, l'anti-communisme et l'anti-cégétisme ». S'interrogeant sur la nature de cet anti-communisme, le journal formule sa question ainsi : « Est-il de caractère ouvrier, syndicaliste, au sens où, bien évidemment il condamne la dictature stalinienne, la primauté du parti sur le syndicat ? Ou est-il de caractère conservateur, pour éviter les changements même positifs qui pourraient se produire dans notre pays et en faveur des travailleurs. »

Malgré ces critiques, le texte de G. Ventejol est adopté à une très large majorité (81,6 % des mandats). Labi n'en regroupe que 4,5 % sur son texte et le reste des opposants se rassemble sur une motion d'Hé-

---

99. *Le syndicalisme militant*, novembre 1971.

bert (12,9 %). Commentant dans un éditorial le texte adopté, A. Bergeron écrit : « Nous ne connaissons nulle part de "modèle" de société parfaite. Il est vraisemblable qu'il n'y en aura jamais. C'est aux hommes qu'il appartient sans cesse d'améliorer ce qui existe, en veillant, comme nous l'avons souvent dit, à ce que les contraintes qu'engendrent forcément les sociétés planifiés ne débouchent pas sur l'écrasement des libertés. Donc plus que jamais, méfions-nous de ces apprentis sorciers, plus ou moins irresponsables, qui pourraient bien — si nous n'y prenions garde — nous conduire là où nous ne voulons pas aller » [100]. A l'heure où la C.F.D.T. propose d'engager le débat sur le socialisme, non seulement avec la C.G.T., mais avec les autres centrales qui le voudraient, c'est une nette fin de non recevoir de la part du leader de F.O.

F.O. et le P.S. après Epinay

Si les rapports avec la S.F.I.O. s'étaient nettement "rafraîchis" à partir de 1962 (rapprochement de celle-ci avec le P.C.), il n'en reste pas moins qu'au sein du parti les syndicalistes F.O. se sentaient chez eux, on était de la "même famille", et parmi les syndicalistes inscrits au parti, ceux de F.O. prédominaient largement. Il n'en est plus de même après Epinay et le regroupement qui s'effectue au sein du P.S. sous l'égide de F. Mitterrand.

C'est là une situation nouvelle, comme l'explique P. Mauroy lors d'un meeting F.O. à Lille le 1er mai 1973 : « Nous, socialistes, nous poursuivons notre combat avec vous, mais aussi avec les autres syndicats... Au moment où je vous parle, des socialistes participent au défilé unitaire (C.G.T.-C.F.D.T.) en répondant, ainsi que nous leur avons demandé, au mot d'ordre de leurs syndicats. Il faudra s'habituer à cette situation nouvelle » [101].

100. *F.O.-Hebdo*, 8 décembre 1971.
101. Bergounioux, *op. cit.*, p. 158-159.

La situation est nouvelle aussi, dans la mesure où certaines tendances du P.S., comme le C.E.R.E.S., n'hésitent pas en 1972 à critiquer sévèrement F.O. pour son attitude dans certains conflits et lors de certaines négociations. Au C.C.N. F.O. d'avril 1972, Gitler (transports) souhaite une réaction vigoureuse et ferme contre l'action menée par le C.E.R.E.S. Quant à Hébert, comme à son habitude, il pratique l'amalgame, unissant dans une même réprobation C.E.R.E.S. et C.F.D.T. « Les principaux responsables du C.E.R.E.S. ont été formés à l'E.N.A. où ils ont appris ce qu'est le "socialisme" et l'autogestion si chère à la C.F.D.T., nous devons nous battre contre ces gens-là » [102].

L'Unité, le journal du P.S., n'adopte pas forcément les thèses de la direction de F.O. ; ainsi lorsque entraînée par Labi, une partie de la chimie-F.O. rejoint la C.F.D.T., le commentaire de *L'Unité* n'est nullement hostile aux partants : « Pour Bergeron, Labi entraîne la fédération dans "la voie de l'aventure". Pour tous ceux qui regardent cette expérience avec intérêt, la nouvelle fusion sera un révélateur : l'unité syndicale devient-elle possible ? » [103]

Mais là où des problèmes sérieux vont se poser, c'est lorsque, entraîné par la dynamique du programme commun, le P.S. s'engage avec le P.C. dans des actions de soutien aux grèves lancées par la C.G.T., la C.F.D.T. et la F.E.N., notamment le 6 décembre 1973 contre l'inflation et pour le maintien du pouvoir d'achat.

La direction confédérale de F.O. affirme dans un manifeste : « Oui au combat contre la vie chère, non à la politisation de l'action syndicale : Force Ouvrière n'accepte ni la globalisation qui conduit à la politique des revenus, contraire à la libre négociation des salaires, ni certaines "alliances" qui dénaturent et politisent l'action syndicale. » Elle refuse de s'associer à la grève.

Cependant certaines organisations passent outre à

102. *F.O.-Hebdo*, 19 avril 1972.
103. *L'Unité*, 3 mars 1972.

cette consigne, notamment la fédération des fonctionnaires qui lance une action pour le 5 et le 6. Par ailleurs, des responsables de syndicats, appartenant au P.S., suivent les consignes de celui-ci plutôt que celles de la centrale. D'où un débat au C.C.N. des 17 et 18 décembre 1973.

Certains stigmatisent l'attitude de ceux qui ont enfreint la consigne : « Force Ouvrière doit affirmer son indépendance vis-à-vis de toute organisation politique... face aux manœuvres de contournement... Il n'est pas possible d'avoir deux casquettes ; on ne peut en avoir qu'une seule, la nôtre, c'est-à-dire celle du syndicalisme authentique et responsable » (Gitler). Dalbera (Allier) affirme la même position, tout en reconnaissant aux adhérents tous les droits en tant qu'individus, « à l'intérieur de l'organisation, seule la casquette F.O. l'intéresse... Jamais notre action dans les mouvements politiques ne doit engager notre organisation syndicale... » D'autres accusent les partis politiques ; ainsi pour Mourgues (métaux) : « Les partis politiques tentent de débaucher des militants F..O ou de se livrer à leur égard à des opérations de noyautage. »

Mais certains se refusent à juger, montrant les difficultés des syndicalistes ainsi pris entre deux feux. C'est le cas de Genet (Haute-Vienne), de Binel (Tarn) ; celui-ci indique que de nombreux militants appartiennent à la fois à Force Ouvrière et à une organisation politique. En conséquence ils se sont trouvés "assis entre deux chaises". Il craint que cette situation grave ne risque de "conduire certains camarades à quitter nos rangs" et demande à la confédération d'envisager ce problème. Enfin Blondel (employés) précise que la C.A. de sa fédération refuse de prononcer l'anathème à l'encontre de ceux qui ont fait la grève ou de ceux qui ne l'ont pas faite : « Ceux qui militent au P.S. n'ont pas à privilégier F.O., pas plus qu'à la confédération on doive privilégier le P.S. » [104].

---

104. *F.O.-Hebdo*, 21 décembre 1973.

Cependant A. Bergeron considère que ces affaires doivent se traiter avec le patron du P.S. « J'ai récemment déjeuné avec Mitterrand, déclare-t-il à L. Rioux, nous sommes tombés d'accord : Force Ouvrière comme le P.S. doit rester totalement indépendante et ne pas tenter d'intervenir dans les affaires de l'autre » [105].

Refus de la stratégie du programme commun

Dès septembre 1971, A. Bergeron déclare au comité général des syndicats F.O. de la région parisienne que « plus nous approcherons des élections législatives, plus on parlera des rapports entre les partis et les syndicats... Il va de soi qu'en aucun cas, F.O. ne peut souscrire à l'idée d'un programme commun aux partis et aux syndicats, tout simplement parce qu'on ne peut être en même temps gouvernants et gouvernés » [106].

Ce n'est pas tant le contenu du programme commun qui est refusé — dans une interview à *L'Unité* [107], A. Bergeron déclare à ce propos qu'il y a "des choses qui sont bonnes" et "d'autres qui ne plaisent pas", mais il se refuse à en faire état — que la stratégie qui le porte, une stratégie de "bipolarisation", avec réintégration du P.C. dans la vie politique et possibilité pour lui d'accéder au pouvoir aux côtés des socialistes et du M.R.G. D'où l'attitude lors des législatives de 1973 qui n'est pas seulement un refus de prendre position à propos d'une élection, mais une volonté de montrer qu'une majorité en vaut une autre et que le changement de majorité ne changerait pas forcément les choses.

Dans une interview au *Dauphiné Libéré*, A. Bergeron parle de la dégradation du climat politique, de l'amenuisement des pouvoirs du parlement, de la multiplication des interventions des "technocrates" qui prennent des

---

105. *Nouvel Observateur*, 7-13 janvier 1974.
106. *F.O.-Hebdo*, 22 septembre 1971.
107. 17 juin 1973.

décisions en fonction de schémas théoriques, sans tenir compte des réalités. Et il ajoute : « Qu'on nous comprenne bien, dans l'hypothèse d'un changement de majorité, le mal ne serait pas nécessairement guéri. Nous connaissons en effet une foule de "technocrates", de planistes (quelquefois les mêmes) qui auraient exactement le même comportement » [108].

Dans *F.O. Magazine* de janvier, il appelle les adhérents à être méfiants, à garder la tête froide vis-à-vis des promesses des politiciens : « Aux inévitables erreurs d'appréciation — de bonne foi — s'ajoutent hélas les affirmations nées, non plus de l'analyse objective, mais de préoccupations partisanes conduisant à présenter les réalités d'une manière fausse. Et cela est vrai naturellement de tous côtés. C'est probablement à quoi nous assisterons, dans les semaines qui viennent, tout au long de la campagne électorale législative... » [109]

Pour R. Louet, il n'y a pas de "bons politiciens", et « il n'est pas évident que l'union de la gauche, victorieuse, satisfasse plus nos revendications que le gouvernement actuel ». Le rôle d'une organisation syndicale n'est pas de guider ses militants dans leur choix de citoyens et d'ailleurs, « la gauche triomphante risque d'avoir beaucoup plus d'ennuis avec ceux qui l'auront portée au pouvoir qu'avec ceux qui seront restés hors de l'affrontement » [110].

Lors des présidentielles de 1974, alors que la gauche politique et syndicale s'engage derrière F. Mitterrand, F.O. maintient son refus de prendre parti. S'expliquant dans *Le Nouvel Observateur*, A. Bergeron déclare : « Depuis vingt-six ans qu'elle existe, la C.G.T. F.O. a toujours refusé de prendre parti sur le plan électoral. Mais je veux être clair. Il n'y a, dans notre attitude, aucune marque de méfiance, encore moins d'hostilité, à l'égard de F. Mitterrand ; pas non plus une manière de soutien

---

108. 17 mai 1972.
109. *F.O.-Magazine*, janvier 1973.
110. *Les informations*, 12 février 1973.

déguisé à l'égard des autres candidats. Le syndicalisme a un rôle à jouer. Ce n'est pas celui d'agent électoral. »

Il ajoute que F.O. ne cherche pas « à compliquer la tâche d'un gouvernement de gauche. Nous savons combien il lui sera difficile de faire face à la situation économique et nous ne réclamerons pas "tout, tout de suite". Nos militants ne défileront pas en criant "Mitterrand à l'action"... » [111]

A la veille du premier tour, F. Mitterrand ayant exprimé le désir de rencontrer le secrétaire général de F.O., celui-ci est autorisé par le B.C. (à la majorité des deux tiers) à se rendre au quartier général du candidat commun de la gauche. Suite à cet entretien, le leader de F.O. réaffirme la position de son organisation et souligne qu'il s'est affirmé opposé, en cas de victoire de la gauche, à une négociation globale sur l'ensemble des problèmes, une sorte de "Grenelle à froid". L'histoire ne dit pas si, au cours de leur conversation, les deux hommes ont parlé de la candidate aux présidentielles, A. Laguillier qui porte les couleurs de "Lutte ouvrière" et qui est une militante F.O. dans la banque. Si l'on en croit les sondages, alors qu'en 1973, 66 % d'adhérents de F.O. votent à gauche, en 1974, ils ne sont que 52 %, soit tout juste la moitié. Parmi les sympathisants de F.O., à la veille du premier tour de 1974, ce sont seulement 49 % qui affirment leur intention de voter à gauche.

Lors du congrès de juin 1974 qui fait suite à cette élection, seuls cinq orateurs dénoncent ou regrettent "l'apolitisme" de la confédération. On voit même Lambert, le leader de l'O.C.I., voter le rapport moral.

A. Bergeron en accusation au sein du P.S.

Si l'on en croit "les informations politiques et sociales", ceux qui s'opposent à la direction lors de ce congrès

---

111. 13 avril 1974.

appartiennent au C.E.R.E.S., il est même question à ce propos de "fraction" : « Il est apparu au congrès que des militants membres du nouveau parti socialiste, appartenant à sa tendance de gauche, le C.E.R.E.S., essayaient de se constituer en une fraction organisée afin de multiplier leur efficacité, leur but étant d'amener la confédération à sortir de la réserve qu'elle s'impose à l'égard de tous les partis... » [112]

Pour *Rouge*, organe de la L.C.R., il ne s'agit que d'un « quarteron de C.E.R.E.S. que les militants de l'A.J.S.-O.C.I. ont condamné de concert avec la direction confédérale » [113].

Qu'en est-il exactement de cette tentative ; tout ce qu'on peut dire, c'est qu'elle n'eut guère de suite.. Mais le C.E.R.E.S. ne semble pas, a priori, opposé à l'action des socialistes dans les syndicats, comme le montre un article de *Frontière*, quelques mois plus tard [114]. Après avoir expliqué qu'un syndicalisme de masse et de classe ne peut se limiter à la seule lutte économique, mais qu'il mène également une lutte politique, qu'un parti socialiste ne peut faire abstraction des conséquences de la lutte économique que mènent les masses et qu'il doit être présent dans les luttes économiques menées par les syndicats, l'article conclut : « Ces constatations conduisent à rejeter l'idée d'une autonomie du syndicalisme. »

L'article fixe même les tâches que doit remplir une section syndicale dans l'entreprise : « Elle intervient politiquement, de façon ponctuelle, spécifique, à partir de ses luttes économiques, pour mettre en évidence les obstacles concrets auxquels se heurtent les revendications des travailleurs... ». Mais elle doit aussi redresser des orientations qui paraîtraient contraires au schéma "marxiste" : « Si les travailleurs avancent, par exemple, des revendications salariales non hiérarchisées, les res-

112. 20 juin 1974.
113. 21 juin 1974.
114. « Positions et tâches des socialistes dans les syndicats », janvier 1975, p. 42-45.

ponsables de la section devront veiller à ce qu'elles ne dissimulent pas l'antagonisme principal "capital-salariat" derrière des contradictions secondaires de type "ouvriers qualifiés - O.S." ou "cadres-ouvriers"... »

Fin 1974, une autre affaire oppose certaines fédérations départementales du P.S. à F.O. L'attitude de Force Ouvrière dans la grève des P.T.T. conduit des fédérations du P.S. à demander l'exclusion d'A. Bergeron du parti. A la suite de ces demandes et d'une intervention de F. Mitterrand condamnant de telles initiatives au nom de l'indépendance syndicale, la convention nationale en est saisie et sa commission des résolutions adopte à l'unanimité une circulaire, adressée à tous les secrétaires de section, qui « constate avec regret la persistance de divergences politiques et stratégiques entre le P.S. et la confédération Force Ouvrière et, d'autre part, souligne que le P.S. s'interdit de donner des directives à ses militants engagés dans les syndicats ou de les sanctionner pour les positions qu'ils expriment au nom de leur organisation syndicale... » [115]

Lors du congrès du P.S. à Pau en janvier 1975, la résolution sur la question des rapports partis-syndicats débute de la même façon en soulignant que les signataires « ont eu l'occasion de formuler leur désaccord avec certaines prises de position de cette confédération (F.O.) exprimées par son secrétaire général André Bergeron, lors des récentes luttes sociales. Ils souhaitent que, dans les six prochains mois, soient adoptées des dispositions internes au parti permettant d'éviter toute confusion entre l'appartenance politique et la responsabilité syndicale. Le P.S. reconnaît — et ses adhérents pratiquent — le pluralisme syndical. S'il est en droit d'attendre de ses militants engagés dans les syndicats un comportement conforme à leurs convictions politiques, il s'interdit de leur donner des directives ou de les sanctionner pour les positions qu'ils prennent au nom de leur organisation syndicale. Cela vaut pour les

---

115. *L'Unité*, 13 décembre 1974.

responsables F.O. comme pour ceux des autres centrales déjà membres du P.S. ou susceptibles d'y adhérer. Mais le respect de ce principe implique que les déclarations de certains syndicalistes membres du P.S. ne puissent pas être interprétées comme engageant en quoi que ce soit le parti » [116].

Suite aux demandes d'exclusion d'A. Bergeron du P.S., le C.C.N. F.O. de décembre 1974 discute de la question ; de nombreux orateurs condamnent ces initiatives. Cependant certains souhaitent une modification de "l'image de marque" de la confédération. Le Garzic (Côtes du Nord) déclare : « Il faut se dégager de l'apparente collusion avec le gouvernement ou le patronat. » Grandazzi (chimie) considère que F.O. passe trop souvent « pour une organisation molle et "isolée", et pour être contre la grève, ce qui est certes calomnieux, mais qui tient pourtant aux interventions plus ou moins habiles de Bergeron ».

En conclusion, le C.C.N. adopte une résolution sur le "respect de l'indépendance syndicale" où il est notamment dit que « le C.C.N. rappelle que les positions exprimées par André Bergeron sont celles que l'Organisation a librement définies dans ses instances statutaires et que toute attaque contre le secrétaire général rejaillit sur l'ensemble de la confédération ». Le C.C.N. souligne aussi qu'il ne saurait tolérer aucune immixtion dans la vie de l'organisation et cite à ce propos une phrase de Léon Blum : « Chaque fois qu'un parti politique, procédant du dehors ou du dedans, laissera apparaître son dessein de vider l'autonomie syndicale de son contenu pour la transformer en subordination effective, il se heurtera à un réflexe de révolte dans les masses ouvrières. » On fait appel aux grands ancêtres du parti pour dénoncer une immixtion du P.S. dans la vie de la centrale [117].

A plusieurs reprises au cours de l'année 1975, des

---

116. *Id.*, 7 février 1975.
117. *F.O.-Hebdo*, 11 décembre 1974.

conflits surgiront entre F.O. et le P.S., ou tout au moins son journal, ou certaines de ses fédérations. C'est le cas en janvier 1975, lorsqu'un article de *L'Unité*, non signé, accuse des moniteurs professionnels adhérents de F.O., d'être chargés par la direction de Peugeot, à Sochaux, de conditionner les travailleurs, et plus particulièrement les immigrés. B. Mourgues, secrétaire général de la métallurgie F.O., réfute dans une lettre ces accusations et conclut ainsi : « Nous déplorons d'avoir à réagir sur les écrits de la presse de votre parti dont nous attendons davantage de respect de notre indépendance, et qu'elle s'inspire aussi de la pensée de Jaurès, toujours vivante : « Le courage est de chercher la vérité et de la dire... » [118]

C'est aussi le cas lors du conflit du *Parisien libéré*. Pour contrer la grève, le patron du journal, Amaury, installe deux imprimeries, l'une à Chartres, l'autre à St-Ouen et embauche des ouvriers du Livre F.O., dont la fédération trouve ainsi un moyen de briser le monopole C.G.T., mais joue en même temps le rôle de briseur de grève. Lors de manifestations en juin 1975 à Paris, la fédération du P.S., comme celle du P.C., soutient les grévistes C.G.T., appuyés d'ailleurs par la C.F.D.T., mais les choses se compliquent lorsque, à l'occasion de la grève générale de la presse, les journaux de G. Defferre sortent normalement grâce aux typos F.O.

A l'heure où la gauche se désunit

Lors du congrès de mai 1977, un contre-projet de résolution générale est proposé par un courant "socialiste" regroupant des syndicats des impôts, P.T.T., E.G.F. et banques. Pierson, qui le présente, explique qu'il s'agit, tout en réaffirmant l'indépendance du mouvement, d'affirmer une présence socialiste à F.O. « Ce n'est pas un

---

118. *Id.*, 29 janvier 1975.

texte présenté par une tendance du parti socialiste, mais le point d'une synthèse. » Il y est question notamment d'appropriation des secteurs-clés, de planification souple et indicative... Ce texte ne recueille que 9,1 % des mandats [119].

Vers la même date, interrogé par *L'Express* sur le chiffrage du programme commun par le P.C., A. Bergeron ne mâche pas ses mots : « Je sais par expérience qu'ils (les communistes) racontent souvent n'importe quoi. Alors ce n'est pas pour moi une référence. » A la question « Attendez-vous avec espoir une victoire électorale de l'union de la gauche ? », il répond que cela le regarde seul et rappelle qu'il a sa carte au P.S. depuis 41 ans [120].

Intervenant au meeting de rentrée de F.O., en septembre 1977, à l'heure où les partis discutent de la réactualisation du programme commun, il donne comme consigne de ne pas se laisser engager dans le débat électoral et appelle à la vigilance : « Méfions-nous des faiseurs de miracles, qui à l'occasion, n'en doutez pas, joueront les apprentis sorciers... Préservons l'autorité du syndicat qui, en aucun cas, ne saurait être diluée dans des rassemblements irresponsables » [121].

Au C.C.N. qui suit la rupture, quelques rares orateurs y font allusion. Genet (Haute-Vienne), parlant de l'offensive contre le "réformisme", menée par le P.C., constate : « Nous y sommes habitués, ce n'est pas une raison pour nous laisser tenter par une formule d'intégration du syndicalisme par le parti socialiste... » comme dans certains pays étrangers. Quant à Hébert, après avoir noté que « quelques-uns se posent des questions sur l'éclatement de l'union de la gauche et pensent que cette union aurait pu faire avancer les problèmes revendicatifs », il affirme : « Il faut qu'ils sachent que nous ne reprendrons pas les mots d'ordre contenus dans le

119. *Id.*, 18 mai 1977.
120. 16 mai 1977.
121. *F.O.-Hebdo*, 14 septembre 1977.

programme commun et inspirés par la C.G.T. et la C.F.D.T. C'est en fait un régime néo-corporatiste qu'ils préparent » [122].

Pour son trentième anniversaire, à la veille des législatives de mars 1978, F.O. publie un manifeste "pour l'indépendance syndicale". On y souligne que F.O. n'entend donner aucune consigne de vote... « Le mouvement syndical authentique ne saurait, sous peine de perdre son indépendance, s'engager dans l'action des partis, que ce soit sur le plan électoral ou sur le plan d'un programme de gouvernement » [123].

Quelques jours avant le premier tour, le leader de F..O constate l'extrême confusion du débat politique alors que « le vote des 12 et 19 mars sera un événement de portée considérable » et il polémique avec P. Mendès-France : « Je ne suis pas d'accord avec M. P. Mendès-France lorsqu'il dit que les syndicats seront les intermédiaires entre le gouvernement et l'opinion pour soutenir un travail programmé qui justifiera leur coopération (en cas de victoire de la gauche). Naturellement on ne pourra tout donner tout de suite. Je pense même pour ma part qu'on en promet vraiment beaucoup. Il ne faut pas imaginer qu'on fera du mouvement syndical autre chose que ce qu'il doit être. M. P. Mendès-France, dont j'apprécie par ailleurs le courage et l'honnêteté, constatera peut-être, avant longtemps, que c'est F.O., qui, quoi qu'il arrive, aura une attitude responsable alors que d'autres créeront des situations que personne ne contrôlera » [124].

Vers les présidentielles

La gauche étant vaincue en 1978, le problème ne se pose pas, mais au cours de la période qui suit, les évé-

122. *Id.*, n° 1533.
123. *Id.*, 15 février 1978.
124. *Id.*, 8 mars 1978.

nements vont donner l'occasion à F.O. de renforcer son anticommunisme, devant l'attitude du P.C. et de la C.G.T., tant dans le domaine intérieur que dans le champ international (Afghanistan). *L'Humanité* du 29 mars 1979, appelant à des relations entre le P.C.F. et les diverses centrales dont F.O., celle-ci publie en dernière page de son hebdomadaire une déclaration solennelle où il est dit notamment que le C.C.N. confirme la position de toujours de F.O., qui considère que, « contrairement à ses affirmations, le P.C. reste fidèle à sa conception par laquelle l'organisation syndicale ne peut être que la courroie de transmission du parti. Pour qu'il en soit autrement, il faudrait que le P.C. condamne sa propre histoire. Or, sa déclaration du 29 mars 1979, si elle apparaît comme un renoncement doctrinal, n'est en fait qu'une tactique destinée à jeter la confusion pour tromper les travailleurs. Pour s'en convaincre, il suffit de constater que la C.G.T. demeure dans les mains de l'appareil du P.C. ».

Et le texte poursuit : « En vérité, la déclaration du P.C. entre dans le cadre de la stratégie internationale du communisme consistant à absorber les organisations syndicales libres à travers une unité de façade permettant de "disloquer les organisations réformistes", suivant l'expression consacrée... » [125]

Pour expliciter les choses, R. Sandri a publié dans le journal syndical une étude montrant qu'il n'y a eu aucune évolution à l'intérieur du mouvement communiste international : « Eurocommunisme, polycentrisme et compromis historique ne sont que des manifestations nouvelles de la stratégie impérialiste soviétique. » Et Sandri conteste les présentations faites par les médias : « A travers les médias et les "spécialistes" de l'information, il est monnaie courante de porter des commentaires sur le comportement de tel ou tel leader communiste d'Europe occidentale, de mettre en opposition la liberté d'esprit et de parole, les sentiments démocratiques des

---

125. *Id.*, 20 juin 1979.

"bons" Berlinguer et Santiago Carillo, avec le manque de souplesse des "méchants" Marchais et Cunhal. Tout cela n'est que fiction. Ceux qui ont cru ou qui persistent à croire qu'à travers l'Eurocommunisme les choses ont pu changer doivent comprendre que le but final, c'est-à-dire l'avènement hégémonique d'une démocratie de type stalinien, n'est pas abandonné. Dans la stratégie d'accession au pouvoir, il est tout simplement tenu compte des particularités nationales, étant entendu que ces visées d'accession au pouvoir doivent s'effectuer dans le cadre des rapports de solidarité existant entre les "partis frères" et dans le respect de l'internationalisme prolétarien, c'est-à-dire, en langage clair, qu'avant toute chose doivent passer en priorité les intérêts du parti communiste de l'U.R.S.S. et sa stratégie internationale... » [126]

Si vis-à-vis du P.C. les choses restent en l'état, du côté du P.S. elles s'améliorent plutôt, comme en témoignents divers communiqués publiés à la suite de rencontres entre les deux organisations.

A. Bergeron intervient même dans le débat interne entre "rocardiens" et "mitterrandistes" lors d'un club de la presse d'Europe n° 1 et dans une interview à *la Dépêche du Midi :* « J'ai dit — et je le pense toujours — que François Mitterrand me paraissait le mieux à même de rassembler les courants qui composent le parti socialiste. En d'autres termes, de maintenir l'unité du parti qui est un élément important de la démocratie française... » [127]

Pourtant, lors des présidentielles, F.O. ne donne aucune indication sur une quelconque orientation de la centrale. Cela provoque quelques réactions, et des syndiqués de Marseille lancent un "appel au C.C.N. et au secrétaire général" afin qu'une discussion s'engage en vue de modifier le comportement de la confédération dans la campagne présidentielle. A. Bergeron leur ré-

126. *Id.,* 18 avril 1979.
127. Reproduit dans *F.O.-Hebdo,* 3 septembre 1980.

pond : « A ceux qui réclament un débat, nous répondons qu'il a eu lieu dans l'instance la plus large de la confédération, c'est-à-dire le congrès des syndicats. Chacun savait bien qu'il allait y avoir une élection présidentielle. De ce point de vue, la situation était, en juin (1980), exactement ce qu'elle est aujourd'hui. Or, personne, parmi les 3.000 délégués, n'a demandé qu'on modifie l'orientation de la C.G.T.-F.O. Et si tel avait été le cas, l'auteur de ces lignes aurait tout mis en œuvre pour qu'on ne le change pas... » [128]

Pourtant, certains à F.O. ne peuvent cacher leur espoir d'un changement. Evoquant les événements historiques qui ont marqué l'histoire de France en mai — ouverture des Etats Généraux à Versailles en 1789, résistance des communards aux versaillais en 1871, manifestation de Fourmies en 1891 — l'éditorial du journal des postiers F.O. souligne : « Le mois de mai 1981 doit aller au-delà du souvenir de la lutte exemplaire menée par ces pionniers. Il peut être une ouverture sur l'avenir, si la classe ouvrière, prenant conscience du mépris dans lequel elle est tenue, met légalement fin au gouvernement de droit divin, qui depuis sept ans remet en cause ses acquis » [129].

128. *F.O.-Magazine*, avril 1981.
129. *P.T.T.-F.O.*, février-mars-avril 1981.

Avec les présidentielles et les législatives de 1981, commence un nouveau chapitre de cette histoire que nous n'avons nullement l'intention de traiter, ne voulant pas nous risquer à faire de la prospective.

Il s'agit simplement de situer, à l'heure présente, les acteurs que nous avons suivis tout au long de cette étude. L'histoire en effet ne se renouvelle pas et, si la gauche est aujourd'hui au pouvoir, ce n'est ni selon le schéma de 1936, ni dans le cadre du tripartisme tel qu'il existait en 1946-47.

Il y a d'abord un phénomène qu'on ne saurait négliger, c'est l'existence d'un président de la République, doté, par la constitution, mais aussi en fonction de la pratique de ces vingt dernières années, de pouvoirs importants. Par la possibilité qu'il a, ou qu'il prend, de trancher en faveur de telle ou telle thèse, il modifie le jeu, tel qu'il pouvait exister autrefois entre syndicats et partis de gauche au pouvoir.

Le deuxième phénomène, c'est la disproportion des forces en présence tant au sein du parlement que du gouvernement, disproportion qui donne au parti socialiste des possibilités qu'il n'a jamais eu à aucune période de l'histoire. La victoire de la gauche survient en effet alors que le P.C.F. subit l'une de ses plus cuisantes défaites et ne compte au parlement que quarante-quatre députés.

Face à cela, comment se situent les trois grandes centrales syndicales ?

Oubliant le "flou des propositions socialistes" qu'elle constatait entre les deux tours, la C.G.T. souligne au lendemain du 10 mai l'événement historique que constitue la victoire de F. Mitterrand. G. Séguy va même jusqu'à dire que la C.G.T. se situe dans "la majorité présidentielle", il précisera un peu plus tard "syndicale". Quant à H. Krasucki, devenu numéro un de la centrale, il souligne : « Depuis 1947, c'est-à-dire trente-quatre ans, la C.G.T. a eu à faire avec des gouvernements hostiles... Maintenant voici un président de la République que nous avons contribué à élire. Nous travaillerons pour parvenir à ce que se constitue un gouvernement d'union de la gauche avec toutes ses composantes. »

D'où l'approbation unanime de la C.E. C.G.T. lorsque quatre ministres communistes entrent dans le gouvernement Mauroy. « C'est, déclare H. Krasucki, un moment historique, de portée nationale et internationale... » Et il ajoute : « L'anti-communisme a été un moyen de division et de camouflage des politiques réactionnaires contre toutes les forces de progrès. » Il va être intéressant dans l'avenir d'examiner le jeu respectif du P.C.F. qui, au sein du gouvernement, est tenu à une certaine solidarité ministérielle, et de la C.G.T. qui dispose d'une plus grande liberté d'action pour critiquer le gouvernement, mettre l'accent sur la lenteur ou l'insuffisance de consistance des réformes, lancer certaines actions, de façon à utiliser la dynamique revendicative pour réélargir une base qui a tendance à s'amenuiser.

En tout cas, si l'on en juge par la prise de position vis-à-vis de l'"état de guerre" en Pologne, la C.G.T. se situe toujours résolument dans le camp socialiste", d'où d'ailleurs le développement en son sein d'une contestation qui se heurte à un net durcissement des structures de la centrale aux divers niveaux, avec refus de toute expression pour les militants se situant hors de la ligne officielle.

Cette situation ne pouvait laisser indifférent le P.S. non seulement à cause des divergences vis-à-vis de la Pologne, des exclusives dont sont victimes certains de ses militants dans la confédération, mais aussi des critiques concernant certains de ses membres au gouvernement. D'où la rencontre du 17 février 1982 qui a abouti, comme lors de la réunion P.C.-P.S., à un constat de "convergences" et de "divergences". Qu'est-ce qui l'emportera demain ?

Au soir de la victoire de F. Mitterrand aux élections présidentielles, E. Maire déclare : « Nous enregistrons un grand succès des forces populaires, du courant socialiste, et c'est un point important, car de grandes possibilités sont ouvertes... Maintenant nous pouvons compter sur un pouvoir politique qui, sur certaines revendications, nous rejoindra ». Mais il précise bien que « le changement doit être celui des forces sociales mobilisées » et non le fait d'un seul homme, le président de la République. Lors de l'entrée des ministres communistes au gouvernement, la C.F.D.T. ne fera aucune déclaration.

La centrale n'entend pas se contenter de faire quelques propositions ou de critiquer ce que va entreprendre le gouvernement. Considérant que, seule, la mise en jeu de sa stratégie propre est garante de son autonomie, elle annonce la couleur avant même la constitution du gouvernement Mauroy et fixe des objectifs programmés concernant le S.M.I.C., la réduction du temps de travail, les réformes concernant les droits nouveaux des travailleurs, etc.

Comme l'explique le rapport au C.N. d'octobre 1981 : « Si pour nous le syndicalisme a une responsabilité entière dans le processus de transformation sociale, il ne peut se contenter de transmettre aux patrons et au gouvernement les revendications en leur laissant le soin d'estimer ce qu'ils peuvent faire, plus ou moins vite, en fonction du contexte économique et compte tenu de la pression syndicale qui s'exerce sur eux. Nous refusons le partage des tâches tel que conçu plus ou moins traditionnellement dans le syndicalisme : à nous les revendications, aux autres les responsabilités sur les moyens de les satisfaire... Le syndicat n'aura un rôle majeur que dans la mesure où, sachant que ses objectifs dépassent ce qui est possible dans l'immédiat, il est capable de programmer dans le temps leur réalisation... En fixant nous-mêmes des échéances, nous affirmons notre autonomie. La programmation que nous définissons, dans la mesure où nous réussissons à la faire prendre en compte par nos interlocuteurs, gouvernement ou patronat, devient pour eux une contrainte, au même titre que les contraintes économiques classiques... »

Il est certain qu'une telle approche de l'autonomie heurte les conceptions des autres centrales syndicales. En outre, elle risque de percuter les stratégies des partis, quand ils en ont une, et celle du gouvernement. Elle n'a de chance de réussir que dans la mesure où elle s'appuie à la base sur une mobilisation sociale suffisante et où, au sein du gouvernement et du parti socialiste, elle converge avec certaines orientations. Là encore la question est de savoir si les convergences l'emporteront sur les divergences et, en cas de divergences, si la pression de la base sera telle que le gouvernement sera contraint d'en tenir compte.

Quant à A. Bergeron, au lendemain de l'élection présidentielle il déclare : « L'élection de M. François Mitterrand à la présidence de la République marque sans doute la fin d'une période de l'histoire politique de la France. » Il envisage de faire rapidement le point avec le nouveau président sur les problèmes économiques et sociaux, il assure que F.O. n'a nullement l'intention de "mettre le couteau sous la gorge" au nouvel élu et précise que « F.O. ne changera pas de politique. Comme dans le passé, elle préservera son indépendance à l'égard de quiconque »...

Lorsque quatre ministres communistes entrent au gouvernement, F.O., fidèle à sa ligne, proteste solennellement : « S'agissant de la participation des ministres communistes, nous exprimons — avec solennité et pour l'histoire — notre désaccord. Cette réaction ne repose pas sur des considérations de politique électorale. Elle est fonction de l'attachement aux grands principes qui ont été autrefois — et qui continuent d'être — à la base de sa constitution et que les communistes ont bafoués partout où ils sont parvenus au pouvoir. »

Plus récemment, F.O. a établi une sorte de "livre noir" par lequel elle cherche à prouver le "noyautage" communiste déjà entrepris au niveau de certains organes du pouvoir.

Quel va être, dans l'avenir, la méthode de F.O. pour influencer les décisions ? Sera-ce par intervention directe auprès du président de la République ou du chef du gouvernement ? Le parti socialiste, tel qu'il est aujourd'hui, peut-il constituer un canal pour cette action ? Autant de questions auxquelles on ne peut encore répondre.

Adam (G.). — *La C.F.T.C. 1940-1958*, A. Colin, 1964.

Azema (J.P.). — *De Munich à la Libération*, Seuil, 1979.

Badie (B.). — *Stratégie de la grève*. Presses de la Fondation Nationale Sc. Po., 1977.

Barjonet (A.). — *La C.G.T.* Seuil, 1969.

Bergounioux (A.). — *Force-Ouvrière*. Seuil, 1975.

Becker (J.J.). — *Le parti communiste veut-il prendre le pouvoir ?* Seuil, 1981.

Becker (J.J.). — *1914 : Comment les Français sont entrés dans la guerre*. Presses Fondation nationale Sc. Po., 1977.

Bourde (G.). — *La défaite du Front populaire*. Maspero, 1977.

Bruhat (J.) et Piolot (M.). — *Esquisse d'une histoire de la C.G.T.* Ed. Sociales, 1967.

Brunet (J.P.). — *Saint-Denis la rouge*. Hachette, 1980.

Charles (J.) et Girault (J.). — *Le Congrès de Tours*. Ed. Sociales, 1980.

Collectif. — *Léon Blum chef de gouvernement*. Presses de la Fondation nationale Sc. Po., 1967.

Collectif. — *Daladier chef de gouvernement*. Presses de la Fondation nationale Sc. Po., 1977.

Collectif. — *La France et les Français en 1938-1939*. Presses de la Fondation nationale Sc. Po., 1978.

Courtois (S.). — *Le P.C.F. dans la guerre*. Ramsay, 1980.

Descamps (E.). — *Militer*. Fayard, 1971.

Dubief (H.). — *Le syndicalisme révolutionnaire*. A. Colin.

Fruit (E.). — *Les syndicats dans les chemins de fer en France*. Ed. Ouvrières, 1976.

Georges (B.) et Tintant (D.). — *Léon Jouhaux*. Tome I, jusqu'à 1921. P.U.F., 1962.

Georges (B.), Tintant (D.) et Renauld (M.A.). — *Léon Jouhaux*. Tome 2. P.U.F., 1979.

Guin (Y.). — *Le mouvement ouvrier nantais*. Maspero, 1976.

Joubert (J.P.). — *Révolutionnaires de la S.F.I.O.* Presses de la Fondation nationale Sc. Po., 1977.

Julliard (J.). — *Fernand Pelloutier*. Seuil, 1971.

Krasucki (H.). — *Syndicats et socialisme*. Ed. Sociales, 1972.

Kriegel (A.). — *Aux origines du communisme français*. Mouton, 2 tomes, 1964.

Kriegel (A.). — *Les communistes français*. Seuil, 1970.

Krumnov (F.). — *C.F.D.T. au cœur*. Syros, 1976.

Lavau (G.). — *A quoi sert le parti communiste*. Fayard, 1981.

Lefranc (G.). — *Histoire du Front populaire*. Payot, 1974.

Lefranc (G.). — *Le mouvement syndical sous la Troisième République*. Payot, 1967.

Lefranc (G.). — *Le mouvement syndical, de la Libération à mai-juin 1968*. Payot, 1969.

Lequin (Y.). — *Les ouvriers de la Région Lyonnaise (1848-1914)*. Notamment le tome 2, « Les intérêts de classe et la République », P.U., Lyon, 1977.

Maire (E.) et Julliard (J.). — *La C.F.D.T. d'aujourd'hui*. Seuil, 1975.

Marcou (L.). — *Le Kominform*. Presses de la Fondation nationale Sc. Po., 1977.

Monatte (P.). — *La lutte syndicale*. Maspero, 1976.

Monatte (P.). — *Trois scissions syndicales*. Ed. Ouvrières, 1958.

Mouvement social. Revue. Ed. Ouvrières.

Perrot (M.) .— *Les ouvriers en grève (1871-1890)*. 2 tomes, Mouton, 1975.

Quilliot (R.). — *La S.F.I.O. et l'exercice du pouvoir*. Fayard, 1972.

Reberioux (M.). — *La république radicale*. Seuil, 1975.

Reberioux (M.). — *Jean Jaurès — La classe ouvrière*. Maspero, 1976.

Reberioux (M.). — *Le socialisme français de 1871 à 1914*. Dans *Histoire générale du socialisme*, tome 2, P.U.F., 1974.

Rioux (J.P.). — *La France de la 4ᵉ République*. Seuil, 1980.

Robrieux (Ph.). — *Histoire intérieure du parti communiste.* Fayard, 3 tomes, 1980-82.

Seguy (G.). — *Lutter.* Stock, 1975.

Tartakowski (D.). — *Les premiers communistes français.* Presses de la Fondation nationale Sc. Po., 1980.

Tillon (Ch.). — *On chantait rouge.* Laffont, 1977.

Trempe (R.). — *Les mineurs de Carmaux (1848-1914).* Ed. Ouvrières, 2 tomes, 1971.

Vignaux (P.). — *De la C.F.T.C. à la C.F.D.T., Syndicalisme et socialisme, Reconstruction.* Ed. Ouvrières, 1980.

Willard (C.). — *Les guesdistes.* Ed. Sociales.

Publications syndicales

C.G.T. : *Le Peuple, La Vie Ouvrière.*

C.F.T.C. puis C.F.D.T. : *Syndicalisme, C.F.D.T.-aujourd'hui* (depuis 1973), *Reconstruction, Recherches.*

F.O. : *Force Ouvrière, F.O.-Hebdo.*

1884 : Loi instituant la liberté syndicale
1884 : Début d'une grave crise économique
1888-1889 : « Le boulangisme »
1895 : Congrès constitutif de la C.G.T.
1898 : « L'affaire Dreyfus » bat son plein
1905 : Fondation de la S.F.I.O.
1906 : Action pour les « 8 heures autour du 1er mai »
1906 : Congrès syndical d'Amiens
1er août 1914 : Assassinat de Jaurès
3 août 1914 : Déclaration de guerre
1917 : Révolution d'octobre en Russie
11 novembre 1918 : Armistice
2-6 mars 1919 : Fondation de la 3e Internationale
1er novembre 1919 : Congrès constitutif de la C.F.T.C.
décembre 1920 : Congrès de Tours ; scission de la S.F.I.O.
1921 : Scission dans la C.G.T.
1931 : Début en France de la grande crise
6 février 1934 : Les ligues marchent sur le Palais Bourbon
janvier 1936 : Réunification de la C.G.T.
mai 1936 : Victoire électorale du Front Populaire
juin 1936 : Vague de grèves avec occupations d'usines
30 novembre 1938 : Echec de la grève générale contre les décrets remettant en cause les 40 heures

23 août 1939 : Pacte germano-soviétique
18 septembre 1939 : Exclusion des communistes de la C.G.T.
10 juillet 1940 : Vote des pleins pouvoirs à Pétain
novembre 1940 : Dissolution des confédérations syndicales
22 juin 1941 : Invasion de l'U.R.S.S. par l'Allemagne
26 octobre 1941 : Charte du Travail
17 avril 1943 : Accord de reconstitution de la C.G.T.
18 août 1944 : Mot d'ordre de grève générale C.G.T.-C.F.T.C. pour la Libération
8 mai 1945 : Capitulation allemande
mai 1947 : Les communistes sont exclus du gouvernement
septembre 1947 : Création du Korminform
automne 1947 : Vagues de grèves
décembre 1947 : Scission de la C.G.T.
1948 : Création de la C.G.T.-F.O.
automne 1948 : Grèves dans les mines
4 avril 1949 : Signature du traité de l'Atlantique Nord
août 1953 : 3 semaines de grèves
21 juillet 1954 : Fin de la guerre d'Indochine
1er novembre 1954 : Début de la guerre d'Algérie
janvier 1955 : Le « Front républicain » au pouvoir
novembre 1956 : Les chars russes écrasent la révolution hongroise
novembre 1956 : Expédition franco-britannique à Suez
1957 : Ratification du Marché Commun
13 mai 1958 : Insurrection à Alger
septembre 1958 : Constitution de la Ve République
avril 1961 : Tentative de coup d'Etat à Alger
1er juillet 1962 : Indépendance de l'Algérie
mars 1963 : Grève des mineurs
7 novembre 1964 : La C.F.T.C. devient la C.F.D.T.
10 janvier 1966 : 1er accord d'unité d'action C.G.T.-C.F.D.T.

17 mai 1967 : Grève générale contre les « ordonnances »
mai 1968 : Explosion étudiante et grèves ouvrières
21 août 1968 : Intervention en Tchécoslovaquie des
troupes du Pacte de Varsovie
27 juin 1972 : Accord P.C.-P.S. sur le programme
commun
septembre 1973 : Début de la crise mondiale
octobre 1974 : Assises du socialisme
septembre 1977 : Rupture du programme commun
mars 1978 : Echec de la gauche aux législatives
10 mai 1981 : F. Mitterrand est élu président de la
République

*. Le chiffre romain (I ou II) renvoie au tome, les chiffres arabes aux pages de ce tome.

TABLE DES MATIERES

COLLECTION HISTOIRE ET THEORIE

1. Les mouvements d'émancipation nationale. A. NIN.
2. Demain l'URSS. R. MEDVEDEV, L. PLIOUCHTCH.
3. Angola, le prix de la liberté. J.P. COSSE, J. SANCHEZ.
4. L'hôpital, usine à santé. A. BABEL et F. DARMAU.
5. Pas d'histoire les femmes. H. BOUCHARDEAU.
6. Les juges et le pouvoir. G. MASSON.
7. La libération confisquée. Y. CRAIPEAU.
8. Socialistes et pacifistes. M. BILIS.
9. Les syndicats à l'épreuve du féminisme. M. MARUANI.
10. A l'Est du nouveau. R. BAHRO.
11. Le temps, la technique, l'autogestion. P. NAVILLE.
12. L'héritage de Tito. Y. DURRIEU.
13. Les changements immobiles. A. MASSON.
    (Evolution du statut juridique du handicapé)
14. Contraception et migration. M. FELLOUS.
15. Georges Sorel, entre le noir et le rouge. P. ANDREU.

SYROS-HISTOIRE

La France antisémite de Darquier de Pellepoix. J. LALOUM.
Archives d'espoir, 20 ans de P.S.U. (1960-1980).
A l'aube de la résistance armée : E. FERRARI - A. PIERRARD,
    M. ROUSSEAU.
Le mouvement homosexuel en France (1945-1980). J. GIRARD.
Olympe de Gouges. O. BLANC.

Editions Syros - 6, rue Montmartre, 75001 Paris

Achevé d'imprimer   en octobre 1982
sur les presses   de l'imprimerie
Lienhart et Cie   à Aubenas

Dépôt légal : octobre 1982

Numéro d'impression : 1796
Imprimé en France